全国基层文化队伍培训教材
QUANGUO JICENG WENHUA DUIWU PEIXUN JIAOCAI
文化馆（站）系列

U0573709

WENHUAGUAN(ZHAN)
FUWU YU GUANLI

文化馆（站）服务与管理

王全吉◎著

北京师范大学出版集团
BEIJING NORMAL UNIVERSITY PUBLISHING GROUP
北京师范大学出版社

图书在版编目（CIP）数据

文化馆（站）服务与管理／王全吉著. —北京：北京师范大
学出版社，2013.2 （2014.7重印）
（全国基层文化队伍培训教材·文化馆（站）系列）
ISBN 978-7-303-15916-1

Ⅰ.①文… Ⅱ.①王… Ⅲ.①文化馆—工作—中国—业务培
训—教材②文化站—工作—中国业务培训—教材 Ⅳ.①G249.23

中国版本图书馆CIP数据核字（2013）第 017160 号

营 销 中 心 电 话 010-58802181 58805532
北师大出版社高等教育分社网 http://gaojiao.bnup.com
电 子 信 箱 gaojiao@bnupg.com

出版发行：北京师范大学出版社 www.bnup.com
北京新街口外大街 19 号
邮政编码：100875
印　　刷：北京中印联印务有限公司
经　　销：全国新华书店
开　　本：170 mm×230 mm
印　　张：19
字　　数：236 千字
版　　次：2013 年 2 月第 1 版
印　　次：2014 年 7 月第 2 次印刷
定　　价：38.00 元

策划编辑：马洪立　　　　　　责任编辑：李洪波
美术编辑：毛　佳　　　　　　装帧设计：毛　佳
责任校对：李　菡　　　　　　责任印制：陈　涛

全国基层文化队伍培训教材

文化馆(站)系列编委会

主　编：冯守仁

编　委：（以姓氏笔画为序）

王全吉　石振怀　巫志南　陈彬斌

贾乃鼎　路　斌　戴　珩

作者简介

王全吉，浙江省文化馆理论调研信息中心主任，研究馆员，文化部国家公共文化服务体系建设专家库专家，全国文化馆建设标准化技术委员会委员，浙江省哲学社会科学界联合会理事，浙江省非遗保护专家委员会委员，浙江省群众文化学会秘书长。

曾主持省部级重点规划课题、省社科联年度课题和省文化厅研究课题多项，出版的课题研究成果专著有：《浙江改革开放30年群众文化实践研究》、《浙江新农村文化报告——来自118个行政村农民文化生活的田野调查》（上、下册）、《浙江新生代农民工文化生活调查》等，其中《浙江新农村文化报告》（上、下册）获文化部全国第十四届"群星奖"。

参与文化部全国基层文化队伍培训教材之《文化馆（站）工作案例选编》、《文化馆（站）业务培训指导纲要》的编写；参与文化部"乡镇综合文化站管理办法"等文化规章的论证，参与浙江省政府"浙江省文化馆管理办法"的论证和修改。

近几年来，应邀在中央文化管理干部学院，在北京、上海及全国各地做文化馆（站）工作创新策略等专题讲座。

序　言

　　文化部国家公共文化服务体系建设专家委员会组织编写的全国基层文化队伍培训教材陆续出版了。这是加强公共文化服务人才队伍建设的一项基础工作，很有意义。

　　推动社会主义文化大发展大繁荣，队伍是基础，人才是关键。2007年中央"两办"发布的《关于加强公共文化服务体系建设的若干意见》中，就对加强公共文化服务人才队伍建设作出了部署，明确提出了提高公共文化服务人才队伍思想素质和工作能力的要求。2010年《国家中长期人才发展规划纲要（2010—2020年）》发布之后，文化部专题部署了开展全国基层文化人才队伍培训的工作。党的十七届六中全会通过的《关于深化文化体制改革，推动社会主义文化大发展大繁荣若干重大问题的决定》，提出基层文化人才队伍是文化改革发展的基础力量的重要论断，要求制订实施基层文化人才队伍建设规划，完善机构编制、学习培训、待遇保障等方面的政策措施。《国家"十二五"时期文化改革发展规划纲要》对加强基层文化队伍建设、完善文化人才培训机制作出了具体部署。建设一支德才兼备、锐意创新、规模宏大、结构合理的基层文化人才队伍，成为新时期公共文化服务体系建设的重要任务。

　　2010年9月，为落实《国家中长期人才发展规划纲要（2010—2020年）》，文化部发布了《关于开展全国基层文化队伍培训工作的意见》，主要任务是用五年时间，对全国现有约24万县乡专职文化队伍和360多万业余文化队伍进行系统培训，促使基层公共文化队伍素质显著提高，服务能力明显增强。为此要求建立、健全基层文化队伍培训工作体制和机制，建立分级负责、分类实施的培训组织体系，其中文化部负责指导各地培训、组织编写教学纲要、建设远程培训平台、培养省级师资、举办示范性培训等工作。按照文化部的统一安排，组织编写教学纲要和教材这一任务，由国家公共文化服务体系建设专家委员会负责实施。

专家委员会在广泛征求意见、充分讨论研究的基础上，形成了培训教材编写的整体方案：教材的内容规划为"公共文化服务通论系列"、"公共图书馆系列"、"文化馆(站)系列"三大系列；教材的形式设计为培训大纲性质的教学指导纲要和系统化的教材并举，为应培训之亟须，先行编写出版公共图书馆系列和文化馆(站)系列的教学指导纲要；纲要和教材的编者在全国范围内遴选一流的专家学者和富有经验的实际工作者。2012年年初，先行组织编写的《公共图书馆业务培训指导纲要》和《文化馆(站)业务培训指导纲要》由北京师范大学出版社出版，文化部免费配送至全国县以上文、图两馆及相关部门。现在呈现在读者面前的，就是在指导纲要基础上编写的系统化教材。按照计划，三大系列共17部系统化教材在2012年年内全部出齐。

就文化馆(站)系列的教材而言，更有其特殊的意义。群众文化学是我国一门新兴的学科。从文化建设层面讲，群众文化是具有鲜明中国特色的社会文化现象。新中国成立后，正式提出"群众文化"的概念。随着群众文化事业的发展，群众文化的理论研究不断深入，1959年出版了第一本群众文化理论著作——《群众文化工作概论》，标志着群众文化学基础理论的初露端倪。20世纪80年代末90年代初，陆续出版了《群众文化学》、《群众文化管理学》、《群众文化辅导学》、《文化馆管理学》等一批群众文化理论专著，标志着群众文化学基本形成。当前，在推动社会主义文化大发展大繁荣的大背景下，群众文化活动空前地蓬勃开展，人们对群众文化地位和作用的认识不断提高，理论探索持续深入，实践创新快速推进，政策法规逐步完善，群众文化的总体运行环境和基本形态发生了深刻变化，迫切需要总结提炼群众文化实践和研究成果，丰富和发展群众文化理论，形成新的系统化的理论著作和教材。此次文化馆(站)系列教材的出版，填补了空白，解决了基层群众文化队伍培训工作的燃眉之急。文化馆(站)系列教材第一次比较全面、系统地阐述了国家公共文化服务体系建设中的群众文化理论和群众文化工作，比较集中地体现了近年来群众文化理论创新和实践探索所取得的成果，是群众文化理论建设发展到一个崭新阶段的重要标志。

在文化馆（站）系列教材的编写过程中我们遇到的第一个困难就是，可供参考的理论专著和教材数量太少。由于群众文化学在大学里没有常设的专业，所以专业教材数量一直很少，专门面向基层文化馆（站）从业人员在职学习、岗位培训的适用教材更是缺乏，而且大都是20年前的教材。经过反复研究讨论，我们确定编写工作要遵循以下原则：第一，继承性原则。即以群众文化的基本理论为基础，以《群众文化学》、《群众文化管理学》、《群众文化辅导学》、《文化馆管理学》等著作为参照，继承和发展群众文化理论研究的成果，保持群众文化理论发展的连续性和稳定性。第二，与时俱进原则。广泛收集近年来群众文化实践的新经验和研究的新成果，总结、提炼群众文化工作的新观点、新理论、新探索，并将其上升为系统的理论成果，对原有的群众文化理论、知识技能进行发展、完善和创新。第三，与国家公共文化服务发展的方针政策相一致的原则。教材内容要力争全面、准确地阐述党和政府发展公共文化事业、构建公共文化服务体系的理念、思想、方针和政策，体现国家公共文化服务发展战略对群众文化理论、群众文化工作、文化馆（站）的建设与发展提出的新要求。第四，适用性原则。教材内容要以提升文化馆（站）业务人员管理和服务能力的现实需求为牵引，以提升从业人员的职业素养和业务能力为目标，以政策法规、专业知识、文化素养和能力养成为重点，以"学得会、用得上、有实效"为标准，不过分追求体系的完整性。教材的编写注重总结、提炼、升华实践中成功的做法、经验和案例，适应启发式、案例式、研讨式教学的需要。

教材编写的成功与否关键在人——编写人员，这也是我们遇到的第二个困难。同样是由于群众文化学在大学里没有常设的专业，所以也缺乏专门从事群众文化专业教育、理论研究和教材编写的专家，又没有国家文化馆可以依托，很难像公共图书馆系列教材的编写那样组织一批学者、教授参与其中。因此，文化馆（站）系列培训指导纲要和教材编写人员的组成，是以长期从事群众文化工作和群众文化理论研究，有着丰富群众文化工作经验和理论功底的群众文化工作者为主体，还包括群众文化工作的领导干部，以及从事公共文化服务体系研究的专家。他们大都拥有为业务骨干讲授的实际历练，有的已经形成了讲义并在全国作专题讲座，如社区公共文化服务、群众文化活动的策划与组织、群众文艺创作等，这些都为此次编写指导纲要和教材奠定了坚实的基础。他们的长处是有着丰富的实践经验和较深的理论功底，他们的短处是缺少一定的教材编写经验。但是，他们有着一个共同的特点，那就是热爱群众文化事业，有着为群众文化理论建设和群众文化事业发展贡献自己聪明才智的一颗火热的心。

教材不是个人专著，因此编委会通过研讨、交流乃至碰撞、争鸣而形成共识就显得尤为重要。在本套教材的编写过程中，编委会的每个成员都表现出了令人敬佩的高度重视、严肃认真、团队合作、学术包容的态度和精神。每本教材的主持人都组织编写人员进行了多次多种形式的研讨交流，从内容划分到框架体系，从章节要点到附属材料，都经过了编写团队的反复研讨打磨。三大系列所有编写人员参加的研讨会先后召开了 4 次。2011 年年底，公共图书馆和文化馆(站)业务培训指导纲要预印本印出后，分别在南京图书馆和宁波文化馆召开了由省、地、县各级公共文化服务机构代表参加的征求意见会。可以说，目前形成的教材，不仅凝聚着全体编写人员的心血，同时也包含着众多业界同仁的智慧。尽管如此，我知道问题和不足肯定还存在。欢迎使用本套教材的各级文化部门和基层文化工作者提出修改意见和建议，我们将在今后适当的时候作必要的修订。

参加文化馆(站)系列教材编写工作的还有上海市群众艺术馆、江苏省和江苏省相关地市文化馆、北京群众艺术馆和相关区县文化馆、天津市群众艺术馆等的专家和群众文化工作者。在编写过程中还得到了全国许多文化馆和群众文化工作者的热情帮助。教材的编写仅有编写人员的努力还不够，还应该感谢中国文化传媒集团公共文化发展中心为编写工作提供的有力保障，感谢北京师范大学副校长杨耕教授，北京师范大学出版集团叶子总编辑和李艳辉副总编辑，高教分社原副社长江燕老师，以及各位责任编辑，他(她)们为教材的出版把了最后一道关口，付出了心血和努力。

冯守仁

目　录

第一章　公共文化服务体系下文化馆(站)的职能定位

【目标与任务】

通过本章学习，了解文化馆(站)的发展历程，掌握文化馆(站)在公共文化服务体系中的基本职能和任务，并指导自己的工作。

第一节　文化馆(站)的发展历程

文化馆、文化站是政府设立的群众文化事业机构。文化馆的发展历程，一直伴随着新中国成长和发展的脚步。1949年新中国成立后，国家重视文化事业的建设和发展，建立各级文化馆(群众艺术馆)、文化站，开展各种形式的文化活动，发展社会主义文化事业，不断丰富广大公众的文化生活。文化馆为发展社会主义文化、满足人民群众不断增长的精神文化需求、推动社会主义物质文明和精神文明协调发展，发挥着应有的作用。

我国文化馆和文化站发展经历了三个历史阶段，第一阶段从1949年到1978年，第二阶段从1978年到2003年，第三阶段从2003年至今。这三个发展阶段具有各自鲜明的发展特征。

一、第一阶段(1949—1978)

这一时期建立了文化馆(站)事业机构，文化馆(站)以配合党和政府的中心工作开展文化活动为主要价值取向。这一时期文化馆(站)工作的主要特点是在全国各地建立文化馆(站)，文化馆(站)工作强调文化为政治和中心工作服务，用文艺形式宣传党的方针、政策，开展文化宣传教育活动。

(一)文化馆的建立

新中国成立后，中央人民政府成立了教育部，借鉴苏联举办文化馆的做法，将接收的国民政府遗留下来的近千个民众教育馆，以及解放区的民众教育馆，除了少数地方改为青少年宫外，统一改建为人民文化馆。

1952年5月，由教育部和文化部联合发出通知：各地人民文化馆原先由教育部门管理，改为由各级文化行政管理部门进行领导管理。中央人民政府文化部将人民文化馆改为文化馆，文化馆的主要工作内容是在群众中广泛开展文化教育工作。

1954年《中华人民共和国宪法》颁布，规定图书馆、博物馆、文化馆为国家发展的文化事业，文化馆作为文化事业机构的性质得以明确。

1955年，文化部在北京和浙江建立群众艺术馆，主要目的是加强对群众业余艺术活动的业务指导，并取得了一定成效。1956年，文化部决定在各省、自治区、直辖市普遍建立群众艺术馆，此后，一些地(市)、州陆续建立了群众艺术馆。群众艺术馆进入2000年以后，不少省市改为文化馆，有的改为文化艺术中心。

(二)文化站的兴办

1949年以后，在文化馆积极开展文化活动，丰富工农群众文化生活的同时，江苏、浙江的一些乡镇最先开始兴办乡镇文化站。此后，其他省、自治区、直辖市陆续开始兴办乡镇文化站，并在实践中日益发展壮大。

1958年"大跃进"，开展"文化专区"普及活动，一些地方大量建立民办文化站、中心俱乐部，数量看上去很可观，但实际上存在着虚设的现象。

(三)文化馆(站)事业曲折发展

在新中国成立的前 30 年里，在各级政府对文化工作的重视下，在全国范围内基本建立了文化馆(站)工作体系，为文化馆(站)事业发展打下了一定的工作基础。

在这一阶段，文化馆(站)以配合党和政府的中心工作开展文化活动为主要价值取向，进行文艺宣传工作。当时文化馆(站)的设施都较简陋，但文化馆(站)因地制宜开展群众文化工作，组织编写墙报、黑板报及通俗文艺，以各种文艺形式宣传党的路线、方针、政策，向群众进行时事、政策、科普等宣传教育，文化馆(站)成为群众文化的重要阵地。另外，一些文化馆内设图书室、阅览室，重点是组织和辅导社会文化工作，组织开展扫盲教育。在"百花齐放、推陈出新"方针指导下，文化馆(站)广泛组织群众性文化艺术活动，组织民间音乐、舞蹈、戏曲汇演，在普及基础上逐步提高。20 世纪 50 年代至 60 年代前期，文学创作、戏剧、曲艺、广播、电影、歌咏、舞蹈活动等在城乡颇为活跃。

"文化大革命"期间，文化馆(站)建设受到冲击，文化馆被撤销，房舍被占用，有些设备和图书严重散失。许多文化馆改为"毛泽东思想文艺宣传队"，学演样板戏，跳"忠字舞"等。不少传统优秀剧目、影片、图书被扣上"封资修"帽子而被扼杀，严重影响群众文化事业的健康发展。1972 年后，一些地方逐渐恢复文化馆(站)的建制，举办"阶级斗争"等展览会，组织辅导群众文化活动不多。

二、第二阶段(1979—2003)

文化馆(站)全面恢复建立，文化馆(站)工作以经济建设为中心，强调文化为市场经济服务。1978 年 12 月 18 日，中国共产党第十一届三中全会在北京召开。这次会议提出全党的工作重点是转移到社会主义现代化建设上去，实现了从"阶级斗争为纲转向以经济建设为中心"的伟大转折，从此中国进入改革开放新时代，文化馆(站)全面恢复、基本普及，文化馆(站)干部编制落实、人员转干，推动了文化馆(站)事业的发展。

(一)文化机构全面恢复建立，完成从省、地区、县、乡镇四级文化机构网络的布局

改革开放以后，党和政府高度重视文化馆(站)建设。1981年中共中央《关于关心人民群众文化生活的指示》(中发[1981]31号)文件下发，这是新中国成立以来中央关于文化建设颁发的第一个红头文件；1982年将实现"县县有文化馆、图书馆，乡乡有文化站"列入了"六五计划"。

文化馆(站)获得了迅速的恢复和发展。1978年，全国只有文化站3264个，到1982年年底，全国已建立农村文化站32780个(以后各地又有新的发展)，其中绝大部分都是"社办公助"的公社文化站，国办站只有4468个。以文化站为基础，全国已建成初具规模的农村文化中心6000多个。

(二)"文化搭台，经济唱戏"，开展"以文补文"活动，增强文化馆(站)服务能力

这一时期文化馆(站)工作，运用文艺形式宣传党的方针政策，开展各种文艺宣传队下基层进行路线教育文艺宣传活动，最鲜明的特点是围绕经济建设中心，强调文化为市场经济发展服务，"文化搭台，经济唱戏"。

所谓"文化搭台，经济唱戏"，是改革开放以来各地文化馆(站)组织开展丰富多彩的群众文化活动，凝聚人气，让经济唱戏，以办"节"的形式招商、推介具有地方特色的产品，促进地方经济发展、宣传和打造整体形象的有效活动。

这一时期文化馆(站)工作的另一特点，是普遍开展"以文补文"活动。为了弥补国拨文化事业经费的不足，各地文化馆(站)根据自身的特点和优势，因地制宜，开展有偿服务和经营活动，补充国拨文化事业经费严重不足，增强自身发展能力，改变单纯依靠国家办馆的思想，积极开展"以文为主"的多种经营和有偿服务，从单纯的服务型向服务经营型转变，促进群众文化活动开展。

全国各地相当数量的文化馆和文化站开办"文化工厂"、文化服务公司进行经营活动，开展音像制品发行、录像放映、舞厅、卡拉 OK 厅、桌球、打印复印、摄影等服务，或者利用地利优势出租馆舍让人承包经营，改变过去单纯依靠各级政府财政拨款，经费拮据、开展群众文化活动十分困难的局面，取得了显著的成效，在当时特定的经济文化背景下，对全国群众文化事业的发展起到了积极的推动作用，有效缓解了文化事业经费紧张的困难，推动了公益性文化的发展。

文化馆、文化站"以文补文"、解决文化活动经费不足，得到了国家有关部门的支持。1987 年，文化部、财政部、国家工商行政管理局文计字[1987]第 94 号文件《关于颁发文化事业单位开展有偿服务和经营活动的暂行办法》；文化部门组织"以文补文"工作经验交流会，表彰"以文补文"先进文化馆、文化站，旨在鼓励文化事业单位根据自身的特点和优势，开展经营活动，补充国拨文化事业经费严重不足，促进群众文化活动开展。

但由于缺乏明确、科学的政策支持和指导，致使部分文化馆(站)公益事业受到影响，阵地萎缩甚至流失，直到进入新世纪后这一状况才得到根本改变。

(三)文化馆(站)推行馆长(站长)负责制、岗位责任制等，探索提高文化馆(站)工作绩效的途径

文化馆(站)在群众文化事业单位管理方面的探索，成为这一阶段另一个显著的特征。全国一些文化馆(站)在管理上进行有益的探索，推行馆长(站长)负责制、岗位责任制、全员聘任制。如岗位责任制和全员聘任制，就是从馆长(站长)到员工，根据岗位设置进行层层聘任，实行双向选择式聘任，对聘任上岗的员工进行严格的以德、能、勤、绩为主要内容的百分考核。这些在行政管理上富有意义的探索，矛头直指文化馆（站）中普遍存在的"铁饭碗"意识、"大锅饭"现象，其手段是当时经济管理上普遍实施的目标管理模式，其价值取向在于营造一种充满生机和活力的工作环境，有效提高干部和职工的工作绩效。

当时探索的岗位责任制，明确文化馆、群众艺术馆及文化站各个工作岗位的职能及其责任，要求明确各种岗位的工作内容和岗位职责等，以保证各项业务活动能有秩序地进行。群众文化事业单位在管理上的探索，一方面是经济管理的成功探索，给群众文化管理带来强烈冲击和参照；另一方面是源于群众文化事业单位"大锅饭"现象所带来的绩效意识淡薄，干部职工动力不足的现状。以岗位责任制为主的管理探索，成为一些改革意识强烈、奋发有为馆长们的积极实践，职责分明地进行全员有效的考核管理在一些群众艺术馆、文化馆取得鼓舞人心的成效后，不久便成为全国一部分文化馆（站）改革和发展的强烈呼声和实际行动。文化馆（站）长负责制、岗位责任制、全员聘任合同制等做法实施了目标管理，在一定程度上调动了文化馆（站）人员工作积极性，推动了文化馆（站）事业的发展。

（四）逐步重视文化立法，推动文化馆（站）建设走上法制化、规范化轨道

这个阶段的文化馆（站）建设还有一个突出的特点，即高度重视文化法治建设，大力推进文化馆（站）事业的发展。

这一时期由全国人民代表大会常委会、国务院和中央文化管理部门陆续制定和颁发了多部法律、法规、政策性文件或部门规章，1982年颁布的《中华人民共和国宪法》第22条中，正式写进"国家发展为人民服务、为社会主义服务的文化馆事业"、"开展群众性的文化活动"的内容，这在我国群众文化史上又是一个历史性的进展。

1992年2月，文化部颁布了《群众艺术馆、文化馆管理办法》，该办法明确提出：县、旗、县级市、市辖区设立文化馆。1992年5月，文化部依据《宪法》关于发展文化馆和其他文化事业的规定，为巩固和加强文化站建设，使其更好地为基层社会主义物质文明和精神文明建设服务，颁布了《文化站管理办法》，指出"文化站是国家最基层的文化事业机构，是乡镇人民政府、城市街道办事处所设立的全民所有制文化事业单位，同时又是当地群众进行各种文化娱乐活动的场所。"

1996年10月，党的十四届六中全会通过的《中共中央关于加强社会主义精神文明建设若干重要问题的决议》指出："乡主要建设综合性的文化站。"由此，综合性的文化站概念第一次在我国出现。

正是这些文化法律、法规、规章及重要文件，高度肯定了文化馆(站)在社会主义精神文明建设中的重要地位，推动了文化馆(站)事业走上健康发展的道路。

三、第三阶段(2003年至今)

作为公共文化服务体系建设的重要组成部分，文化馆(站)建设掀起新一轮建设高潮。这一阶段文化馆(站)工作的主要特点：强调以保障公众的基本文化权益为出发点和落脚点，提供群众文化产品和服务，发展文化生产力，努力实践"文化惠民"。

(一)文化馆(站)最终确立公益性文化地位

文化馆(站)的公益性质，文化部在《群众艺术馆、文化馆管理办法》中明确规定。但是在计划经济向市场经济转型的历史背景下，文化馆(站)从20世纪80年代开展"以文补文"，到90年代提出发展文化产业，并把文化馆的经营性作为在社会主义市场经济条件下提出的新课题，导致相当数量的文化馆在20世纪90年代先后转为差额拨款单位。财政拨款有限，文化经费不足，成为制约群众文化事业发展的一大瓶颈。

以公益性为特征，群众文化迎来了战略机遇期，文化馆(站)建设得到中央政府的充分重视。2003年6月26日，温家宝总理签署国务院第382号令，颁布了《公共文化体育设施条例》，从法律意义上讲，这是新中国成立以来国家颁布的第一个有关文化馆(站)建设方面的法律条例。2003—2005年，国家进行文化体制改革试点，明确将文化馆(站)列入公益性文化事业单位，提出文化馆站是公共文化服务体系的重要组成部分。2009年，文化部颁发《乡镇综合文化站管理办法》，指出乡镇综合文化站，是指由县级或乡镇人民政府设立的公益性文化机构。

随着从中央到地方对群众文化事业单位公益性性质的进一步明确，全国各地文化馆绝大多数恢复了作为全额拨款事业单位的公益性质。

(二)文化馆(站)普遍确立公共文化服务理念

公共文化服务理念的提出，公民基本文化权益保障受到空前的关注，文化馆(站)人员文化惠民的自觉意识大为增强，成为这一发展阶段的显著特征。

2005年10月党的十六届五中全会通过的《中共中央关于制定国民经济和社会发展第十一个五年规划的建议》中，提出"加大政府对文化事业的投入，逐步形成覆盖全社会的比较完备的公共文化服务体系"，这是"公共文化服务体系"概念首次出现在我国重要文件中，标志着公共文化服务建设作为一种文化战略规划，正式提上了党和政府的议事日程。2006年9月发布的《国家"十一五"时期文化发展规划纲要》，将"公共文化"专列一章。这个史无前例的文化发展纲要，使公共文化发展驶入了快车道。2007年6月19日，由胡锦涛召开的中央政治局会议，专门研究公共文化服务体系建设。2011年党的十七届六中全会提出建设"文化强国"的战略目标，推动文化大发展大繁荣。

在这一文化发展背景下，各地文化馆(站)牢固树立公共文化服务理念，以保障人民群众最基本文化权益为出发点和落脚点，积极创新公共文化服务方式和有效途径，积极推进文化馆(站)的免费开放，为广大公众提供公共文化服务产品和公共文化服务，自觉实践文化惠民，至2011年年底，3285个文化馆、34139个乡镇综合文化站实现了"无障碍、零门槛"进入，公共空间设施场地全面免费开放，所提供的基本服务项目全部免费。

公共文化服务创新成为各地文化馆(站)工作的亮点。宁波市"十五分钟文化圈"建设，让"人人享受文化"成为群众文化建设的一大目标；上海市社区文化指导员派送工作，将文化资源与社区公众文化需求有效对接；杭州市文化馆的群众文化集约化、一体化运作机制，将文化下乡变为"群众点菜、政府买单"的自主选择。在公共文化服务理念下，文化馆(站)的公益性价值得到了很好的体现。

(三)文化馆(站)设施建设实现新的跨越

这一时期，文化馆(站)作为国家公共文化服务体系的重要组成部分，各级财政对文化的投入稳步增长，文化馆(站)设施建设实现了新的历史跨越，呈现蓬勃发展的可喜局面。

在基层文化设施建设方面，乡镇综合文化站建设项目等一系列面向基层、面向农村的重大文化设施建设项目顺利实施，显著改善了基层文化设施的整体面貌。2008年年底，中央财政投入10亿元，大力推动对文化馆基础设施的建设。2009年至2010年，中央财政共投入5.8亿元，对全国面积不达标的1147个文化馆、447个公共图书馆进行修缮。根据文化部发布的数据，2007年到2010年，中央财政共投入39.48亿元，补助全国2.67万个乡镇综合文化站建设。各级地方政府不断加大对文化馆(站)设施的投入，进一步提升了文化馆(站)公共文化服务能力。截至2011年，全国共有文化馆(含群众艺术馆)3285个,乡镇(街道)文化站40390个①,基本实现了"县有文化馆、乡有综合文化站"的建设目标,省、市、县、乡、村公共文化设施网络已经基本建立。

在这一时期,公益性文化事业单位最终确立,公共文化服务理念显著增强,文化设施建设大力推进,文化馆(站)建设呈现出良好的发展势头。文化馆(站)评估定级工作,对于加强规范管理,推动文化馆(站)公共文化服务制度化、标准化、规范化,有着积极的意义。

第二节　公共文化服务体系下的文化馆(站)建设

一、文化馆(站)是公共文化服务体系的重要组成部分

(一)公共文化服务体系的概念

公共文化服务体系,是指由政府主导、非营利的、社会参与形成的普及文化知识、传播先进文化、提供精神文化食粮、满足人民群众文化需求、保障人民群众文化权益的各种公益性文化机构、文化设施、文化队伍、文化网络及其服务内容的总和。

公共文化服务体系理念的提出,将文化建设与人民群众的基本权益紧密结合,体现了文化发展以人为本的特征,凸显了公共服务型政府执政为民的本质。

(二)公共文化服务体系建设的背景

公共文化服务体系建设的提出,有着深刻的现实背景。当今时代,文化越来越成为民族凝聚力和创造力的重要源泉,越来越成为综合竞争力的重要支撑,丰富精神文化生活越来越成为我国

---

① 《"十七大"以来我国公共文化建设成就综述》。

人民的热切愿望。建设文化强国，实现文化大发展、大繁荣，离不开公共文化服务体系建设。

加强公共文化服务体系建设，是贯彻落实科学发展观，增强建设社会主义先进文化的能力，以先进文化引领社会风尚，丰富公众精神文化生活的必然要求；是推进社会主义经济建设、政治建设、文化建设、社会建设、生态文明建设五位一体发展，实现全面、协调、可持续发展的内在要求；是充分发挥文化自身价值与功能，构建社会主义和谐社会的必然要求；是打造服务型政府，体现政府执政为民的必然要求。

(三)文化馆(站)是公共文化服务体系的重要组成部分

各级文化馆(站)是我国社会主义公共文化服务体系不可或缺的重要组成部分，是弘扬社会主义核心价值观、建设文化强国的重要力量。文化馆(站)的性质、特征、功能、作用，决定了它在我国公共文化服务体系中占有重要地位。

各级政府和文化部门按照中央关于公共文化服务体系建设的战略部署，以建立覆盖全社会的公共文化服务体系为目标，不断加强文化馆(站)设施建设，着力保障群众基本文化权益，包括文化馆(站)在内的公共文化服务体系建设呈现出科学发展、整体推进、重点突破的良好发展态势，公共文化服务体系框架基本建立，为我国公共文化服务体系建设与发展奠定了坚实的基础。

各级文化馆(站)人员必须不断深化对文化馆(站)公共文化服务特征的认识，进一步巩固文化馆(站)的地位，强化文化馆(站)的先进文化引领作用，打造具有时代特色的文化馆(站)，对于构建公共文化服务体系具有重要意义。文化馆(站)要充分彰显自身的功能与作用，切实保障人民基本文化权益，为建设社会主义文化强国作出贡献。

二、文化馆(站)的性质决定了其公共文化服务的价值取向

(一)文化馆的性质

文化馆是政府设立的公益性文化事业机构,设立文化馆体现了党和政府对文化建设的重视,体现对人民群众文化生活的关心和重视,对丰富人民群众精神生活,保障人民群众基本文化权益的责任担当。

1982年《宪法》第22条明确规定:"国家发展为人民服务、为社会主义服务的文学艺术事业、新闻广播电视事业、出版发行事业、图书馆博物馆文化馆和其他文化事业,开展群众性的文化活动。"30年来,《宪法》历经4次修改,但文化馆的宪法地位始终不变。

2003年国务院颁布的《公共文化体育设施条例》,将文化馆列为公共文化设施。该条例在第一章"总则"的第2条,指出"本条例所称公共文化体育设施,是指由各级人民政府举办或者社会力量举办的,向公众开放用于开展文化体育活动的公益性的图书馆、博物馆、纪念馆、美术馆、文化馆(站)、体育场(馆)、青少年宫、工人文化宫等的建筑物、场地和设备"。明确指出文化馆的公益性性质。

1992年文化部颁布的《群众艺术馆、文化馆管理办法》第三章"性质"中,明确规定:"两馆是国家设立的全民所有制文化事业机构。群众艺术馆是组织、指导群众文化艺术活动,培训业余文艺骨干及研究群众文化艺术的文化事业单位,也是群众进行文化艺术活动的场所。文化馆是开展社会宣传教育、普及科学文化知识、组织辅导群众文化艺术(娱乐)活动的综合性文化事业单位和活动场所。"

综上所述,文化馆是指县和县级以上人民政府设立的公益性文化事业机构,是广大群众终身受教育的课堂,是承担政府群众

文化工作职能、繁荣我国群众文化事业的主导性业务单位。文化馆通过开展群众文化工作，丰富群众文化生活，宣传党的路线、方针、政策，进行社会审美、德育教育，实现人民群众的基本文化权益。文化馆包括省、地区(市)、县(市、区)各级群众艺术馆、文化馆和文化中心。

文化馆事业是中国特色社会主义文化事业的一个重要标志，是中国特色社会主义的一个有机组成部分。

(二)乡镇综合文化站的性质

对乡镇综合文化站的公益性性质，国务院的有关法规与文化部颁布的规章作过明确的规定。

文化部 1992 年颁布的《群众艺术馆、文化馆管理办法》明确阐述："文化站是国家最基层的文化事业机构，是乡镇人民政府、城市街道办事处所设立的全民所有制文化事业单位，同时又是当地群众进行各种文化娱乐活动的场所。"

文化部 2009 年颁布的《乡镇综合文化站管理办法》，再一次明确规定乡镇综合文化站的公益性质。该管理办法在"总则"的第二条指出："乡镇综合文化站是指由县级或乡镇人民政府设立的公益性文化机构，其基本职能是社会服务、指导基层和协助管理农村文化市场。"

以上这些法规、规章，明确规定乡镇综合文化站的公益性性质，明确乡镇综合文化站是向广大公众进行公共文化服务的基层文化事业机构，是公众免费开放、方便公众参与各类文化活动的公共文化场所。

(三)文化馆(站)的性质决定了其公共文化服务的价值取向

文化馆(站)是国家兴办的公益性文化事业单位，在公共文化服务中，体现着社会主义社会的价值导向，是实现群众基本文化权益的主要阵地。

文化馆(站)国办主体文化的地位及其公益性性质,决定了文化馆(站)在公共文化服务中所具有的公益性、基本性、服务性、主导性、基础性、综合性等主要特征,决定了文化馆(站)的公共文化服务,必须以保障公民基本文化权益为着力点,体现了党和政府执政为民的本质和以人为本的核心价值观,进一步推进政治、经济、社会、文化协调发展的目标取向。

加强文化馆(站)建设,对于繁荣我国群众文化事业,促进社会主义精神文明建设,满足人民群众日益增长的精神文化需求,具有十分重要的作用。

三、文化馆(站)的公共文化服务特征

文化馆(站)作为公共文化服务体系的重要组成部分,体现了公益性、服务性、主导性、基础性、特殊性与综合性五个方面的特征。

(一)文化馆(站)的公益性

文化馆(站)作为公共文化服务体系的重要组成部分,其公益性体现在两个方面。首先,文化馆(站)以社会所有成员为服务对象,为最广泛的人民群众提供基本的群众文化服务。文化馆(站)的公益性性质,要求文化馆(站)必须以满足人民群众不断增长的精神文化需求、改善文化生活,作为所有工作的出发点和落脚点,大力推进免费开放,开展丰富多样的公共文化服务,让老百姓共享文化发展成果,保障和实现公民基本文化权益。其次,文化馆(站)组织的群众文化活动与其他业务活动均不以营利为目的,以免费服务作为主要形式。

(二)文化馆(站)的服务性

文化馆(站)的服务性,是其公共文化服务的显著特征。具体来说,文化馆(站)的服务性,指向公众所提供的基本文化服务,以提供公共文化产品和服务为主。

　　文化馆(站)的公共文化服务，包括公共文化艺术鉴赏、组织开展群众文化活动、普及文化艺术教育、开展群众文艺创作活动、业余文艺团队活动等，这些服务内容属于公共文化服务的范畴。

　　在互联网时代，文化馆(站)必须加强免费开放，吸引公众到文化馆(站)参加各类文化活动，享受公共文化服务；同时要与时俱进，借助现代信息技术等手段，拓展文化服务的形式与内容，在传统文化服务方式的基础上，开展网上文化服务。

(三)文化馆(站)的主导性

　　文化馆(站)作为公共文化服务体系的重要组成部分联系群众最为广泛，覆盖面广、社会性强、影响力大，在群众文化事业建设中处于主导地位。文化如水，润物无声。文化馆(站)面向公众开展公共文化服务，必须坚持发挥先进文化的引领作用，以优秀的文艺作品感染人，以崇高的精神塑造人，以群众喜闻乐见的文化服务形式大力宣传社会主义核心价值体系，使文化馆(站)真正成为社会主义精神文明建设的重要阵地，不断提升公众的文化素质和精神境界。

(四)文化馆(站)的基础性

　　文化馆(站)的公共文化服务特征，体现在它的基础性。

　　首先，文化馆(站)的文化设施，是公共文化服务的基础，是实践文化惠民的前提和保障。各级政府不断加大对公共文化服务的投入，文化馆(站)设施、设备建设不断改善，形成了从省、市、县、乡镇完整的文化馆(站)工作网络，实现了文化馆(站)在基层的全覆盖，为开展公共文化服务奠定了良好的基础，对社区文化、村落文化、企业文化等起到示范、辐射和助推的作用。

　　其次，文化馆(站)公共文化服务的内容具有基础性的特征。文化馆(站)公共文化服务注重普及性，在普及性的基础上提高，目的是保障公众基本的文化权益。文化馆(站)公共文化服务是专业文化的补充，并为专业文化的发展繁荣提供了基础。

(五)文化馆(站)的特殊性和综合性

文化馆(站)的公共文化服务既有特殊性，又有综合性的特点。

文化馆(站)提供群众文化产品和服务的特殊功能，是其他公共文化服务机构不可替代的。文化馆(站)根据自身的工作职能，积极开展各类群众性的文化活动，让群众成为文化活动的主角，引导群众自发组建业余文艺团队，积极推进非物质文化遗产的保护传承等，文化馆(站)这些公共文化服务具有特殊性和不可替代性。

文化馆(站)公共文化服务的综合性，体现在提供的群众文化产品和服务又是综合的，并延伸到电影放映、图书借阅、体育工作等领域，其服务对象也具有综合性。

第三节 公共文化服务体系下文化馆(站)的基本职能与任务

一、公共文化服务体系下文化馆(站)的基本职能

(一)文化馆的基本职能

1992年文化部《群众艺术馆、文化馆管理办法》中，对文化馆(包括群众艺术馆)的基本职能表述为："群众艺术馆是组织、指导群众文化艺术活动，培训业余文艺骨干及研究群众文化艺术的文化事业单位，也是群众进行文化艺术活动的场所。文化馆是开展社会宣传教育、普及科学文化知识、组织辅导群众文化艺术(娱乐)活动的综合性文化事业单位和活动场所。"

多年来，文化馆(包括群众艺术馆)的职能与以往没有太大的变化。文化馆的基本职能是：组织开展群众文化活动；普及文化

艺术知识；辅导基层文化骨干；开展社会艺术教育培训，传承优秀民族民间文化。

省级文化馆、地(市)级文化馆的工作职能，要充分体现对下级文化馆业务工作的指导、辅导；县级文化馆的工作职能要充分体现对乡镇(街道)文化站以及村(社区)文化室业务上的支持和指导。省级文化馆的职能要充分体现全省公共文化服务的龙头作用和示范作用。

(二)文化站的基本职能

2009 年文化部颁布的《乡镇综合文化站管理办法》第三章"职能和服务"中规定："文化站的主要职能是，开展书报刊借阅、时政法制科普教育、文艺演出活动、数字文化信息服务、公共文化资源配送和流动服务、体育健身和青少年校外活动等。"

各地文化站必须明确基本职能，突出文化站的公益性性质，积极开展公共文化服务，突出文化站在基层公共文化服务中不可或缺、不可替代的功能，让广大公众就近、便捷地参与文化活动，享受公共文化服务。

二、公共文化服务体系下文化馆(站)的工作任务

文化馆(站)在公共文化服务体系建设中，具有自身的文化服务特点与服务优势。文化馆、乡镇综合文化站的工作任务虽然有许多相同之处，同时又有一些差异，乡镇综合文化站的工作范围比文化馆要大一些，体育工作、图书服务、文化市场管理、文物保护等都纳入乡镇综合文化站的工作任务。

(一)文化馆的工作任务

在公共文化服务背景下，文化馆根据自身的职能，主要有十大工作任务。

(1)组织开展文艺演出、展览、讲座等群众性文化艺术活动，

成为基层群众文化活动中心。省、市文化馆侧重组织具有示范性、导向性活动，引导群众文化活动逐步走向高水平；县文化馆侧重组织群众文化艺术普及活动，负责对乡镇、村群众文化活动的指导。

(2)受政府和文化行政部门委托，承担政府交办的文化下乡、开展社会教育培训等公益性文化服务工作。

(3)组织配送和传输公共文化资源，深入基层开展流动服务，保证公共文化资源进村入户。

(4)辅导、培训基层群众文化队伍，成为基层群众文化队伍的培训中心。省、市文化馆侧重培训县文化馆和乡镇综合文化站干部和业余文艺骨干；县文化馆侧重深入基层辅导业余文艺队伍。

(5)组织、辅导和研究群众文艺创作，促进优秀群众文艺作品的创作和推广。省、市文化馆侧重组织群众性文艺创作活动、辅导群众文艺创作队伍、创作优秀群众文艺作品；县文化馆侧重普及、推广优秀群众文艺作品。

(6)开展群众文化政策理论研究，为当地公共文化服务制度设计和区域文化发展提供政策建议和决策咨询。

(7)协助文化行政部门开展非物质文化遗产保护的相关工作。

(8)开展群众文化数字资源建设，开设公益性电子阅览室，有针对性地开展数字文化信息服务。

(9)指导本地区老年文化、老年教育、少儿文化工作。

(10)在主管部门指导下开展与国外及港、澳、台地区的文化交流，弘扬中华民族优秀文化。

(二)综合文化站的工作任务

乡镇综合文化站的工作任务，2009年文化部出台的《乡镇综合文化站管理办法》，在第三章第11条，明确规定文化站通过以下方式履行职能，开展服务。

(1)举办各类展览、讲座，普及科学文化知识，传递经济信息，为群众求知致富促进当地经济建设服务。

(2)根据当地群众的需求和设施、场地条件，组织开展丰富多彩的、群众喜闻乐见的文体活动和广播、电影放映活动；指导村文化室(文化大院、俱乐部等)和农民自办文化组织建设，辅导和培训群众文艺骨干。

(3)协助县级文化馆、图书馆等文化单位配送公共文化资源，开展流动文化服务，保证公共文化资源进村入户。

(4)在县级图书馆的指导下，开办图书室，开展群众读书读报活动，为当地群众提供图书、报刊借阅服务。

(5)建成全国文化信息资源共享工程基层服务点，开展数字文化信息服务。

(6)在县级文化行政部门的指导下，搜集、整理非物质文化遗产，开展非物质文化遗产的普查、展示、宣传活动，指导传承人开展传习活动。

(7)协助县级文化行政部门开展文物的宣传保护工作。

(8)受县级文化行政部门的委托，协助做好农村文化市场管理及监督工作，发现重大问题或事故依法采取应急措施并及时上报。

综上所述，文化馆(站)是公共文化服务体系建设的重要组成部分，承担着面向公众开展公共文化服务的职能与任务。要切实强化文化馆(站)的公共文化服务意识，以积极的工作姿态，创新公共文化服务方式与载体，弘扬社会主义核心价值观，实现广大公众的基本文化权益。

【思考题】

1. 谈谈你对文化馆(站)性质和功能定位的理解。

2. 文化馆(站)在公共文化服务体系中的基本职能有哪些？

3. 文化馆(站)的公共文化服务特征是什么？

第二章　文化馆(站)的免费开放

【目标与任务】

通过本章学习，了解文化馆(站)免费开放的意义与工作原则，熟悉文化馆(站)免费开放的基本内容与具体措施，熟悉文化馆(站)免费开放的保障机制，掌握文化馆(站)免费开放的宣传推广要点，强化文化馆(站)免费开放的意识，做好免费开放工作。

文化馆(站)是政府举办的公益性文化事业单位，是开展公共文化服务的重要场所，是保障人民群众基本文化权益的重要阵地。文化馆(站)这一公益性质，决定了它必须向公众免费开放，提供基本的公共文化服务。国务院 2003 年 6 月出台的《公共文化体育设施条例》第 2 条就明确指出，条例所称公共文化体育设施，包括由各级人民政府举办的公益性质的文化馆(站)。

2010 年 3 月，温家宝在《政府工作报告》中明确提出"推进美术馆、图书馆、文化馆、博物馆免费开放，丰富人民群众的精神文化生活"的要求；2011 年年初《文化部、财政部关于推进全国美术馆、公共图书馆、文化馆(站)免费开放工作的意见》下发后，文化馆(站)免费开放进入了一个新的阶段。

各地文化馆(站)积极贯彻落实，向公众免费开放。到 2011 年年底，全国所有公共图书馆、文化馆(站)实现"无障碍、零门槛"进入，公共空间设施场地全部免费开放，所提供的基本服务项目全部免费。到 2012 年年底，文化馆(站)实现基本公共文化服务项目健全，并免费提供，全国所有一级馆、省级馆、省会城市馆、东部地区馆站免费提供的基本公共文化服务质量和水平不断提升，形成两个以上服务品牌。

第一节　文化馆(站)免费开放的意义与工作原则

一、文化馆(站)免费开放的意义

文化馆(站)免费开放,是进一步提高政府为全社会提供公共文化服务水平的重要举措,是推动社会主义文化大发展大繁荣的具体实践,是加强社会主义核心价值体系建设和公民思想道德建设的有效手段,是实现和保障人民群众基本文化权益的积极行动。对于提高广大人民群众思想道德和科学文化素质,保障广大人民群众基本权益,促进社会和谐稳定具有重要意义。

从事公共文化服务的文化工作者,要深刻认识到文化馆(站)免费开放的重要意义,切实使文化馆(站)成为当地公众开展文化活动、享受文化生活的重要场所。

二、文化馆(站)免费开放的指导思想

文化馆(站)免费开放的指导思想是,以邓小平理论和"三个代表"重要思想为指导,深入贯彻落实科学发展观和党的"十八大"精神,进一步推进公益性文化事业单位改革,着眼于保障公民基本文化权益,促进基本公共文化服务均等化,着眼于发挥文化馆(站)的基本职能作用,着眼于增强文化馆(站)服务能力和管理水平,以健全和增强服务项目、服务能力为重点,与建立文化馆(站)基本文化服务经费保障机制相结合,实现文化馆(站)设施免费开放,增强公共文化服务能力。

三、文化馆(站)免费开放的工作原则

全面推开,逐步完善;坚持公益,保障基本;科学设计,注重实效;扩大宣传,树立形象。

全面推开，逐步完善，是指各地文化馆（站）要贯彻落实公共文化机构免费开放的要求，全面推动文化馆（站）免费开放。在推进免费开放的过程中，建立与其职能任务相适应的基本文化服务内容和方式，向公众免费开放文化场地，提供公益性的文化服务，使之成为当地公众文化活动的重要场所。在文化馆（站）免费开放中，不断改进和完善公共文化服务。

坚持公益，保障基本，是指文化馆（站）作为公益性文化事业机构，必须坚持公益性质，要为广大公众提供无差别的文化服务，要为残疾人、农民工等群体参与文化活动提供便利条件。免费开放作为政府的重要文化民生项目，免费提供的是与文化馆（站）职能相适应的基本公共文化服务，应由政府予以保障落实。对于基本公共文化服务以外的文化服务项目，要坚持公益性，降低收费标准，不得以营利为目的。

科学设计，注重实效，是指文化馆（站）的免费开放，要紧紧结合文化馆（站）基本职能，研究确定基本服务项目和内容；以免费开放为契机，加强规范化建设，实现文化馆（站）规章制度健全，职责任务清晰，服务内容明确，公共文化设施的利用率明显提高，免费开放落到实处，切实保障人民群众基本文化权益。要根据公众文化需求，在为群众业余文艺团队提供文化活动场所、文化设备的同时，为更多的公众提供高质量的文化培训、文艺辅导、艺术展览、文艺演出等服务。

扩大宣传，树立形象，是指文化馆（站）要加强免费开放的宣传工作，通过形式多样的宣传，让更多的群众了解文化馆（站）的功能和作用，使文化场所的免费开放情况，公益性的文化辅导、文艺培训、艺术展览、文艺演出等活动广为人知，让广大人民群众就近方便地参与文化活动，保护群众的基本文化权益。要通过互联网、微博等新兴媒介广而告之，扩大文化馆（站）免费开放的社会影响，吸引广大群众走进文化设施，享受政府提供的公共文化服务，进一步树立文化馆(站)公益性的良好社会形象。

四、文化馆(站)免费开放的总体目标

文化馆(站)免费开放是备受社会公众关注的公共文化服务内容。当前文化馆(站)免费开放总体目标是与深化文化体制改革、提升公共文化服务能力相结合，实现文化馆(站)规章制度健全，职责任务清晰，服务内容明确，保障机制完善，健全与其职能相适应的基本文化服务项目并免费向群众提供，文化馆(站)设施利用率明显提高，使文化馆(站)免费服务成为政府的重要民生项目和公共文化服务品牌。

第二节 文化馆(站)免费开放的基本内容与具体措施

一、文化馆(站)免费开放基本内容的确定原则

(一)适度性原则

文化馆(站)向公众免费开放文化设施，充分利用文化馆(站)阵地提供基本文化服务，让公众参与各种文化活动。文化馆(站)免费开放提供的基本文化服务，应当与公众最基本的文化权益相对应，而不是所有的文化服务。比如，为企事业单位及个人的非公共文化活动提供场所、音响、灯光等设施设备就不属于文化馆免费开放中提供的文化服务范围。因此文化馆(站)免费开放过程中，在确定基本文化服务内容时，必须把握好适度性原则，既要服务到位，又不能过度提供。

(二)可行性原则

文化馆(站)免费开放基本内容的确定，必须量力而行，具有可行性。文化馆(站)免费开放，向公众提供基本文化服务，与馆

舍面积、设施设备、人员数量、文化经费等方面条件密切相关。在确定文化馆免费开放服务项目和内容时，必须充分考虑到馆(站)自身的资源条件。

(三)针对性原则

文化馆(站)确定免费开放基本内容，必须具有针对性，要做好认真深入的调研工作，把握当地公众的文化需求，依托文化馆(站)的场所设施、人才优势，有的放矢地设置免费开放服务的具体文化项目与内容。要特别注重面向低收入群体、外来务工人员和农民群众的免费文化服务，保障他们的基本文化权益。

(四)动态性原则

随着社会的发展，科技的进步，公众的文化需求和文化生活方式内容，会随之发生一定的变化。文化馆(站)的免费开放服务，必须根据公众的文化需求及时进行调整，使文化馆(站)的文化服务与公众不断增长的精神文化需求有效对接，进一步提升文化馆(站)免费开放服务的绩效。

二、文化馆(站)免费开放的基本内容

文化馆(站)免费开放包括两个方面：一是指公共空间设施场地的免费开放；二是指与其职能相适应的基本公共文化服务项目健全并免费向公众提供。基本公共文化服务项目将随着社会的不断发展、政府财力的增长和人民群众精神文化需求的不断增长而发展变化。

文化馆免费开放中的公共空间设施场地免费开放，包括多功能厅、展览厅(陈列厅)、宣传廊、辅导培训教室、计算机与网络教室、舞蹈(综合)排练室、独立学习室(音乐、书法、美术、曲艺等)、娱乐活动室等公共空间设施场地的免费开放。要根据公众文化需求，合理安排文化馆的公共空间设施场地。馆里的公共文化

设施除了向公众开放，特别向当地群众业余文艺团队开放，使文化馆成为群众业余文艺团队的家。

文化馆免费开放中要免费向公众提供基本公共文化服务项目，主要是普及性的文化艺术辅导培训、时政法制科普教育、公益性群众文化活动、公益性展览展示、培训基层队伍和业余文艺骨干、指导群众文艺作品创作等基本文化服务项目健全并免费提供；为保障基本职能实现的一些辅助性服务如办证、存包等全部免费。

深圳市群艺馆开办免费艺术培训班

自 2006 年起，深圳市群众艺术馆创造性提出了所有培训活动项目实行免费的举措，首开全国公益性艺术培训先河。

深圳市群众艺术馆免费艺术培训对象，主要是老年人和少儿；老年艺术大学开设美术、书法、音乐、舞蹈、古筝等艺术门类培训班，老年人凭身份证均可报名参加。少儿培训班设芭蕾舞、民族舞、美术、素描色彩、书法（软笔、硬笔）、试唱练耳、古筝、二胡、萨克斯、竹笛、打击乐等艺术门类，招生对象为年龄 7 岁到 15 岁的青少年。

凡参加免费艺术培训班的学员，必须经过测试，确保那些最有文艺潜力的学员优先得到艺术培训。免费艺术培训分为初级班和提高班，一个学员同一类培训只有一次参加机会。为了确保免费艺术培训的质量，深圳市群众艺术馆每年举行"走进艺术殿堂"公益培训成果展示活动，培训班的每位老师以教学展示的形式，展示一年来免费艺术培训的成果。免费艺术培训班的老师，90%以上由馆里的业务干部担任，其余师资来自于有文艺专长又热心公益事业的文化志愿者。

深圳市群众艺术馆的免费艺术培训，规模越来越大，免费艺术培训班从 2006 年的几十个培训班，到 2011 年达到 180 多个，为数以万计的深圳市民和外来务工者提供了优质便利的公共文化服务。在免费艺术培训的基础上，深圳市群众艺术馆创办的群声老年合唱团、中老年艺术团和少儿艺术团、青少年管乐团分别在全国、全省以及市级的艺术赛事中获得过各类奖项。

三、文化馆（站）免费开放的具体措施

要切实做好文化馆（站）免费开放工作，必须采取有效措施，把工作落到实处。文化馆（站）免费开放的具体措施，主要是以下几个方面。

（一）取消原有部分收费项目

作为公益性文化设施，文化馆（站）要取消存包费，限期取消文化馆（站）群众文化艺术辅导和培训费、业余文艺骨干培训费、公益性讲座与展览收费。取消原有部分收费项目，尤其是取消文化艺术培训等收费，旨在切实为公众提供良好的文化服务，树立公益性文化事业单位的良好形象，使广大公众共享文化发展成果。

（二）限期收回出租设施

一些文化馆（站）曾经出租文化场地，以租金来弥补财政投入的不足，这在20世纪八九十年代比较常见。如今各级政府加强公共文化方面的投入力度，改变了以前文化馆（站）经费严重不足的状况。在当前免费开放的背景下，各地文化馆（站）要严格执行《公共文化体育设施条例》和中央、国务院办公厅《关于加强公共文化服务体系建设的若干意见》、《关于进一步加强农村文化建设的意见》，维护好文化馆（站）的公益性质，不得以拍卖、租赁等任何形式改变公共文化设施用途，已挪作他用的限期收回。

（三）降低非基本服务收费

文化馆（站）除基本公共服务外，为满足广大基层群众多层次、多样化的需求，开展了多种多样的公益性服务。在财政经费保障

机制建立的前提下，各级文化馆(站)应把主要精力用于开展基本公共文化服务。基本公共文化服务以外的公益性服务，要降低收费标准，按照成本价格为群众提供服务，不得以营利为目的。

(四)补齐基本服务缺项

要根据当地文化馆(站)现有的业务干部配备情况，利用现有的文化设施，充分挖掘潜力，引导和动员全社会的文化资源，包括文化师资资源，参与到文化馆(站)公共文化服务中来，向公众提供丰富多彩、广泛多样的公益性文化服务，不断拓展公益文化服务项目。根据群众的基本文化需求和社会经济发展，逐步扩展免费服务项目。

(五)提高免费服务质量

文化馆(站)提供的公益性文化服务，不能因为免费而降低文化服务质量，相反要强化服务意识，改善服务态度，以公众的评价作为免费服务工作的衡量标准，不断提高公共文化服务质量。各级文化部门要加强对文化馆(站)免费服务的考核，重视公众意见反馈，不断改进免费服务的内容和方式，努力提高文化馆(站)免费服务的质量。

四、文化馆(站)免费开放注意的问题

(一)基本服务与非基本服务相结合

文化馆(站)应该充分保证为公众提供基本公共文化服务，但也应根据公众的文化需求和文化馆(站)自身的能力，提供部分非基本公共文化服务。文化馆(站)为公众提供基本公共文化服务，如面向青少年、老年人、农民工等各个群体，开展公益性的基本文化服务，努力提升公众的精神文化素质，这是文化馆(站)免费开放的核心，是文化馆(站)公益性质的体现；同时，要针对公众多样化的需求，比如高层次的文化需求根据文化馆(站)现有条件

开展公共文化服务。

(二)阵地服务与流动服务相结合

文化馆(站)内的阵地文化服务与送文化下基层、广场文艺活动等结合起来。文化馆(站)免费开放,不仅仅局限于固有文化设施的对外开放,还要在充分发挥文化馆(站)设施作用的基础上,积极开展多种形式的公共文化服务,重心向下,阵地前移,面向基层特别是面向广大的乡村,开展文化艺术辅导,培训群众文艺骨干,辅导群众业余文艺团队,送文艺演出到农村,大力开展文化下乡活动,丰富基层群众文化生活。

(三)利用馆(站)文化资源与利用社会文化资源相结合

文化馆(站)拥有在文化艺术方面的专业人才,在免费开放中,既要充分调动文化业务干部的工作积极性和文化创造性,把优秀的文化艺术成果和精彩的文艺演出(展览)奉献给社会,为公众提供优质的文化服务;同时又要广泛利用社会文化资源,发挥文化馆(站)在基层文化建设中的突出作用,利用各级文艺协会、群众文艺团队的资源,激发公众的文化参与热情和文化创造精神,整合全社会的文化力量,参与到文化馆(站)免费开放中来,把文化馆(站)建设成本地区群众文化活动的中心。

(四)自身提供公共文化服务与政府购买提供公共文化服务相结合

文化馆(站)在自身提供文化艺术辅导培训、公益文化演出展览、文化设施对外开放等公共文化服务的同时,也可以地方财政作保障,采用购买、补贴等方式,面向专业文艺院团和具有一定艺术资质的民营文艺团体,以政府的名义招标采购文艺演出等,为基层群众包括低收入和特殊群体提供免费文化服务,保障他们基本的文化权益。

(五)免费开放与错时服务相结合

针对文化馆(站)上下班存在着机关化作息时间的状况,文化馆(站)免费开放不仅要在时间长度上作出规定,即除了春节等少数节假日外,文化馆(站)应做到全年开放天数达到350天以上,每天不得少于8小时;同时规定文化馆(站)确定免费开放时间,应该与当地公众的工作时间、学习时间适当错开;国家法定节假日和学校寒暑假期间,应该适当延长开放时间。

安徽省芜湖市文化馆免费开放广受群众好评

芜湖市文化馆以"开门办馆、文化惠民、坚持公益、保障基本"为宗旨,秉承"零门槛、零距离"的理念,努力完善基本文化服务内容和方式,文化馆全年没有休息日,天天都是开放日。

芜湖市文化馆已经成为当地群众求知、求乐、求美的文化艺术活动中心,设有培训教室45间、展览展示厅5间、多功能厅3个。在这里,无论年龄、无论性别、无论职业,均免费享受到阅读图书报刊、参观美术展览、观赏艺术表演、聆听艺术讲座、参加文化艺术沙龙等文化服务。

没有门槛的艺校。芜湖市文化馆开设的市民公益艺术培训学校全部免费提供艺术培训,设有音乐、舞蹈、美术、书法、摄影、电脑等班次和课程。市民只要报名,不需要交纳任何费用。每次开班学员都是爆满。芜湖市文化馆2012年春季开展公益性免费培训,开设35个培训班,免费培训1500名学员。2012年秋季免费公益培训声势浩大,芜湖市文化馆馆内就开设了37个培训班,涉及培训项目达30多个,是该馆开展免费公益培训以来培训项目最多、招生计划最多的一次。第一天报名人数超千人,许多热门项目的培训名额已经全部报满。他们把全社会当做文化阵地,在儿童福利院设立启智班,在军营设立拥军班,在养老中心设立敬老班,在台资企业设立外来务工人员班,免费培训深入人心。

没有围墙的剧场。芜湖市文化馆每年独立举办 50 多场演出，广场成了没有围墙的剧场，全市的文艺骨干都愿意接受邀请来芜湖市文化馆广场演出。

没有门票的影剧院。芜湖市文化馆多功能厅，周末是不打门票的电影院，平时是公共演出厅。每年放电影 200 多场，接待各类单位的文艺演出 60 多次。

没有距离的健身场所。芜湖市文化馆还增设了乒乓球、羽毛球、象棋、围棋、扑克牌等项目，文化馆大厅成了冬暖夏凉的公共健身厅。新馆落成之际，文化馆长把常年在马路边露天下棋的老人们请到文化馆，特地买来 10 多张棋牌桌放在文化馆大厅，请老人们来馆里下棋打牌；文化馆里有空调，冬暖夏凉，老人们交口称赞文化馆为他们做了好事。每天晚上文化馆门前的广场上，芜湖市文化馆组织开展群众性的广场健身舞活动，光是在文化馆里领证登记的健身舞爱好者就有 500 多位，每晚都有文化馆安排的管理人员佩戴着红袖章管理得井然有序。

没有级别的展厅。芜湖市文化馆把社区的草根书画家请来，为他们义务组织展览，展厅成了他们展示才华的天堂。

没有空座的讲堂。2012 年以来，芜湖市文化馆已经承办了 6 场市民大讲堂。另外，还邀请了日本的吉他名家、全国的口哨艺术家、高校的艺术教师举办了 6 场讲座，深受市民欢迎。

没有门锁的教室。全市所有的机关事业单位、所有的业余文艺团队，只要预约登记，芜湖市文化馆都免费提供各种各样的排练教室，排练教室天天都是爆满。

齐全的功能，丰富的活动，使人们尽情享受文化，芜湖市文化馆已经成为芜湖市百姓的文化家园，每天前来文化馆参加文化活动的人数众多，以至文化馆前架起了芜湖市第一座人行天桥。长期举办开放体验活动让市民群众全方位感受到芜湖市文化馆优质的公共文化服务，感受到"免费服务最实在，文化享受最愉快"。

第三节 文化馆(站)免费开放的保障机制

一、文化馆(站)免费开放的组织保障机制

各级政府,特别是文化、财政部门要加强对免费开放工作的组织领导,将免费开放作为群众文化事业建设的重点工作,纳入文化建设总体规划,纳入重要议事日程,纳入财政预算;建立统筹协调、密切配合、分工协作的工作机制,加强文化馆(站)免费开放工作的组织和领导;加强对免费开放工作方案的制度设计和科学研究,保证免费开放工作科学有序地开展。

二、文化馆(站)免费开放的经费保障机制

各级财政部门要进一步明确文化馆(站)公益性文化单位性质,建立免费开放经费保障机制,保证文化馆(站)免费开放工作的正常运转;要逐步提高经费保障水平,不断完善文化馆(站)免费提供的基本公共文化服务项目,提升免费开放的服务质量;探索建立文化馆(站)服务的多元化投入机制,鼓励社会力量对文化馆(站)进行捐赠和投入,拓宽经费来源的渠道。作为公益性文化事业单位,文化馆(站)免费开放的经费,主要来自国家和地方财政的拨款。

三、文化馆(站)免费开放的制度保障机制

文化馆(站)要创新公共文化服务机制,科学制定文化馆(站)免费开放等各项文化服务标准,推动文化馆(站)免费服务的制度化、规范化;要不断完善文化馆(站)免费服务指标,加强对免费服务的监督考核;要深化文化馆(站)内部机制改革,优化组织结

构，改进内部管理，创新公共文化服务方式，提高文化馆(站)免费开放的绩效。在对文化馆(站)进行年度考核、评估定级中，将免费开放作为评估的重要指标之一。要建立、健全各项规章制度，以制度管人、以制度管事，增强发展活力。

第四节　文化馆(站)免费开放的宣传推广

俗话说得好："酒香也得勤吆喝。"文化馆(站)免费开放顺应公众的文化需求，但要将免费开放做得出色，除了完善免费服务的内容和项目，改善公共文化服务态度，宣传推广的重要性不言而喻。

一、文化馆(站)完善免费开放公示制度

文化馆(站)要开门办馆，做好免费开放工作，就要强化公益性文化服务的形象，建立、健全免费开放公示制度，积极主动地向公众推介和宣传免费开放工作，及时提供公共文化服务信息。要及时公示文化馆(站)免费开放的内容，包括公共文化服务项目、内容、时间、场所、服务人员；要提高免费服务信息提供的及时性和透明度；创造良好的服务环境，包括在窗口接待、场所引导、资料提供以及内容讲解等，增强吸引力。通过免费开放公示，让当地公众及时了解文化馆(站)免费开放的内容，吸引公众参与到免费开放中来。

二、文化馆(站)免费开放的新闻宣传

要加强免费开放的新闻宣传，开展形式多样的新闻宣传活动，扩大免费开放的公众知晓率，吸引广大群众走进文化设施，最大限度地发挥文化馆(站)的功能作用。文化馆(站)免费开放工作，要精心策划，结合各个阶段的社会热点和文化工作自身特点，不断有新的工作亮点，积极主动为新闻媒体提供免费开放的文化信

息,扩大文化馆(站)的知名度,扩大文化馆(站)免费开放的社会影响。

三、文化馆(站)免费开放的活动推广

组织开展公益性文化活动,是文化业务干部的强项。各地文化馆(站)要有意识地策划组织公众喜闻乐见的文化活动,借助群众文化活动的广泛影响,推广文化馆(站)免费开放和服务工作,扩大免费开放的社会影响,让更多群众了解文化馆(站)的功能作用,吸引广大群众走进文化设施,共享改革开放带来的文化发展成果。

四、文化馆(站)免费开放的网络推广

网络推广是指通过互联网手段进行的免费服务公示、免费服务信息提供和宣传推广等活动,目的是扩大文化馆(站)免费开放的社会知晓度,同时扩大文化馆(站)的知名度、美誉度和影响力。当前,随着互联网的迅速发展,网民越来越多,网络的影响力也越来越大,文化馆(站)要通过自己的文化网站及时发布免费开放的相关文化资讯;通过网络QQ群发布免费开放的相关信息;还可以运用微博及时向公众发布文化活动消息、文艺培训动态,做好文化馆(站)免费开放的信息预告,不断扩大文化馆(站)免费开放的社会影响,进一步推进免费开放工作的深入开展。

【思考题】

1. 文化馆(站)免费开放有哪些基本内容?

2. 文化馆(站)免费开放的原则是什么?

3. 结合文化工作实际,谈谈如何做好文化馆(站)的免费开放工作。

第三章　文化馆(站)宣传、培训与指导

【目标与任务】

通过本章学习，了解文化馆(站)时政、法制、科普、教育服务的方式、要求，熟悉文化馆(站)普及性文化艺术辅导培训和讲座的具体内容和方法，掌握文化馆(站)面向文艺骨干和群众文艺团队开展培训指导的工作要点，熟悉文化馆(站)对基层和社会的指导与服务的内容与方法，熟悉综合文化站其他基本文化服务。

第一节　文化馆(站)时政法制科普教育服务

一、文化馆(站)时政宣传服务

(一)文化馆(站)时政宣传服务的概念

文化馆(站)时政宣传服务，坚持以马列主义、毛泽东思想、邓小平理论和"三个代表"重要思想为指导，认真贯彻落实科学发展观，始终坚持"两为"方向，运用各种生动的文艺形式，宣传党和国家的路线、方针、政策，宣传社会主义核心价值观，宣传改革开放建设的成就，用共同理想凝聚人心，用奋斗目标激励人心，用发展成就鼓舞人心，充分动员和引导广大干部和各族群众积极投身改革发展，为全面建成小康社会的目标而努力奋斗。

(二)文化馆(站)时政宣传服务的方式

1. 创作时政文艺作品

文化馆(站)发挥在当地群众文化工作中的龙头作用，组织业

余文艺创作骨干，开展时政专题创作等活动，创作反映时政内容的文艺作品，在文艺演唱资料上刊用或在文艺演出、展览活动中展示。

2. 文艺形式宣传国策

文化馆（站）通过组织各类文化活动，包括专题文艺演出、专题书画展览等形式，以群众喜闻乐见的文艺形式，宣传国家的大政方针，宣传基本国策。

3. 橱窗标语时政宣传

利用宣传橱窗、标语等多种形式，及时传达最新的时政信息，宣传党的基本国策。

4. 时事政治知识竞赛

知识竞赛也是文化馆（站）普及宣传党的方针政策、时政信息、基本国策的有效载体，在知识竞赛中使公众熟悉和了解时事政治。

5. 编印时政文艺资料

文化馆（站）尤其是文化馆要配合时政宣传，及时组织编印各类专题文艺演唱资料，为乡镇（街道）和村（社区）开展时政文艺宣传提供文艺资料上的服务。

6. 组织播放时政节目

文化馆要利用自身的文化网站，乡镇综合文化站利用自身所管理的乡镇广播站、有线电视等现代信息传播载体组织播放时政类节目。

宣传橱窗布置的要点

宣传橱窗具有直观实用、简便灵活、雅俗共赏的特点，有利于传递各种时政信息。

文化馆（站）在布置宣传橱窗，进行时政宣传时，有几个要点。

一是确定时政宣传主题。文化馆(站)人员要结合时政形势,确定每期时政宣传主题,开设宣传专栏。

二是认真编辑时政信息。标题要鲜明突出,文章篇幅以精、短为主,吸引公众观看。

三是精心设计,图文并茂。重视宣传橱窗的版面设计,装饰花边的选择、版面的排列要根据时政内容灵活运用,达到内容与形式的完美统一。

(三)文化馆(站)时政宣传服务的要求

文化馆(站)在开展时政宣传服务中,要始终坚持以科学的理论武装人,以正确的舆论引导人,以高尚的精神塑造人,以优秀的作品鼓舞人,以强烈的使命感做好时政宣传服务。要围绕经济建设这个中心工作,自觉服务改革开放稳定发展大局,努力使文化馆(站)时政文艺宣传服务富有成效。要坚持"贴近群众、贴近生活、贴近实际"的原则,不断创新文化馆(站)时政文艺宣传的内容和方式,增强时政文艺宣传服务的针对性、实效性、吸引力和感染力。

二、文化馆(站)法制宣传服务

(一)文化馆(站)法制宣传服务的概念

文化馆(站)法制宣传服务,主要是以丰富多彩的文艺形式作为重要手段和载体,进行法制宣传教育工作,寓教于乐,集针对性、趣味性和教育性为一体,同时又贴近生活实际,贴近群众,容易激发广大群众的参与热情,在生动的文化活动中产生共鸣,使法律知识、法制观念潜移默化地深入人心,为法制社会建设创造良好的社会环境。

(二)文化馆(站)法制宣传服务的方式

文化馆(站)法制宣传服务的方式,主要有建立普法业余文艺宣传队、组织法制专题文艺演出、组织法制文艺作品创作、进行法制知识橱窗宣传、举办法制知识有奖竞赛、编印法制文艺资料、组织播放法制专题片、法制图书借阅服务等。

(三)文化馆(站)法制宣传服务的要求

文化馆(站)人员要充分认识到法制宣传服务的重要意义,增强法制文化宣传的自觉性;要不断拓展法制文艺宣传阵地,使文艺舞台、书画展览厅、图书阅览室以及宣传橱窗等成为法制宣传的有效平台;要不断拓展法制文艺宣传形式,以群众喜闻乐见的文艺宣传形式,增强法制文艺宣传效果;要不断拓展法制文艺宣传内容,以贴近群众生活的法制故事为内容,增强法制文艺宣传的感染力。

三、文化馆(站)科普宣传服务

(一)文化馆(站)科普宣传服务的概念

文化馆(站)科普宣传服务,是指文化馆(站)根据自身的文化优势,借助文化馆(站)在文化方面的影响力,以文艺宣传、知识竞赛、图书借阅等多种形式,普及自然科学和社会科学知识,传播科学思想,弘扬科学精神,倡导科学方法,推广科学技术应用的活动。

(二)文化馆(站)科普宣传服务的方式

文化馆(站)进行科普宣传服务的方式,主要有根据文化馆(站)的工作特点,开展科普文艺演出、创作科普文艺作品、组织科普知识竞赛、编印科普性的文艺宣传资料、组织播放科普内容的影视、提供科普图书借阅服务、利用橱窗标语宣传科普等。

(三)文化馆(站)做好科普宣传服务的途径

文化馆(站)在开展科普宣传服务中，要紧紧围绕社会热点、重点工作以及群众科普方面的知识需求，开展各类文艺形式的科普宣传服务；要鼓励文艺工作者和科技工作者自觉参加科普志愿者队伍，广泛深入地开展群众性的、经常性的科普宣传服务活动。

(四)文化馆(站)科普宣传服务的要求

文化馆(站)科普宣传服务，要贴近群众的日常生活，又要具有鲜明的时代气息；要加强与科协等相关部门的联系，形成科普宣传服务的合力；要强化科普宣传创新意识，又要注意科普宣传的针对性。

第二节 文化馆(站)普及性文化艺术辅导培训和讲座

一、文化馆(站)的辅导培训

文化馆(站)的文化艺术辅导培训属于公益性服务，可以分为两类：一类属于基本文化服务范围，完全由政府承担费用，免费服务；另一类属于准公共服务，由政府承担部分费用，个人付出一定费用，有偿服务。

(一)基本文化服务型的文化艺术培训

文化馆(站)举办的面向广大群众的普及性文化艺术培训、面向文化艺术骨干和业余文艺团队的骨干性培训，面向弱势群体(如边远乡镇和山区农民及其子女、农民工子女、残疾人等)的保障性培训，属于基本文化服务范畴。

(二)准公共文化服务型的文化艺术培训

文化馆(站)举办的个体性技能培训(钢琴等器乐演奏培训、非普及性的舞蹈培训、考级性质的培训等),专业性技能培训(音响师、灯光师等专业技能培训)等,属于个性化、对象化、深度增值服务,服务对象是特定的,不具有普惠性质,不属于应当由政府予以保障的群众基本文化权益和基本服务范围,适当收取费用是合理的,也是必须的。

二、文化馆(站)普及性文化艺术辅导培训

(一)文化馆(站)普及性文化艺术辅导培训的方式

其主要方式是面向社会开办各类文化艺术辅导培训班。利用文化馆(站)的设施和专业文艺人才的优势,面向社会公众开设普及性的文化艺术辅导培训项目,特别是面向老年人和少年儿童,开展各门类的文化艺术辅导培训,并使之形成常态化、大众化的格局。

(二)文化馆(站)普及性文化艺术辅导培训的要求

(1)注重普及性,即注重培训对象的大众化和培训内容的普及性。

(2)强调公益性,即对普及性文化艺术辅导培训项目实行免费。

(3)资源优质化,即发挥文化馆(站)文化人才方面的优势,提供优质的文化艺术辅导培训。

(4)培训品牌化,即利用文化馆(站)的文艺师资,形成文化艺术培训的特色,打造普及性文化艺术辅导培训的品牌。

(三)提高普及性文化艺术辅导培训的质量

(1)把好参加文化艺术辅导培训人员的文艺素质关。

(2)把好文艺辅导培训的师资关,安排有业务专长和教学经验的师资做辅导培训老师。

(3)把好文艺辅导培训的评估关，在培训期即将结束时举办辅导培训成果的汇报展演，以此作为考核培训辅导教师的依据。

(四)文化馆(站)普及性文化艺术辅导培训项目的设置

文化馆(站)在开展普及性文化艺术辅导培训项目时，首先要充分考虑到文化馆(站)的培训场地情况；其次要考虑到文化馆(站)文化艺术业务干部的配置现状，以及可能参与到文化馆(站)公益性、普及性文艺辅导培训工作的社会艺术师资情况；最后，要结合当地公众文化艺术辅导培训的需求情况进行综合考虑，开设普及性文化艺术辅导培训项目。

在满足中青年群体的文化艺术辅导培训需求的同时，重点开设面向少儿、老年和其他弱势群体的文化艺术培训班。普及性文化艺术辅导培训班除了开设美术、书法、摄影、音乐、舞蹈、戏剧等文艺门类，也可根据公众文化需求设置其他辅导培训项目。

(五)文化馆(站)普及性文化艺术辅导培训的招生

在文化馆(站)普及性文化艺术辅导培训工作中要切实做好培训班的招生工作。一是制定文化馆(站)普及性文化艺术辅导培训的招生简章；二是通过新闻宣传、广告、海报和网络宣传等形式，进行宣传推广；三是积极开展普及性文化艺术辅导培训的咨询工作，让广大公众了解文化馆(站)的普及性文化艺术辅导培训；四是通过网络报名和常规报名相结合的方式，方便公众报名。

(六)文化馆(站)普及性文化艺术辅导培训的日常管理

文化馆(站)普及性文化艺术辅导培训的日常管理，主要有以下几个方面。

教师管理方面，确定和安排相关文化艺术师资讲课，确定辅导培训课程安排等。

场地管理方面，安排培训时间和场地，落实教学设备和相关器材，做好培训场地的清洁卫生管理等。

学员管理方面，制定辅导培训的规章制度，做好学员辅导培训的点名工作，制定学员奖惩制度。

安全管理方面，制定突发安全事件的紧急处理、安全教育、消防安全管理措施等，建立值班制度，落实专人进行安全管理。

三、文化馆(站)普及性文化艺术公益讲座

(一)文化馆(站)普及性文化艺术公益讲座的概念

文化馆(站)普及性文化艺术公益讲座，主要特点是公益性、普及性和文化性。这类文化艺术公益讲座一般邀请有文化艺术名家或者当地有一定知名度的文化馆(站)专业干部、民间艺人，开展面向公众的公益性文化艺术专题讲座，传播文化艺术知识，鉴赏优秀文化艺术作品，营造良好的文化艺术氛围，让文化艺术走近社会大众，使文化馆(站)普及性文化艺术公益讲座，成为公众学习文化艺术的终身课堂。

(二)文化馆(站)普及性文化艺术公益讲座的方式

1. 定点讲座和流动讲座相结合，以文化馆(站)内的定点讲座为主

文化馆(站)在当地往往有一定的知名度，公众比较熟悉，方便公众前来听讲座；流动讲座的优点是覆盖一些特定的人群，服务灵活。

2. 定期讲座和临时讲座相结合，以定期讲座为主

临时讲座大多有一定的具体情形，如有文化名人来到当地，文化馆(站)不失时机邀请他作公益讲座，或者结合国内外的文化热点开展讲座等。定期讲座的优点是有计划性，便于公众记忆，如"周末大讲堂"等，形成固定的听众群体。

3. 国内文化名人和当地文化名人讲座相结合，以当地文化名人为主

国内文化名人前来作公益性的文化艺术讲座，具有一定的社会号召力和影响力，扩大文化艺术公益讲座的社会影响；当地文化名人参与公益性文化讲座，对于文化馆(站)组织单位来说，有许多便利条件，成本也相对比较少。

(三)文化馆(站)普及性文化艺术公益讲座的要求

1. 了解需求

既要了解当地文化艺术公益讲座的师资状况，更要面向各个社会群体深入了解群众的文化需求，使普及性文化艺术公益讲座具有针对性。

2. 宣传推广

要积极做好普及性文化艺术公益讲座的宣传推广，推广方式可以是海报的形式，在网站上发布预告或发微博告示，也可以在当地报刊上进行新闻宣传。如果能与当地的媒体合作，在讲座前发布信息，讲座结束后以大幅的版面刊载讲座的主要内容，可扩大讲座的社会影响。

3. 定期举行

普及性的文化艺术公益讲座，要在某个较长的时段里，定期推出文化艺术系列讲座，便于公众熟悉和记忆。

4. 控制人数

根据讲座的场地，从安全出发，控制听众的人数。可以通过电话预约、网上预约、现场预先领取入场券等方式，控制听众人数，确保公益性讲座的安全有序。

第三节 文化馆(站)面向文艺骨干和群众
文艺团队的培训指导

一、文化馆(站)面向文艺骨干的业务辅导

(一)文化馆(站)面向文艺骨干业务辅导的方式

文艺骨干是文化馆(站)开展群众文化工作的重要力量。文化馆(站)面向文艺骨干业务辅导的方式主要有个别辅导点拨、邀请专家培训辅导、选送参加文艺培训辅导班等,以此提高文艺骨干的创作、表演和组织水平。

(二)文化馆(站)面向文艺骨干业务辅导的要求

1. 个别辅导与办班辅导相结合

文化馆(站)每年都会组织文艺骨干进行常规性的业务培训,不断提升文艺骨干的文艺创作、表演等方面的水平;文化馆(站)干部对文艺骨干经常性、个性化的辅导也是提升文艺骨干业务水平的重要途径,个别辅导针对性强,辅导沟通及时。个别辅导与办班辅导有机结合,有效提高文艺骨干的业务能力。

2. 理论学习与实践运用相结合

文化馆(站)开展业务辅导中,既要注重文艺骨干的文艺理论学习,学习各个艺术门类的基本原理,学习美学理论,学习中国传统文化等知识;同时在业务辅导中要将文艺理论与文艺实践紧密结合,以理论指导文艺骨干的文化实践,提升文艺骨干的业务水平。

3. 因需施教与同步培训相结合

在文化馆(站)组织开展面向文艺骨干的艺术培训中,既要按

已经制订的培训课程设置、安排培训日程，认真组织实施，完成预定的培训内容；又要结合文艺骨干的个体特点和文艺需求，在培训过程中设计相关教学环节，弥补文艺骨干个体间知识结构、业务能力方面的差异。

4. 业务辅导与成果展示相结合

应改变文艺骨干培训工作中重视文艺业务辅导，忽视培训成果展示的现象，将文艺业务辅导与文艺骨干的创作、表演成果有机地结合起来，通过对文艺骨干的业务辅导提升业务水平，创设展示平台，在培训成果展示的同时反馈培训辅导工作的成效与不足。

5. 远程辅导与培训辅导相结合

要充分运用现代互联网技术，开展远程文艺辅导工作，丰富培训辅导的方式与手段。通过建立文艺骨干QQ群，加强对文艺骨干经常性的业务辅导；通过文化馆(站)的网站，设置远程辅导的栏目与视频，使文艺骨干随时可以点击相关的视频内容，学习文艺业务知识。

6. 业务辅导与表彰奖励相结合

在文化馆(站)开展文艺骨干辅导中，要将文艺业务辅导与表彰奖励有机结合，在成果展示、培训过程中的文艺竞赛等环节，表彰和奖励优秀文艺骨干，进一步激发他们的文化创造热情和公共文化服务意愿，激发他们为活跃当地群众文化作出自己的贡献。

二、文化馆(站)群众文艺团队的培训辅导

群众文艺团队的繁荣，对于活跃当地群众文化、丰富群众文化生活有着现实的意义。文化馆(站)开展群众文艺团队的培训辅导，是公共文化服务的重要内容之一。

(一)文化馆(站)群众文艺团队培训辅导的方式

1. 提供文化活动场所，进行日常的文艺辅导

文化馆(站)的公共文化空间可以向当地优秀群众文艺团队免费开放，确定群众文艺团队来文化馆(站)相关场地活动的时间，解决文艺团队排练、活动场地方面的困难；文化馆(站)安排文艺专业干部对群众文艺团队进行日常辅导。

2. 结合各类文艺赛事，进行赛前的培训辅导

群众性的文艺赛事是群众文艺团队业务水平展示的有效载体，要鼓励基层群众文艺团队积极参与各类文艺赛事；文化馆(站)要适时进行赛前的培训辅导，提高群众文艺团队在文艺赛事中的竞争力。

3. 组织文艺业务培训班和讲座，培训群众文艺团队

文化馆(站)要进一步组织开展面向群众文艺团队的文艺业务培训和讲座，针对群众文艺团队的能力和特点，精心策划培训和讲座的内容，提升群众文艺团队的文艺素质和文化服务能力。

4. 提供展演机会，安排专家对群众文艺团队的创作和表演进行辅导

文化馆(站)要针对群众文艺团队渴望展示艺术才能的心理，组织群众文艺团队参与当地的各类文艺演出活动、展览活动；安排专业干部按照演出、展览的要求，辅导排练文艺节目，认真修改创作作品，精益求精，不断进步。

(二)文化馆(站)群众文艺团队培训辅导的要求

1. 建立培训辅导机制

文化馆(站)要切实重视群众文艺团队的培训辅导，建立群众文艺团队培训辅导机制，开展经常性的培训辅导工作，并纳入到年度工作计划中，以群众文艺团队培训辅导为抓手，不断提升文艺团队的业务能力。

2. 提供文艺辅导资料

文艺资料缺乏是基层群众文艺团队面临的普遍性问题。文化馆(站)要雪中送炭，及时提供群众文艺团队所需要的各种文艺辅导资料。

3. 有的放矢辅导培训

在文艺培训辅导中要方式多样，具有针对性和实效性。基层群众文艺团队的能力与水平各不相同，对文化馆(站)培训辅导的要求也有一定的差异，因此文化馆(站)在实施文艺培训辅导中，要认真调研，详细了解各支文艺团队情况，有的放矢开展培训辅导。

4. 培育品牌文艺团队

文化馆(站)在培训辅导的基础上，要有目的、有重点地培育群众文艺品牌团队，影响和带动群众业余文艺团队的发展。

(三)文化馆(站)群众文艺团队管理和扶持的办法

首先，运用评估定级的方法，对群众文艺团队进行分类管理和服务，给予必要的经费资助和奖励。其次，为优秀群众文艺团队提供必要的活动设施和设备，文化馆(站)的排练厅、展览厅等优先向优秀群众文艺团队开放。最后，文化馆(站)组织的文艺演出、展览活动要优先为优秀群众文艺团队提供展示、展演的机会。文化馆(站)还要定期召开群众文艺团队负责人会议，沟通信息，提供针对性服务。有条件的话，提供交流观摩学习的机会。

宁波市邱隘镇文化义工建设

宁波市邱隘镇文化义工建设始于 2008 年 6 月，一批有文艺专长的业余文艺骨干和热心于公共文化服务的志愿者，萌生志愿为公共文化服务、体现社会价值的意愿。邱隘镇文化站顺应民间意愿，引导组建文化义工队伍。

邱隘镇 80 余名文化义工分为广场活动组、场馆管理组、演出活动组等，进行日常性的文化服务。在邱隘镇文化广场和场馆里，每天都可以看到镇文化义工服务的身影。每位义工每年服务最少 50 多个小时，广场活动组的文化义工每年服务都在 150 个小时以上。文化义工排演节目，新建文艺团队，进行文艺培训，策划组织下村演出，从事文化场馆管理，有效推动宁波市邱隘镇群众文化事业的发展和繁荣。

宁波市邱隘镇文化义工管理制度比较健全。邱隘镇文化义工采用注册登记制度，对于符合上岗条件的文化义工，经确认后，统一配发文化义工标志(上岗证)和服装，根据不同组别建立义工服务档案。此外，还制定了邱隘镇文化义工培训制度、计时管理制度、回馈激励制度等。邱隘镇文化义工管理中，通过对义工服务的计时管理，进行年度或季度的回馈，安排服务时间较长的文化义工享受文化活动，组织观看专场演出，参加短途旅游活动等。

宁波市邱隘镇文化义工建设，有效地解决了乡镇文化站编制少、文化站干部数量有限的问题，丰富了乡村群众业余的文化生活，促进了乡村社会的和谐稳定，弘扬了公民社会的志愿服务精神。

2011 年 11 月，央视"首席夜话"栏目以"公共文化服务的阳光"为题，介绍宁波市邱隘镇文化义工建设。

第四节　文化馆(站)对基层和社会的指导与服务

一、文化馆(站)对基层的指导与服务

(一)文化馆(站)对基层的指导与服务的概念

作为公共文化服务体系的重要组成部分,文化馆(站)负有对基层进行文化指导和服务的职能。具体来说,各级文化馆负有对下级文化馆、文化站业务工作进行指导与服务的责任,文化站负有对村级、社区文化工作指导与服务的责任。

(二)文化馆对基层指导与服务的方式和内容

文化馆对基层进行文化指导与服务的方式和内容,与文化站指导与服务基层有着显著的差异,其指导与服务的方式与内容主要如下。

(1)建立文化指导员派遣制度或者业务干部联系制度,指导下级文化馆、文化站开展免费开放服务工作。根据下级文化馆、文化站工作需要,进行经常性的文化指导与服务。

(2)设立基层文化服务示范基地或示范点,积极下基层开展文化指导与服务。在取得显著成效的基础上,上级文化馆通过组织现场经验交流会等形式,推广基层文化工作的先进经验和典型做法,以点带面,推动基层公共文化工作再上新的台阶。

(3)指导基层文艺作品创作,协助基层排练群众文艺节目。文化馆要通过组织文艺创作培训班、文艺作品加工会、文艺采风,以及个别指导等形式,指导基层文化干部和群众业余文艺骨干的文艺创作;深入基层为下级文化馆、文化站群众文化团队排练各类文艺节目,提高文艺创作表演的水平与文艺节目质量。

(4)指导特色文艺团队建设。要根据基层文化馆、文化站文化

资源的特点与优势，指导培植当地特色文艺团队，既要在特色上做文章，又要提升文艺团队的创作表演水平。

(5)指导文化工作品牌建设。在面向基层文化馆、文化站开展文化指导与服务过程中，既要熟悉该地区公共文化服务现状与创新优势，又要从宏观上了解省内外文化馆(站)文化创新的动态信息，指导基层文化馆、文化站在文化创新的基础上，不断有新的亮点，持之以恒，使之成为文化馆(站)工作品牌。

(三)文化站对基层指导与服务的方式和内容

文化站对基层指导与服务的方式和内容，主要是指导各行政村(社区)开展各种喜闻乐见的群众文化活动，指导村级(社区)文化活动室的免费开放服务，指导村级(社区)特色文化团队建设，培训辅导村级(社区)群众文艺骨干等。

(四)文化馆(站)对基层指导与服务的要求

一是加大公共文化服务的力度，送文化服务下基层、进社区，改变岁末年初集中文化下乡的现象，改为经常性的文化下乡，把对基层文化指导服务工作落到实处。二是继续开展"文化下乡"等活动，把优秀的文艺节目送到基层群众的家门口，与群众零距离接触。三是制定基层文化指导服务相应制度，把对基层文化指导与个人年度考核结合起来，强化基层文化指导与服务的自觉性。四是增加基层文化工作指导与服务的针对性和实效性，避免"走马观花"、"蜻蜓点水"的现象。

山东省基层文化辅导示范点建设

山东省基层文化辅导示范点建设，是一项面向基层、重心下移，开展公共文化服务创新的举措。近几年来，山东省艺术馆在山东全省17个地市基层文化站、文化大院中选出100个基层文化辅导点，这100个基层文化辅导点是从全省17个地市报送的264

个辅导点中遴选出来的。由省、市、县艺术(文化)馆的专业干部组成专业人员辅导团,同时整合社会力量,组成志愿者辅导团,深入基层进行辅导,加强基层文化辅导点的公共文化服务功能,丰富人民群众的文化生活,满足人民群众日益增长的精神文化需求。

山东省艺术馆组织文化业务干部2人一组,分工划片,深入基层文化辅导点进行工作。省艺术馆下派业务干部在市、县级文化馆干部的陪同下,深入文化站、文化大院共同进行摸底工作,对于各辅导点的具体艺术形式和特点做到心中有数。辅导方式多种多样,针对各地艺术馆、文化馆的干部以培训提高为主,定期分类进行培训,针对文化大院的特点进行艺术加工,在保留原有特色的基础上进行加工提炼。及时发现好的作品,好的演员,对于有一定基础的文艺节目和表演形式进行创作和再加工,为参加省、市及全国文艺汇演做好推荐工作。在基层辅导点培训辅导的基础上,组织基层辅导点文艺节目汇演。

这是山东省文化厅组织实施公共文化辅导工程的一部分。100个基层文化辅导示范点的辅导干部由省、市、县艺术(文化)馆的专业干部组成专业辅导团,同时整合社会力量组成志愿者辅导团在全省进行辅导,逐步形成了网状辅导体系,形成了特有的文化品牌。

2012年,山东省百个基层文化辅导示范点网状辅导体系建设获得全省农村公共文化服务"优秀实践奖"。

二、文化馆(站)对社会文化的指导与服务

(一)文化馆(站)对社会文化指导与服务的概念

文化馆(站)是公共文化服务的重要组成部分,承担着面向社

会公众进行文化指导与服务的责任。文化馆(站)对社会文化的指导与服务，主要是指面向企业、学校、军营等，组织开展各类文化活动，进行文化艺术传授，指导文艺表演与创作，传承优秀的民族民间艺术等指导和服务活动。

(二)文化馆(站)对社会文化指导与服务的内容

文化馆(站)充分利用自身的文化资源优势，开展社会文化的指导与服务，其内容主要是为企业、学校、军营等提供社会文化活动的咨询与指导，组织开展面向外来务工者、未成年人、军人等群体的各类专题文化活动；为企业、学校、军营里的群众文艺团队提供文化艺术专业辅导，在文化活动中提供相关的文化场地、设备和器材等；与企业、学校、军营等建立文化联谊会或者结成文化共建单位，实现对社会文化指导与服务的常态化。

(三)文化馆(站)对社会文化指导与服务的要求

一是强化责任意识。文化馆(站)要以强烈的文化自觉性、积极的服务态度拓宽公共文化服务的视野，把文化指导与服务的触角延伸到当地的学校、企业、军营，努力开展社会文化指导与服务。

二是强化服务意识。文化馆(站)要充分考虑到学校、企业、军营等不同的文化需求，开展有效的社会文化指导与服务。

三是强化创新意识。文化馆(站)要以务实的态度，创新的精神，探索社会文化指导与服务的新途径、新方法，提升文化馆(站)社会文化指导与服务的水平。

三、文化馆(站)基层服务点的建设与管理

(一)文化馆(站)基层服务点的概念

文化馆(站)基层服务点是文化馆(站)在自己辖区内选择的并

为其提供直接指导和服务，且具有一定典型示范意义的街道(乡镇)或社区(村落)。

(二)文化馆(站)基层服务点建设与管理的内容

文化馆(站)基层服务点建设与管理的主要内容是：安排业务干部进行直接的指导和辅导，帮助当地组织开展群众文化活动，丰富群众业余文化生活，打造具有地域特色的文化品牌，总结提炼典型经验以期产生辐射效应，以点带面来推动群众文化工作的开展。

(三)文化馆(站)基层服务点建设与管理的方法

强化年度考核，落实服务责任。文化馆(站)实施年度工作绩效考核制度，签订"年度工作目标责任书"，明确要求文化馆业务干部每年深入农村的天数，业务干部与基层服务点对应，辅导群众文艺项目，列入年度考核，从考核制度的设计上强化业务干部的服务意识，提升文化服务质量。

深入边远乡村，做好文化顾问。文化馆(站)要发挥业务干部在乡村文化建设的智囊作用，鼓励业务干部深入到边远的山区、海岛等地，为乡村文化建设出谋划策，指导基层服务点的建设，使基层文化服务点把文化馆业务干部当做贴心的参谋和顾问，帮助基层服务点精心策划，为文化建设献计献策。

挖掘乡土文化，打造文化精品。文化馆(站)要服务基层，因地制宜，积极挖掘富有地域特色的民间文化元素，创作文艺精品，精心创作具有乡土气息的群众文艺作品，悉心指导群众业余骨干，不断提升他们的艺术表演能力，使一批优秀的乡土艺术作品和地域文化特色项目脱颖而出，成为当地富有特色的文化名片。

提供展示平台，建设文化品牌。要扩大基层服务点建设的社会影响，文化馆(站)要充分提供展示的平台，让这些乡村文艺精品和文化工作走向更为广阔的舞台，展示基层服务点的文化魅力。

组织现场交流，推广工作经验。要适时组织基层服务点工作的经验交流会，让来自各个基层服务点的文化干部和乡镇领导唱主角，推介在基层服务点建设中的成功经验和具体做法，安排基层服务点文化干部进行文化工作考察，互相交流工作经验，进一步推进基层文化服务点建设。

文化站对基层服务点的建设，首先要做好文化工作的参谋作用，在当地领导的支持下，出台乡镇（街道）对基层服务点的经费补助等政策；其次是深入到基层服务点进行指导，并且将指导工作制度化、经常化。

第五节 综合文化站其他基本文化服务

综合文化站与各级文化馆不同，还承担着其他的公共文化服务与管理工作，主要是图书服务、电影放映服务、体育健身服务、文物管理等工作。

一、图书室读者服务

（一）图书室读者服务的概念

乡镇图书室读者服务工作是指图书室直接满足读者需要的服务活动，它是综合文化站图书室工作的根本宗旨。图书室读者服务的主要内容是组织图书宣传辅导、开展文献借阅服务，发挥图书资源的应用价值。

（二）乡镇图书室读者服务工作的基本理念

"读者至上、服务第一"是乡镇图书室读者服务工作的基本理念。"读者至上、服务第一"的图书服务理念，可以具体表述为三句话：一切为读者，为一切读者，为满足读者的一切阅读需求。

一切为读者，是指乡镇图书室的所有工作，是为读者服务，提供图书服务和相关资讯，想读者所想，急读者所急，为读者在阅读、信息等方面提供优质服务。

为一切读者，是指乡镇图书室要提供无差别的图书服务，每个读者都拥有公平享受信息和图书服务的权利，要面向一切公众提供服务，不管是老年人、残疾人、城市居民还是农民工，甚至在监狱服刑的犯人，都有享受图书室服务的权利。

为满足读者的一切阅读需求，是指乡镇图书室重视读者的阅读需求，尽一切可能，为读者提供良好的服务，努力使读者的需求得到最大限度的满足。

（三）乡镇图书室的特点

规模较小。面积小，藏书规模小，不需要巨大的经费投入，而且建设速度快，藏书更换快，容易开展书刊流通与信息交流。

贴近群众。乡镇图书室是根据不同的地域和农民居住情况，分散设点，往往离农民居住地比较近，方便群众在图书室借阅，贴近群众，为群众提供便捷的图书信息服务。

服务灵活。由于农村图书室规模小，可以为读者提供方便、周到的服务，利于了解读者阅读需求，与读者进行感情沟通，及时得到服务效果反馈。

共享充分。农村图书室是一个参与共享的体系，乡镇图书室要充分体现"阅读的便利"和"资源的节约"的原则。"阅读的便利"就是使民众不出所在辖区就能享受服务。"资源的节约"倡导的是一种辖区内单位的图书资源共享，在开展图书服务"一证通"、"一卡通"的地方，根据读者的阅读需求，共享图书资源。

（四）乡镇图书室开展读者服务的常规工作

乡镇图书室开展读者服务的常规工作，主要是读者登记、借阅证发放、建立读者档案、开展读书活动等。

读者登记工作。读者登记的主要内容包括：姓名、性别、年龄、工作职务、专业技术职称、文化程度、外语种类及程度、工作单位、单位地址、邮政编码、电话号码、工作专业、兴趣爱好、办理何种借阅证、拟重点利用何种文献等信息。

借阅证的发放。在乡镇图书室借阅证的发放可采用在室外临时现场发放、室内常年发放等方式进行，也可深入到当地企业或者学校批量集中发放。发放借阅证应该让读者熟悉《办证须知》内容的情况下，进行读者情况登记，凭身份证等相关证件办理借阅证，按规定交纳押金。

建立读者档案。乡镇图书室在开展读者服务工作中，要重视建立读者档案，把读者登记的原始记录和在服务过程中形成的读者材料，整理立卷，形成读者档案。档案材料可通过办证登记、流通记录、问卷调查、读者意见簿、座谈会等途径来收集。读者档案是乡镇图书室开展读者服务工作的重要依据。

(五)乡镇图书室读者教育的内容

乡镇图书室的读者教育，是为提高读者利用乡镇图书室文献资源的能力而开展的教育、培训活动，其工作的开展应该在读者走入、利用图书室之前，并在读者利用图书室过程中不断地深化。

关于图书室基本情况的教育，是读者教育的基础任务。应当努力在辖区广大群众中普及乡镇图书室性质、职能、任务的情况以及乡镇图书室的对外服务形式、读者发展相关情况等。

关于文献信息基础理论、知识和作用的教育，使读者破除对文献信息的神秘感，认识到文献信息促进科研进步和经济发展的重要作用。

关于文献信息检索原理、方法和技能的教育，是读者教育的一项重要内容。通过教育使读者在学习知识、提高技能、掌握方法、获取文献信息的同时，进一步提高自己的文献信息意识。

关于文献信息利用的教育，是为了提高读者利用文献信息的能力。

（六）乡镇图书室如何扩大读者群

乡镇图书室要面向一切读者，开展图书服务，努力建设书香社会，就必须扩大读者群，让更多的公众走进乡镇图书室。

一是要坚持免费服务。牢固树立公共文化服务的意识，面向各个社会群体，开展图书服务，吸引更多的读者走进乡镇图书室，提高图书室的社会效益。

二是要坚持长期开放。乡镇图书室只有天天开放，才能吸引更多的读者走进图书室，如果读者走到图书室，则发现图书室关门，几次以后就不会来图书室借书。

三是要主动服务读者。乡镇图书室服务人员要以积极主动的服务姿态，组织形式多样的读书活动，为读者提供各种图书服务。积极主动地吸引辖区居民走进图书室，使之成为长期的固定读者。要利用图书服务"一证通"等方式，提供图书资讯，帮助读者借阅市、县图书馆藏书。

四是开展特色服务。根据当地读者的文化需求，提供特色图书服务，满足不同读者的阅读需求。比如根据当地农民种植、养殖的特点，开展特色图书服务，以智力支持农民发家致富；还可尝试为当地企业经营者推介和提供图书借阅服务；为行动不便的老年人或者残疾人，提供送书上门服务等。

（七）乡镇图书室规章制度

乡镇图书室规章制度，是图书室正常有序地开展读者服务工作的重要保证，是工作人员和读者必须遵守的行为规范，是图书室科学管理的依据和准绳。主要由相关的工作条例、章程、规则和细则等组成。乡镇图书室规章制度主要有两大类：一类是面向读者的规章制度；另一类是面向工作人员的规章制度。

面向工作人员的规章制度，指的是乡镇图书室读者服务的职能和任务，工作人员的岗位责任制度、语言行为规范、服务公约等。

面向读者的规章制度，包括读者须知、读者登记办法、借阅证的办理办法、图书借阅细则等。

(八)乡镇图书室读者服务评价统计

1. 读者统计

乡镇图书室对读者数量以及类型读者数量进行统计，它是衡量图书室读者队伍数量和质量水平的重要指标。

2. 流通统计

乡镇图书室对图书文献借阅利用情况进行统计。统计的主要内容包括一定时期内图书室所藏文献信息流通总数量、总册数、不同类型、不同文献流通数量及其比率。它是衡量图书室工作好坏的重要指标。

3. 服务成果统计

读者通过图书室工作人员的服务和利用图书室所藏文献资源后所取得的成果数量统计。服务成果统计对反映读者工作人员的服务水平和质量有着重要的辅助作用。

4. 读者的表扬、投诉统计

利用图书室的过程中，对图书室工作人员或图书室工作质量和态度的满意和不满意两方面的统计。这种统计和分析对于合理评价图书室工作，提高图书室工作的服务水平，改善服务态度，都有重要的参考价值。

5. 大众传媒宣传报道的统计

宣传媒体对图书室工作的宣传报道情况进行统计，反映了社会对农村图书室工作的评价，也是图书室形象好坏的反映。搜集统计大众传播媒体对图书室的宣传报道，对激励、鞭策图书室工作人员努力提高工作水平和质量十分重要。

二、体育健身服务

农村体育工作是农村社会主义精神文明建设的重要方面。以乡镇为重点开展农村体育工作，逐步夯实农村体育工作基础，实现农村体育工作有机构、有人员、有阵地、有经费，改善农村公共体育服务条件，提高体育健身服务能力。乡镇综合文化站要因地制宜，通过广泛组织开展体育健身活动，不断满足广大农民日益增长的多元化体育健身需求，提高农民体育健身意识和体质健康水平，为构建社会主义和谐社会、全面建设小康社会、建设社会主义新农村服务。

(一)乡镇体育健身设施建设

乡镇体育健身设施建设主要是指乡镇、村两级的体育设施建设，包括篮球场、健身路径等。乡镇体育健身设施建设中，要注意以下几点。

一是合理布局。体育健身设施要设置在方便公众锻炼活动的地方，距离居住地比较近，使公众能就近、方便地参与体育健身活动，提高体育设施的利用率。

二是专人管理。要落实专人进行体育健身设施的管理，发挥老年协会等基层群众组织在乡村体育健身管理中的积极作用。

三是争取支持。除了依靠乡镇政府加大体育设施建设的投入，要积极争取上级体育部门的支持，大力推进乡镇、村级体育健身设施建设。

四是出台政策。有条件的乡镇，可出台以奖代补政策，鼓励各村建好体育健身苑点、篮球场、乒乓球室。

(二)体育健身项目的推广

乡镇综合文化站要积极主动地开展群众性的体育健身活动，推广当地公众喜闻乐见的体育健身项目，使体育健身活动日常化。

组织体育活动。通过组织群众性体育运动会等活动，营造群众体育健身活动的良好氛围。特别是组织专项群众体育健身活动比赛，如篮球比赛、健身操等，有利于专项性的体育健身项目。

提供活动场地。在当地群众开展体育健身活动过程中，尽可能地开放相应的体育健身场地和相关体育健身设施。

培养骨干分子。选送体育健身积极分子参加上级举办的健身舞蹈、健美操等培训班，发挥他们在群众体育健身活动推广中的作用。

组织团队参赛。积极推荐当地优秀的群众体育健身团队，参加各级体育文化部门组织的展示和比赛活动。

扶持优秀团队。积极扶持群众体育健身团队，尽可能地提供经费、体育健身设施等方面的支持。

(三)乡镇体育运动会的组织

要利用全民健身日、传统节日和农闲季节，坚持业余、自愿、小型、多样和因人、因时、因地制宜的原则，坚持与农业生产、文化活动和地方风俗相结合，动员、组织农民开展丰富多彩的体育竞赛等活动，突出参与性、健身性、趣味性和多样性，不断创新活动方式，创造出具有地方特色的品牌活动，并逐步形成传统和制度。

乡镇体育运动会是体育工作的重要组成部分，运动会组织工作千头万绪，唯有运筹帷幄，做到心中有数，实施时才会有条不紊，确保体育运动会的圆满成功。

1. 乡镇体育运动会的筹备方案

筹备方案是体育运动会策划的重要文案。细化筹备方案，把各方面情况想得周到细致，才能使运动会在实施过程中不出问题。筹备方案主要包括以下内容。

乡镇体育运动会的名称。写明是什么乡镇第几届全民运动会等。

运动会的目的。如开展体育运动,增强人民体质等。

运动会时间。即运动会的准确日期。

运动会的规模。要写上本次运动会的主办单位、承办单位,参加运动会的人数等。

成立运动会组织机构。组织开展乡镇运动会,乡镇文化站干部要做好参谋,由乡镇主要领导担任运动会的负责人,一般下设宣传秘书组、后勤安全组、竞赛工作组等,每个工作组确定专人负责;各个工作组既分工、又合作。

制订经费预算。要有比较详细的经费计划。

确定工作步骤。制订明确有序的运动会工作进程,以便富有条理地开展各项筹备工作,组织实施运动会。

2. 乡镇体育运动会的组织机构

乡镇体育运动会组织机构的形式和规模可以根据运动会的工作需要而定。通常小规模运动会的组织机构如下。

宣传秘书组:负责运动会的新闻报道、宣传策划、文字资料拟定与编印等工作。起草开幕词、闭幕词;拟写会标及其他宣传标语;落实升旗仪式;布置场地音响设备、现场播音、宣布成绩;各代表队入场式解说词及运动会宣传稿件;联络新闻媒体,宣传报道运动会,负责获奖证书的设计、打印等。

后勤安全组:搞好运动会的物质供应、场地设备、医疗救护、保卫等工作。布置运动会主席台;运动员茶水供应;提供运动会期间伙食;加强安全保卫,比赛场地进、出口值勤,维持赛场秩序;负责购置奖品;负责保管、发放奖品等。

竞赛工作组:主管裁判、编排记录、场地器材和比赛期间的指挥、成绩公布等工作。制定竞赛规程,编排、打印、装订运动会秩序册;组织培训裁判员及裁判员分工;准备比赛所需器材;比赛场地的丈量与画线;各项比赛的组织及裁判工作;组织入场式、闭幕式。

3. 乡镇体育运动会竞赛报名

要发动乡镇机关、各企事业单位和行政村，积极参与到乡镇体育运动会。下发运动会的筹备通知，在时间上要有一定的提前量，使各相关单位和行政村组织发动人员参加运动会。

下发的运动会筹备通知，一般要有以下内容：运动会的名称、目的要求、主办单位、比赛日期、地点、参加单位及组别、比赛项目；比赛办法(包括每个单位可参加男、女多少人，每人可报几项，每项限报几人，以及参加者的资格规定)；报名办法(说明报名表格填写方法，规定报名开始和截止日期，报名条件)；计分及奖励办法；采用的竞赛规则；参加竞赛单位的注意事项(包括对各单位的要求)等。

4. 乡镇体育运动会秩序册编印

秩序册是乡镇体育运动会实施的重要依据，科学地编印秩序册使每个工作人员明确自己的工作职责，使每位参与者包括工作人员与运动员熟悉整个运动会的场地、比赛进程，对于成功组织实施体育运动会至关重要。

秩序册内容一般包括：组委会名单，竞赛规则，各代表队名单(号码对照表)，比赛秩序，比赛日程安排，各项竞赛分组表，田径运动纪录表，竞赛场地平面图。

秩序册编印完毕，应依照秩序册所列运动员姓名号码对照表，将号码布及秩序册一起分发各单位。

5. 乡镇体育运动会场地布置

气氛营造。根据运动会的目的、任务，用横幅、标语等多种载体宣传党的体育方针、政策，宣传本次乡镇体育运动会的目的。

主席台布置。安排和布置运动会主席台，布置好桌签、秩序册、矿泉水等。

场地落实。落实记录处、成绩公告处、运动员休息室、饮水处、检录处、运动员赛前准备场地等。

医疗服务。落实医务处，安排医务人员值班。

音响设备。在运动会比赛场地安装扩音设备，供指挥、宣传和宣告成绩使用。

6. 乡镇体育运动会的编排和记录公告工作

乡镇体育运动会的编排和记录公告工作的任务是：赛前编排大会秩序册；准备比赛的应用表格；公布比赛成绩；临场编排复、决赛秩序；竞赛结束后统计和整理有关资料、编印总成绩册等。

三、青少年校外活动

《乡镇综合文化站管理办法》第 10 条，规定了综合文化站的主要职能之一，便是青少年校外活动等。乡镇综合文化站要面向青少年开展文化服务，引导青少年树立正确的理想信念，锤炼高尚的道德品质，提高科学文化素质，发展兴趣爱好，增强创新意识和实践动手能力的实践育人功能，满足青少年多样化的校外活动需求，全面推进素质教育，促进青少年全面发展、健康成长。

(一)青少年校外活动的任务

综合文化站要通过组织青少年的校外生活，培养爱祖国、爱人民、爱科学、爱劳动的良好品德，促进德、智、体、美等方面全面发展，养成活泼开朗的性格、高尚的情操和文明的行为，不断扩大视野，丰富科学文化知识，增进身心健康，激发求知欲望，勤于学习，勇于探索，培养有理想、有道德、有知识、守纪律的一代新人。

(二)青少年校外活动的特点与要注意的问题

1. 青少年校外活动的特点

综合文化站开展的青少年校外教育，有三个显著的特点：兴趣性、实践性、知识性。

兴趣性。综合文化站开展的青少年校外教育,以兴趣为导向吸引青少年参与到校外活动中来,以满足青少年求知的需求,在求知过程中享受到学习的快乐。在青少年校外活动中,趣味性是不可缺少的,只有激发青少年参与活动的兴趣,才能吸引更多的青少年走进综合文化站,参加自己感兴趣的校外活动。

实践性。综合文化站组织开展的校外活动具有实践性的特点,这在科技活动中体现更为突出。校外活动强调实践,将课外活动、研究性学习或综合实践活动有机地结合起来,达到一定思想教育目的和科学技术知识普及要求。在科学技术普及、文艺欣赏、课外阅读等实践活动中,增强动手能力、表达能力和交往能力等,提升青少年的综合素质。

知识性。青少年学生的基本特点是处于长身体、长知识的时期,他们精力充沛,活泼好动,好奇心强、渴望获得多方面的知识,兴趣十分广泛。要使课外活动对学生有吸引力,就要注重活动内容的知识性,让学生在活动中能增长知识,开阔视野,求知欲得到满足,感到参加活动获得许多新知识,从而乐于参与综合文化站组织开展的青少年校外活动。

2. 青少年校外活动注意的问题

综合文化站在组织开展青少年校外活动中,要切实注意几个方面的问题:一是校外活动要以实践为主,适合校外、课余、自愿的特点,作为青少年校内学习的有益补充,提升青少年思想文化科技素质;二是校外活动要坚持将兴趣性、知识性和教育性有机结合,使青少年在饶有趣味的校外活动中,潜移默化地受到教育,获得知识;三是根据青少年不同的年龄特点,科学合理地设置校外活动形式和内容,组织开展适合青少年个性健康发展的各类校外活动,使他们在校外活动中受益。

(三)青少年校外活动的形式

综合文化站组织开展的青少年校外活动形式，主要包括组织游艺活动，建立小伙伴暑期俱乐部，举办青少年专题文艺晚会，开展读书活动、科普讲座、体育比赛、电影观看、文艺培训、征文比赛、兴趣小组活动等。

1. 校外科技活动

一是举办科学技术展览。通过带领学生参观工艺、科技展览，近距离地感受到科技的魅力，了解科技的相关知识，激发青少年对科技的强烈兴趣。

二是组织科普知识讲座。邀请科技人员进行普及性的知识讲座，要根据青少年年龄特点，运用多媒体等现代教育技术，形象地展示当代科学技术的知识，增进青少年对当代科学技术的了解。

三是进行科普知识竞赛。综合文化站要激发青少年的好胜心，通过组织科普知识竞赛等形式，使青少年在科普知识竞赛中广泛涉猎课外的科技知识，了解当今世界的科技发展状况，学习基本的科学技术常识。

四是指导参与科学实践。综合文化站要努力创造条件，使青少年亲自动手进行简单的科学实践，如进行化学小实验，制作简易的模型飞机，或者制作一张叶脉书签等，激发青少年对科学技术的兴趣，从小培养他们爱科学，学科学的热情。

2. 青少年校外艺术兴趣小组活动

(1)青少年校外艺术兴趣小组活动的基本形式，以基本训练(包括各种文艺练习和文艺欣赏活动)、排练(或创作)、演出(或展览)三种基本形式为主。

(2)青少年校外艺术兴趣小组活动的组织，可以从以下几个方面着手。

一是组建艺术兴趣小组。选拔有兴趣、有艺术特长的青少年，安排相关的文艺专业方面有一定造诣的老师进行指导，在艺术教师的指导下开展各项文艺活动。

二是制订小组活动计划。组织经常性的兴趣小组活动，在兴趣小组的文艺培训、排练、演出或展览活动中，一方面给学生以良好的艺术辅导；另一方面兴趣小组同学在活动中相互交流，共同提高艺术水平。

三是提供文艺展示平台。通过组织举办文艺演出、艺术展览等形式，展示校外艺术兴趣小组的文艺才华，增强校外兴趣小组的凝聚力，进一步强化艺术兴趣小组成员的艺术兴趣。

(3)综合文化站组织的青少年校外艺术兴趣小组，要持之以恒，富有实效，真正起到陶冶情操，提高艺术创作表演水平，丰富青少年的校外生活，必须注意以下几点。

要生动活泼、富有趣味。综合文化站组织开展的青少年校外艺术兴趣小组，与学校里的义务教学有着显著的差异，要设计丰富多彩的校外艺术兴趣小组活动，吸引青少年参与各类艺术活动。

要强化青少年主体作用。校外艺术兴趣小组开展的活动，必须以青少年的艺术需求作为出发点，充分发挥青少年追求艺术、崇尚艺术的心理，激发他们学习艺术、享受艺术的积极性。

要坚持课余、自愿原则。校外艺术兴趣小组活动，是学校教育的有益补充，不能喧宾夺主，影响学校的课堂教学；发挥综合文化站在艺术培训、文艺指导方面的人才优势、组织协调优势，发挥校外艺术兴趣小组对学校文艺活动的引领和示范作用，推动青少年艺术教育。

3. 青少年校外阅读辅导方式

推荐优秀图书。对于第一次走进综合文化站图书室的青少年读者，图书管理员要热心地介绍图书室的基本情况，介绍图书查阅方法、图书目录以及借阅制度；根据青少年的阅读兴趣，推荐相关的优秀读物。

组织读书活动。读书活动形式多样，既可以组织读书知识竞赛，将文化、艺术、科技、生活等知识贯穿于知识竞赛的过程中，或组织专题性的知识竞赛，激发青少年阅读的积极性；也可以组织读书征文活动，将推荐优秀图书与读书征文相结合，加深对优秀图书的阅读理解；也可以组织故事会活动，通过对优秀读物中生动故事的讲述，激发青少年尤其是少年儿童的阅读兴趣。

开展阅读讲座。邀请学校教师或者当地有一定知名度的作家，面向青少年进行文化讲座，既可以是写作方面的专题讲座，也可以是阅读方面的各类知识讲座，引导青少年好读书，读好书，提高青少年的写作水平和阅读欣赏能力。

四、乡镇电影放映服务

(一)乡镇电影放映服务的指导思想

坚持以马列主义、毛泽东思想、邓小平理论和"三个代表"重要思想为指导，认真贯彻落实科学发展观，坚持"两为"方向，按照"企业经营、市场运作、政府购买、农民受惠"的改革思路，创新机制，鼓励国有、集体和个体放映单位通过平等竞争参与农村电影放映工作，不断提高农村电影放映水平，满足农村群众日益增长的精神文化生活，保障公民基本文化权益。

(二)乡镇电影放映服务的基本原则

以人为本、服务农村原则。在乡镇电影放映服务中，必须全面贯彻落实科学发展观，服务农村，服务农民，充分关注农民群众的文化需求，努力丰富农村群众的精神文化生活。

政府购买、农民受惠原则。乡镇电影放映服务必须遵循"企业经营、市场运作、政府买服务、农民得实惠"的运营方式；既要按市场经济规律办事，又要体现电影的公益性质，由各级政府财政拨款支持农村电影放映，让农民看上电影，看好电影。

两个效益协调兼顾原则。乡镇电影放映必须坚持公益为主、经营为辅，社会效益优先，两个效益协调兼顾，争取两个文明建设双丰收。

服务"三农"、"四位一体"原则。"四位一体"，是指通过电影放映这个载体，将思想宣传、科普工作、文化娱乐和服务"三农"，有机地组成一个整体，切实为农村群众带来实实在在的文化享受，使他们从中受益。

(三)农村电影"2131 工程"及其意义

农村电影"2131 工程"是国家计委、广电总局和文化部领导下开展的一项电影工程和文化建设项目，目标是力争在 21 世纪初，基本实现每个村每个月放映一场电影。该项工程于 2002 年开始在全国实施。

农村电影放映"2131 工程"，作为一项新世纪的电影放映工程和农村文化重点建设项目，对于宣传贯彻党的路线、方针、政策，提高农民群众的生活质量和整体素质，普及科技文化知识，不断满足广大农民日益增长的物质和文化生活需求，发挥了重要作用；对建设农村和谐社会，促进新农村建设，维护农村社会稳定，具有重要的现实意义。

(四)乡镇电影放映服务的目标任务

按照"企业经营、市场运作、政府购买、农民受惠"的发展思路，以乡镇为重点、村为基点、数字化放映为龙头，逐步建立公共服务和市场运作相协调、固定放映和流动放映相结合的农村电影服务体系。让农民群众看到电影、看好电影，不断满足广大农民群众日益增长的精神文化需求。

乡镇电影放映要推进农村公益电影放映工程，普及数字电影放映技术，提高放映质量；加强和完善放映基础设备建设，培育农村电影放映新主体，建立公益放映补贴新机制；推动露天放映和室内放映相结合，胶片放映与数字放映相结合，并逐步向数字放映过渡；不断扩大农村电影覆盖面，实现每个行政村每月放映一场公益电影的目标。

（五）乡镇电影放映服务的方式

通过定点放映与流动放映相结合、露天放映与室内放映相结合、数字放映与胶片放映相结合、免费放映与有偿放映相结合，不断扩大农村电影覆盖面，努力消除农村电影放映空白点。

（六）乡镇电影放映服务的日常管理

乡镇综合文化站在电影放映服务中，要切实加强管理和监督。乡镇综合文化站在电影放映服务的日常管理，主要有以下几方面。

强化日常管理监督。乡镇综合文化站每年通过与放映队签订项目责任书的方式，确定乡镇、行政村电影放映的场次、地点等放映计划，确保放映工作落到实处。

建立放映公示制度。乡镇综合文化站定期将放映计划、放映队伍、放映点及放映时间、放映影片名称及场次等向当地农民公布，方便群众观看，接受群众监督。

加强放映安全管理。乡镇综合文化站要强化安全意识，排除放映过程中可能产生的安全隐患，为广大群众提供良好的收看环境。

建立信息反馈制度。乡镇综合文化站要对农村电影放映情况及时收集，反馈给农村电影放映管理部门。

五、乡镇文物保护管理

加强对文物的保护管理，对于继承中华民族优秀的历史文化遗产，促进科学研究工作，进行爱国主义和革命传统教育，建设社会主义精神文明和物质文明，有着重要的意义。乡镇综合文化站要配合县级文物保护有关部门，认真做好当地乡镇文物保护管理。

(一)文物保护管理的方针

《中华人民共和国文物保护法》规定：文物工作贯彻保护为主、抢救第一、合理利用、加强管理的方针。

(二)受国家保护的文物

根据《中华人民共和国文物保护法》规定，在中华人民共和国境内，下列文物受国家保护：(1)具有历史、艺术、科学价值的古文化遗址、古墓葬、古建筑、石窟寺和石刻、壁画；(2)与重大历史事件、革命运动或者著名人物有关的以及具有重要纪念意义、教育意义或者史料价值的近代现代重要史迹、实物、代表性建筑；(3)历史上各时代珍贵的艺术品、工艺美术品；(4)历史上各时代重要的文献资料以及具有历史、艺术、科学价值的手稿和图书资料等；(5)反映历史上各时代、各民族社会制度、社会生产、社会生活的代表性实物。具有科学价值的古脊椎动物化石和古人类化石同文物一样受国家保护。

(三)乡镇综合文化站的文物普查工作

1. 文物普查工作

文物普查是文物调查的一种形式，规模大，涉及内容多，其目的是发现以前未知的文物，复查已调查登记的文物，为科学保护、科学研究与发挥文物的作用提供全面、系统的科学资料。

2. 乡镇综合文化站文物普查基本要求

按上级文物部门的要求，配合文物部门，进行实地调查，实地了解文物的状况，做好调查各项资料，对资料及时进行整理。

(四)乡镇综合文化站文物保护工作措施

1. 建立、健全各项制度

文物保护单位要按照有关法规,建立、健全安全值勤、巡查、登记、报告、责任追究等各项安全管理制度,通过各项规章制度的实施,明确各自安全工作程序、工作规范和工作要求,并严格实施,严格管理,将各项安全措施落到实处。乡镇综合文化站配合县(市、区)文物保护部门,做好当地文物安全相关工作。

2. 加强文物普法和宣传力度

文物保护主要是政府的行为,但也离不开广大人民群众的积极参与。综合文化站要发挥群众文化活动的影响力,利用各种节会和标语、传单等多种形式,搞好全民文物普法的宣传活动,让广大群众了解文物,了解《文物法》,了解文物保护的重要意义,形成人人保护文物,人人看管文物的良好氛围。

3. 加大打击文物犯罪力度

各文物保护单位要加强人防和技防力量,配齐配足各种安全设施和设备,乡镇综合文化站要动员群众积极提供线索,形成打击文物犯罪的强大合力,确保田间野外文物安全。

4. 加强基本建设中的文物保护

所有涉及文物保护单位的建设工程,都必须严格按照规定办理报批手续;一切大型建设工程及有资料证实可能埋藏文物的区域进行的建设工程,立项和选址前都必须按规定征得文物管理部门同意;任何单位和个人在施工中发现古遗址古墓葬或其他文物时,都要立即停工,保护现场,并及时报告文物管理部门处理。乡镇综合文化站要及时了解,发现情况及时报告文物管理部门处理。

六、乡镇文化市场管理

文化市场管理是指国家文化、经济、社会等行政管理部门以及司法机关通过行政、经济、法律手段，对进入文化市场的当事人及其交易行为、经营活动实行规划、组织、引导、协调、监督和控制，并提供相关服务，以期维护正常有序的文化市场经营活动秩序。

(一)文化市场管理的目的

加强文化市场管理，维护文化市场管理秩序，保护公民、法人和其他组织的合法权益，促进文化市场健康发展。

(二)文化市场管理的范围

营业性演出活动；音像制品的批发、零售、出租和放映；娱乐场所经营活动；艺术品经营活动；电影发行、放映经营活动；互联网上网服务营业场所和互联网文化经营活动；文化行政部门管理的其他文化经营活动。

(三)文化市场管理的原则

文化市场行政执法遵循公平、公正、公开的原则。

(四)乡镇文化市场管理的职责

文化部《乡镇综合文化站管理办法》中规定的文化站职责之一，乡镇综合文化站受县级文化行政部门的委托，协助做好农村文化市场管理及监督工作，发现重大问题或事故，依法采取应急措施并及时上报，乡镇文化市场管理者的职责主要如下。

(1)宣传、贯彻文化市场管理的政策和法律、法规。

(2)依法对本行政区域内公民、法人或者其他组织的文化经营活动进行监督、检查，对其违法行为及时报告上级文化市场管理执法部门进行查处。

(3)向立法机关和行政机关提出有关完善文化市场管理法律、

法规和规章的建议。

(4)完善文化市场举报制度,向社会公布举报电话、电子邮箱,健全举报网络,依法及时受理、办理举报。

(5)建立和完善文化市场日常检查与定期检查制度。

(五)乡镇文化市场管理的内容

从事文化经营活动的单位和个人,应当遵守下列规定:证照齐全,在核准登记的经营范围内和批准的经营地点亮证照经营;建立、健全管理制度,遵守治安管理规定,维护经营场所秩序;保障经营场所安全、卫生;明码标价;依法纳税。

歌厅、舞厅、卡拉OK厅、夜总会等营业性歌舞娱乐场所应当遵守下列规定:聘请文艺表演团体或个人从事营业性演出,应当符合国家的有关规定;不得设置无透明门窗的封闭式包厢;不得向未成年人开放。

出版物的出版单位,不得向其他单位或个人转让、出租、出售单位的名称以及书号、刊号、版号。禁止任何单位和个人出版、印刷、复制、销售、出租、放映非法出版物。出版物的批发、零售、出租和放映单位必须从有合法经营权的单位进货,并保存进货凭证两年。

从事营业性文化娱乐活动的单位和个人,不得提供以营利为目的的陪侍,不得利用文化娱乐活动及其场所、工具、设备进行赌博、卖淫嫖娼等违法犯罪活动。

对电子游戏机经营场所实行总量控制。电子游戏机经营场所与中小学校的距离不得少于二百米,除国家法定节假日外,不得向未成年人开放。禁止从事电子游戏机有奖经营活动;禁止在电子游戏机内设置含有反动、淫秽、宣扬暴力、封建迷信内容的游戏项目;禁止提供具有赌博功能的电子游戏机机型、机种、电路板。

文化经营活动广告、海报的内容必须真实、合法,不得误导、欺骗消费者。

(六)乡镇文化市场管理工作重点

乡镇综合文化站的文化市场管理工作重点是对现有的网吧、音像制品、印刷企业等文化经营活动场所进行检查，重点解决文化经营场所存在的安全隐患问题，网吧违规接纳未成年人和登记不规范，音像制品经营单位经营盗版，违法违规印刷，以及无证照从事文化经营活动的行为。

(七)乡镇文化市场管理组织和监督体系

乡镇综合文化站在发挥主观能动性，在乡镇政府的领导下，建立当地乡镇文化市场管理组织和社会监督体系，加强对文化市场的日常管理。

一是要实行职能部门主管。根据"文化市场实行分部门、分级管理原则"，各乡镇都要成立文化市场管理小组，由乡镇政府分管领导挂帅，抽调文化、工商、公安等部门的力量，组成当地文化市场管理班子，各司其职，落实任务，达到通力合作，综合治理的目的。

二是要求行业协会协管。根据经营项目的不同，指导和组织经营者及从业人员建立行业协会，形成互相监督、互相竞争和激励机制。

三是发动社会监管。设立举报箱、举报电话，发动群众举报非法文化经营活动，做到文化市场信息有人报，文化市场行为有人管，文化市场秩序有人抓。

(八)乡镇文化市场管理的具体措施

1. 日常管理

积极发挥乡镇文化市场管理工作领导小组及办公室的作用，定期不定期对所属文化市场进行巡查，每月不少于4次，每季度对所属文化市场经营单位进行1次以上的安全生产检查和综合整治，及时实施上级部署的各项专项检查和"扫黄打非"工作，加强对政治性等非法出版物的查处。有 2 名以上文化市场专职或兼职管理人员，文化市场管理人员需经培训取得文化市场检查证。

2. 会议制度

每季度召开一次领导小组成员单位会议；每半年对文化市场经营单位开展法规培训一次。

3. 建立台账

建立辖区内所属文化市场经营单位档案、会议记录本、检查记录本。

4. 信息上报

及时向上级文化市场管理部门上报情况和信息；每月底将检查情况上报上级文化市场管理部门，遇有重大及突发事件及时上报。

5. 聘任义务监督员

聘任社会义务监督员，对文化市场进行监督。

【思考题】

1. 文化馆（站）时政宣传的内容和方式有哪些？文化馆（站）普及性的文艺辅导培训具体内容和方法是什么？

2. 如何做好普及性文化艺术辅导培训的日常管理？

3. 结合实际，谈谈如何面向群众文艺团队开展培训指导。

第四章　文化馆(站)公益性群众文化活动

【目标与任务】

通过本章学习，了解文化馆(站)公益性群众文化活动的类型及特点，掌握文化馆(站)群众演出、展览活动的组织方法，熟悉群众文艺创作指导的方式和方法，了解群众文艺作品普及推广的形式和特点，熟悉群众文化理论研究方法，掌握民间艺术保护的内容和方法。

第一节　文化馆(站)群众演出活动

一、文化馆(站)的大型文艺晚会

(一)文艺晚会及其分类

1. 文艺晚会

文艺晚会，是一种晚上举行的以文娱节目为主的文艺演出活动。文艺晚会内容的丰富性、形式的娱乐性、观众的参与性等特点，满足广大公众的精神文化需求。文艺晚会一般在广场或者影剧院等场地进行，在重大节假日，文化馆(站)经常组织各类文艺晚会。

2. 大型文艺晚会的分类

按照文艺晚会的规模，可以分为大型文艺晚会和中小型文艺晚会。大型文艺晚会可分为专题性晚会和综合性晚会。

专题性晚会,大都是为了配合宣传教育任务而专门组织的中心突出、主题鲜明的文艺演出活动。专题性文艺晚会,或是为了宣传党的路线、方针,或者宣传基本国策,也可以是文化馆(站)为某个行业策划组织的晚会。专题性晚会突出主题的同时要注重节目的艺术性,力求将晚会的主题与完美的艺术形式及表演技能相结合,使观众在欣赏文艺晚会中潜移默化地受到教育。

综合性晚会,是指晚会的表现形式具有综合性的特点,包容各种文艺表演形式。虽然综合性晚会也会有一个主题贯穿晚会的始终,只是在形式上不拘一格,以追求轻松、活泼的健康乐趣为基调,给人以赏心悦目的文化享受。综合性晚会大都在春节、元旦、国庆等重大节日里举行。

(二)大型文艺晚会的组织

1. 组织大型文艺晚会的程序

(1)制订计划。文化馆(站)要制订具体的文艺晚会计划,确定本次文艺晚会的指导思想、组织机构、文艺晚会的规模、晚会节目的内容、形式等。

(2)落实经费。举办大型文艺晚会活动需要演出场地、灯光音响、晚会气氛的营造等经费支出;在广场上举行大型文艺晚会还要搭建舞台的费用;维护安全与交通秩序等方面的工作费用;如果外请主持人、演员,经费预算中要考虑进去;此外,还有演出人员、工作人员的用餐费用等。经费有预算,费用有落实,大型文艺晚会才能顺利举办。

(3)工作分工。大型文艺晚会必须成立工作机构,工作机构主要由演出组、后勤组、宣传组、安全组等,各个工作组确定负责人,明确具体职责。演出组确定文艺晚会的总导演、舞台监督、后台主任等重要岗位的人选;确定文艺晚会的工作日程。

(4)落实节目。组织有关人员对基层报送的节目进行审查,了解节目的内容，掌握节目表演的时长、人数，落实节目的编排和修改、编印节目单。要落实参加单位的联络人，及时了解各节目准备工作的进度。

(5)演出前准备。演出前要召开领队会、晚会舞台工作人员会议，对舞台工作人员定位，布置落实工作任务；安装音响灯光器材等。

(6)彩排走台。在重要的文艺晚会，一般在正式演出前一天组织彩排；一般多在演出当天组织参演节目彩排走台，灯光音响调试等。

(7)正式演出。全体工作人员各就各位，各司其职，确保大型文艺晚会安全、有序进行，圆满完成晚会的演出任务。

2. 大型文艺晚会的编排形式

(1)时间顺序式。适用于时间跨度大、历史感强的题材，特别是革命历史题材的演出类型，宜采用"昨天—今天—明天"三段式编排方式，进行历史的回顾和未来的展望。纪念党的诞辰、庆祝国庆等重大节日，适宜采用时间顺序式。

(2)板块组合式。特点是变化多，容量大，色彩丰富。适用于多层次、多角度渲染主题的演出类型，这也是大型文艺晚会经常采用的结构形式，如表现新农村建设成就，采用"春"、"夏"、"秋"、"冬"几个板块；如民族民间艺术节，从二十四传统节气中精选几个代表性的节气，组成相应的板块，有机地组成一台大型文艺晚会。

(3)提纲挈领式。由一个贯穿全场的节目为主打，前面加序，后加尾声，或由系列节目为主打，加幕间串场小节目或串词。适用于各类主题晚会，如环保专题晚会、赈灾晚会等。

(4)虚实结合式。采用由艺术作品和真实人物共同诠释主题的手法，将虚实完美结合。适用于富有艺术渲染力、表演富有激情的演出类型。这一晚会编排形式，既有艺术真实，又有生活的真实，提升文艺晚会的感染力，使观众在观赏过程中受到感染，接受教育。

3. 大型文艺晚会的编排设计要求

大型文艺晚会要取得圆满成功，节目的编排设计至关重要。只有把握大型文艺晚会成功的规律，把握大型文艺晚会的主题，进行编排设计，才能事半功倍，成功地举办大型文艺晚会。大型文艺晚会的编排设计要求，一般来说，主要有以下几点。

（1）开场节目，先声夺人。俗话说，"好的开头，是成功的一半"。大型文艺晚会莫不如此。要把握几个方面：一是营造气氛。大型文艺晚会的开场节目要给观众惊艳的感觉，要有场面，有气势，牢牢抓住观众的心。二是紧扣主题。晚会开场要"开门见山"，艺术地表现大型文艺晚会的主题。三是积极创新。要从艺术形式或者表现手段等方面努力出新，出奇制胜，给观众视听感官方面的美好享受。

（2）歌舞小品，合理安排。歌舞类节目往往有很大的观众群体，大型文艺晚会要紧密结合晚会的主题，选择优秀歌舞节目；如果是专题类大型文艺晚会，还要进行专题歌舞创作。舞蹈或者歌伴舞是大型文艺晚会不可或缺的，要精心编排，尽力体现歌舞的独特艺术魅力。音画诗也是近年来经常采用的艺术形式，适合表现晚会的主题；小品受到众多观众欢迎，戏曲也有相对固定的观众群体，这类节目不宜多，但要力求出效果。

（3）高潮起伏，激动人心。大型文艺晚会要圆满成功，在策划设计中要精心选择和打造切合晚会主题的优秀节目，以强烈的艺术感染力，引起观众感情上的共鸣，深切地感受到晚会的主题，给观众留下美好而深刻的印象。这是大型文艺晚会必须着力之处，在某种程度上是大型文艺晚会能否取得成功的关键因素之一。

(4)结尾节目，意犹未尽。大型文艺晚会的压台戏，要与开场节目首尾呼应，要有恢宏的气势，宏大的场面，热烈的氛围，再一次渲染和突出晚会的主题。结尾一般安排大型歌舞类的节目，体现大型文艺晚会浓烈的现场气氛，表现晚会主题。如国庆大型文艺晚会，以一曲《歌唱祖国》自然收尾，热烈明快，昂扬向上。

4. 演出前的领队会议

为确保大型文艺晚会顺利进行，演出前要组织召开各参演节目的领队会，由节目演出团队的领队或者联络人参加。领队会一般在演出现场举行。

领队会的内容主要是由舞台监督宣布演出时间、节目顺序，介绍舞台工作人员，介绍舞台和后台情况，对参加演出的节目组，提出要求：(1)上下台要轻、快；(2)幕间时间要短，报幕后立即演出；(3)服装整齐，上台前要检查；(4)化妆要适度，浓淡效果尽量一致。

(三)大型文艺晚会主要岗位的职责与要求

大型文艺晚会策划和组织工作千头万绪。就大型文艺晚会演出方面来说，舞台监督、后台主任和主持人这三个岗位十分重要。

1. 舞台监督的职责与要求

(1)舞台监督的职责。在文化馆(站)组织举办的大型文艺晚会中，舞台监督是个极其重要的角色，是大型文艺晚会的具体执行者。舞台监督的职责主要是：熟悉大型文艺晚会的所有节目、节目演出顺序、节目要用到的大型道具、演员人数等情况，做到心中有数，胸有成竹；了解每个节目的灯光、舞美、音乐等方面要求，具体指导大型文艺晚会的走台、彩排，发现彩排中的问题及时纠正；具体指挥、协调大型文艺晚会现场的演出组工作人员，包括主持人、后台主任、音响灯光师、催场、拉幕及跟幕人员等，各负其责，有序运作。

演出开始前，要及时检查布景、道具的位置放得是否得当；遇到意外情况，迅速妥善地处置，如某个节目因故不能上，有权将后面的节目临时调上来或调换节目。演出结束后，指挥演员谢幕。

（2）对舞台监督的要求。一位称职的舞台监督首先要有较高的艺术素养，有较强的组织协调能力，还要有丰富的舞台实践经验，遇事冷静沉着，处事果断决策，有一定的威信。

2. 后台主任职责与要求

（1）后台主任的职责。在晚会演出前，熟悉大型文艺晚会的各个演出团队，分发晚会节目单给各个节目的演出团队；指定各节目表演团队的候场休息地点及有关事项，要求不在后台大声喧哗；乐器调弦要到场外；遇意外情况，要听指挥，切忌慌乱。

在晚会开始时，后台主任要按照晚会节目单的先后顺序，协助舞台监督检查舞台上各项演出准备工作；演出开始后，后台主任负责每个表演节目要提前三个候场，即第一个节目演，第二个节目在台侧准备，第三个节目在后台口待命。节目演出结束，要安排专人负责带离舞台。

（2）对后台主任的要求。要有丰富的舞台实践经验，较强的组织协调能力，工作踏实，细心周到，做事稳重。

3. 主持人的职责与要求

（1）主持人的职责。大型文艺晚会的主持人是晚会的重要角色，是连接晚会演员与观众之间的桥梁和纽带，有序推进大型文艺晚会的进程。

主持人的职责是根据大型文艺晚会演出的要求，事先做足功课，熟谙主持词，既要按照主持词的内容与要求，声情并茂，富有感染力，努力营造大型文艺晚会现场热烈隆重的气氛，推动大型文艺晚会顺利进行，又要灵活机智地处理大型文艺晚会中可能出现的问题，确保大型文艺晚会的圆满成功。

（2）对主持人的要求。优秀的大型文艺晚会主持人，应该具有良好的文艺素养和敬业精神，良好的气质和较好的个人形象，热情而有风度，悦耳动听具有感染力的音色和口语，还必须具有随机应变的主持机智。

二、文化馆(站)的文艺赛事活动

文化馆(站)每年都要组织举行不同形式的文艺赛事活动，通过组织举办文艺赛事，展示群众文艺创作成果，发现优秀群众文艺人才，活跃群众文化生活。

(一)文艺汇演

1. 文艺汇演的概念

文艺汇演，也称文艺会演。文化馆(站)组织举办的文艺汇演，通过广泛的组织发动，将当地群众文艺节目组织起来，集中进行演出和展示，具有汇报展示、切磋交流的作用。文艺汇演是文化馆(站)检阅当地群众文艺创作实力、展示群众文艺作品成果的有效平台，有助于提升群众文艺作品的创作表演水平。

2. 文艺汇演的类型

根据文艺汇演的艺术形式，可以分为综合性文艺汇演和单项性文艺会演。

综合性的文艺汇演将汇演的文艺形式，覆盖表演性艺术的各个门类，既有音乐舞蹈作品，又有戏剧曲艺作品。综合性的文艺汇演，大多冠之以"艺术节"的名称，整体展示表演性文艺门类的创作水平和表演水平。

单项性文艺汇演，是某一个文艺门类的单项性赛事，如全省音乐新作大赛、全市戏剧小品汇演、全县群众舞蹈大赛等。单项性文艺汇演的艺术形式，只局限于某个艺术门类。

根据文艺汇演的内容主题可以分为专题性的文艺汇演和非专题性文艺汇演。

专题性文艺汇演，主要是从文艺作品的内容或者主题角度出发所作的分类。它有时是某个专题的综合性文艺汇演，如"反腐倡廉"文艺汇演、新农村建设文艺汇演等；有时是某个专题的单项性文艺汇演，如华东六省一市新红歌大赛、新农村题材创作表演大赛等。

非专题性的文艺汇演，参加汇演的文艺节目，在表现的内容或者主题上，没有特别的规定，只要能反映当地群众文艺创作、表演水平的优秀作品都在参演之列。

3. 文艺汇演的组织程序

(1)确定类型。文化馆(站)在组织策划文艺汇演时，要确定文艺汇演的类型，是综合性的文艺汇演，还是单项性的文艺汇演。如果是综合性的文艺汇演，就要组织发动各地或者各单位，推荐各类优秀群众文艺作品参加汇演，包括音乐、舞蹈、戏剧小品、曲艺等各类文艺作品，都在参加之列；如果是单项性的文艺汇演，就要事先明确是哪个艺术门类，以便于组织发动和推荐。

(2)确定专题。文化馆(站)在组织策划文艺汇演时，要确定是否专题性文艺汇演，突出某一主题。比如新农村题材戏剧小品汇演，就要求参加汇演的所有戏剧小品，都必须反映新农村建设中有意义的人和事，艺术地再现新农村生活；如果是反腐倡廉文艺汇演，就要求参加汇演的所有文艺作品，必须紧扣反腐倡廉这一专题，进行专题展示。不符合主题要求的文艺作品，哪怕是很优秀，也只能忍痛割爱，放在非专题性文艺汇演中进行展演。

(3)制订方案。文艺汇演方案的制订，是一项很重要的工作，它对于组织实施文艺汇演，就像是建筑设计对于建筑施工一样的重要。文艺汇演方案，一般包括文艺汇演的目的、时间、地点、汇演的类型，是否有一定的主题，文艺汇演的规模、汇演的经费预算、文化汇演的地点、要建立的工作机构设置、工作日程等。

(4)落实经费。兵马未动，粮草先行。要在经费落实的基础上，组织实施文艺汇演。

(5)建立机构。组建演出活动组、后勤服务组、宣传秘书组、安全保卫组等，所有工作机构的设置，要根据文艺汇演的规模、工作实际需要，既要职责明确，又要分工合作，协调一致。

(6)拟发通知。拟定和下发通知，内容主要包括汇演的时间、汇演的形式、汇演的内容、汇演的要求，评奖办法和奖项设置等，上报汇演节目的时间、演员人数、节目舞美上的要求等。

(7)印发工作手册。工作手册要预先编印，在文艺汇演前夕发放到各个工作机构、各个节目组，让每个工作人员、每个表演者，对文艺汇演的进程一目了然，做到心中有数，积极自觉地参与到文艺汇演的各个环节中来。

(8)场地布置。文艺汇演的场地布置主要有几个部分：舞台方面，即演出时的音响、灯光设备的设计安装，舞美装置等；场地内外要布置横幅、宣传标语，或者巨型充气拱门、氢气球悬挂彩色标语等，营造良好的比赛气氛；要安排好评委席。

(9)走台。群众文艺汇演中，演出前的走台是很重要的环节，让参加汇演者熟悉舞台，调试音响、灯光。

(10)演出与评奖。汇演正式开始时，根据既定的先后顺序进行。文艺汇演一般设现场评奖，进行评定打分。评委的选择要有一定的权威性，以保证评奖公平、公正。

(11)颁奖。重大的文艺汇演，会策划一个隆重的颁奖晚会。一般性的文艺汇演通常会在汇演结束的时候进行简短而热烈的颁奖仪式。

4. 文艺汇演工作手册的内容

文艺汇演工作手册,是文艺汇演组织实施的工作指南。内容主要有:文艺汇演的相关文件、组委会名单、汇演日程与场次安排、各工作职能组联系人与联系电话、各代表队领队与联系电话、各节目联系人及电话、汇演地点、食宿安排、评奖办法与奖项设置、安全须知等。

5. 文艺汇演节目评分标准

文艺汇演节目评分标准,主要是从节目内容、表演状态、艺术水平等方面进行综合考虑后评分。

在节目内容方面,要求思想健康、主题鲜明;格调高雅,能展现积极向上的精神风貌。

在舞台表演方面,要求表演者具有良好的表演技巧,表演动作到位、得体,表情自然大方,演唱或朗诵吐字清晰;歌曲节奏准确,演唱与伴奏配合协调;演出整体效果良好,感染力强。

在艺术水平方面,要求文艺作品在创作、演出方面积极创新,精彩演绎,达到较高的艺术水准。

(二)歌咏比赛

文化馆(站)组织的群众文化活动中,歌咏比赛也是十分常见的文化活动,它有利于振奋精神,传播主流价值,弘扬团队精神,激发群众昂扬向上,积极进取。

1. 歌咏比赛的要求

歌咏比赛演出的时候,上台的演员都要统一着装,显得有整体性;脸部要化妆;精神饱满地参与歌咏演出;在舞台上采用站立姿势,或整齐站成数排,或按声部进行排列;上下场要注意速度,队形、动作均听从统一指挥;参赛人员演唱完毕即成为观众;讲究文明礼貌,不起哄,不鼓倒掌,虚心学习他人之长;保持场内热烈、高昂的竞赛气氛。

2. 歌咏比赛的组织程序

(1)确定主题。要根据特定的节庆日,确定主题歌咏活动。如国庆节的歌咏活动,主题自然是"歌唱祖国";"七一"歌咏活动,以"颂歌献给党"为主题;确定主题使歌咏活动主题突出,起到文艺宣传的效果。

(2)规定曲目。在主题确定后,文化馆(站)要推荐歌咏活动的规定曲目,围绕歌咏比赛的主题,选择30首经典歌曲作为必选曲目;每个歌咏队的另一首曲目可以自选。

(3)下发文件。下发歌咏比赛的文件,一定要有提前量,有足够的时间组织歌咏队,排练合唱节目,选择合唱指挥。文件还要明确歌咏比赛的时间、地点、评分标准、奖项设置等情况。

(4)分工负责。文化馆(站)作为歌咏比赛的组织单位或者承办单位,要组织歌咏比赛的工作班子,与文艺汇演等类似,要根据歌咏大赛的规模,确定比赛演出组、宣传秘书组、后勤安全组等,落实相关职责;要具体安排落实歌咏比赛的主持人、舞台监督、灯光师、音响师,聘请专家评委。

(5)赛场布置。为了营造歌咏比赛的良好氛围,在赛场的布置上,要张贴标语、悬挂横幅,宣传歌咏比赛的主题。灯光、音响到位。如果是在影剧院等室内进行歌咏比赛,合唱的台阶提前摆放好;如果是在广场或者体育场,参赛的团队可以原地起立演唱,不必放置合唱的台阶,但是灯光必须合理布局。

(6)赛场工作。舞台监督负责协调歌咏比赛的各项演出工作。主持人的职责是负责主持歌咏比赛、报幕,现场介绍大赛的评委和评分标准,报告各支歌咏队的得分情况,最后宣布歌咏比赛的获奖团队及优秀组织奖获奖单位;灯光师、音响师负责灯光照明和音响效果;评委负责打分和计总分。

(7)评委组成。评委可由懂行的领导与一些较有专业造诣的人员组成；评委人数宜用单数。

(8)赛前走台。歌咏比赛同样需要安排走台，在比赛的当天上午或者下午，安排参加歌咏比赛的团队熟悉演出的场地和队形位置；走台的顺序与比赛的顺序一致，主持人、舞台监督、灯光师、音响师及其他演出工作人员，各司其职。走台时安排评委到场，了解各个歌咏团队的演唱水平，更好地掌握评分标准。

(9)现场评分。评分一般采取10分制，可保留小数点后两位数；一般不必去掉最高分和最低分，除非是十分重要的歌咏比赛。评比主要根据歌咏团队演出时的音准、音色、节奏、力度、情感、艺术处理等进行评分。评比方式则有两种：一是现场亮分，把各评委给的分数综合相加再除以评委的人数，就是某单位的最后得分。二是演唱全部结束，评委经过讨论后，投票评定名次。

(10)颁奖仪式。所有单位演唱完毕，按最终的得分高低排出名次；主持人宣布评比结果；并请获奖单位派代表上台按三等奖、二等奖、一等奖顺序，依次领奖。

3. 歌咏比赛演唱曲目推荐

为推动"爱国歌曲大家唱"群众性歌咏活动广泛深入开展，把群众公认、脍炙人口的爱国歌曲推荐给全国人民学唱、传唱和演唱，在庆祝新中国成立60周年之际，中宣部推荐了100首爱国歌曲。这些歌曲旋律优美、传唱广泛，具有深厚的群众基础，歌曲内容涵盖了革命、建设、改革的各个时期。这100首爱国歌曲，适合作为群众性歌咏比赛的演唱推荐曲目。

4. 歌咏比赛仪程

请领导和评委入席；领导讲话；介绍现场评委；介绍评分细则；歌咏比赛开始（按预先抽签的次序进行）；颁奖仪式。

5. 歌咏比赛的评分标准及评分表

演唱		指挥	组织	难度	服装
能够准确表现歌曲的情感、情绪，富有感染力。（3分）	音准、节奏较为准确。（3分）	能够指导合唱队准确表现歌曲，手势准确、规范、优美。（2分）	歌声响亮、精神饱满，合唱队员都能参与演唱。合唱队进出场井然有序，不喧哗。（1分）	歌曲表现形式丰富，或音域较宽有一定演唱难度。（0.5分）	服装统一或有特色。（0.5分）
总分					

注：满分10分。

三、文化馆（站）的文化下乡演出

文化下乡（村）演出，是文化馆（站）工作职责之一。文化馆（站）经常性的开展文化下乡（村）活动有利于加强农村精神文明建设，为社会主义新农村建设提供智力支持和精神保障，有利于提高广大农民的文化素质，缩小城乡文化差距，活跃农村文化生活，让农村共享公共文化服务成果。

（一）文化下乡演出的节目要求

文化馆（站）文化下乡（村）演出的节目，要求节目形式多样，除了通常的歌舞类节目，要适量安排当地农村群众喜闻乐见的地方戏、曲艺等节目；节目内容要求贴近农民生活，通俗易懂；文化下乡演出要求适当控制演出人员的数量，方便出行，舞蹈演出人员可兼歌曲伴舞等。

（二）文化下乡演出的环境布置

文化馆（站）组织开展的文化下乡（村）演出活动，其场地虽然比不上城市的文艺演出设施，但是必须的环境布置还是应该花些心思，进行策划和布置。

1. 文化下乡演出的简易舞台布景

文化下乡演出不管是在乡镇影剧院还是露天舞台，舞台布景有各种样式。一般采用大型喷绘，可以是美丽新农村的巨幅画面，也可以大型群众文化演出的经典图片作为背景，画面有很强的视觉冲击力，突出喜庆、祥和、欢乐的氛围。在画面的醒目位置，是文化下乡演出的名称、主题、主办单位、承办单位等。在一些经济欠发达地区，考虑到喷绘的成本比较高，可以因地制宜，制作简单实用的舞台布景。

2. 文化下乡演出的环境布置

文化下乡演出的环境布置，要从实际出发，因地制宜，力求新颖别致，特色鲜明。除悬挂主题会标横幅外，若是春节期间，可采用春联、彩旗等进行装饰，突显下乡演出的喜庆气氛。

(三)文化下乡演出的灯光音响

文化下乡演出必不可少的灯光音响设备要配置齐全，满足下乡演出的基本要求和当地群众的文化愿望。

1. 文化下乡演出的灯光设置

文化下乡演出的灯光音响，总体上要求简洁、实用，保证下乡演出有较好的灯光音响效果。简易舞台或露天舞台的灯光根据节目的需要可简单一些，一般设面光、侧面光和流动灯光即可。如果下乡演出有较好的剧场，灯光可以相对丰富些，除了面光、侧面光、流动灯光外，还可以设置顶光、顶排光、天排光、地排光等。

2. 文化下乡演出音箱的摆设

文化下乡演出的场地，可分为露天场地和室内场地。在演出音箱摆设的时候，要注意根据不同的演出场地，安排演出音箱的摆设。

若是演出在露天场地，负责音响的老师要了解舞台的位置、观众的朝向、大概的观众人数，根据实际情况安排相对应的音箱数量，以及每个音箱需要用多少功率。如果观众都在演出舞台的正前方，音箱就朝着观众的方向摆设，即在舞台两侧各堆起一组音箱。音箱不能直接放在台板上，要用牢固的箱子或铁架搁高，高度要根据舞台的台高设计，一般比舞台高 1.5 米到 2 米为宜。这就不会正对着前面观众的耳朵，又使声音传得更远。如果舞台旁边还有观众的话，那就按人数的多少，必须增加一些音箱去照顾这部分观众。

若是演出安排在室内场地，观众都在正前方，安排音箱的时候在台口左右各搁置一组音箱就可以了。有楼座时，可以将上层的音箱前面用硬物垫起一点，使音箱向上仰起，这样就可以照顾到楼上观众。

(四)文化下乡演出的安全管理

文化下乡演出要切实加强安全管理，确保演出圆满安全地完成。主要可以从几个方面着手：一是加强安全教育，在组织文化下乡演出前，要对全体演出和工作人员进行安全教育，进一步增强安全意识；二是要落实安全责任，责任到人，落到实处；三是加强司机的安全意识，保证往返行车安全；四是注意音响灯光等演出器材的安全，在路途及装卸时要细心轻放，注意保护；五是观众的观演安全，消除观看演出时存在的安全隐患。

(五)文化下乡演出的其他注意事项

文化下乡演出的组织者，在整个筹备和实施过程中都应注意以下几个环节。

要注意贯彻勤俭节约的原则，利用现有的条件，因陋就简，少花钱、多办事，圆满完成文化下乡演出任务，让广大农民获得良好的视听享受；文化下乡演出节目安排要有节奏、有起伏，雅俗共赏，不能单纯迎合某些人的要求。要力求寓教育于娱乐活动当中，做到群众性、趣味性、知识性和思想性相结合；文化下乡演出要有切实的安全措施，杜绝意外事故的发生；文化下乡演出结束后要及时召开总结会，对贡献突出的人员予以表彰，对成功的经验予以肯定，对存在的问题找准症结，在今后的文化下乡演出中克服纠正。

浙江省"唱响文明赞歌"文化下乡活动

浙江省文化馆组织声乐专家辅导团、戏剧专家辅导团、优秀获奖歌手展演团和优秀戏剧节目展演团，面向革命老区、面向少数民族地区、面向海岛、面向山区，走进军营、走进村落，于2002年11月起，至今已坚持了10个年头。与当地共同举办大、中型示范演出活动，举办声乐演唱辅导活动、声乐理论、合唱基础、作曲基础等大型讲座，开展小规模的声乐培训活动，获文化部第十五届"群星奖"（项目类）。

群众文化与专业文化紧密结合

"唱响文明赞歌"文化下乡活动，浙江省文化馆组织了全省的声乐专家辅导团和优秀获奖歌手展演团，有来自全省各级群众文化系统的声乐专家和歌手，也有省内专业文艺院团的专家和歌手的积极参与，群众文化与专业文化的紧密结合，大大地提升了文化下乡活动的质量。专家辅导团团长由浙江省音乐家协会主席担任，浙江省一批优秀的声乐专家、教授纷纷参与，所有团员均为我省各大艺术院团、各大艺术院校的国家一、二级演员、教授以及我省群众文化系统的正、副研究员。"优秀歌手展演团"由浙江省数年来在全国、全省声乐比赛中获得大奖的青年歌手组成。戏剧专家队伍由浙江省专业与群众文化系统优秀专家组成。

专业文化和群众文化的结合，在提升文化活动质量的同时，给当地的农村群众带来了高水平的演出，带给群众美好的艺术享受。

示范演出和文艺辅导紧密结合

将示范性演出和面向基层的文艺辅导紧密结合，这是"唱响文明赞歌"——浙江省声乐专家辅导团和青年获奖歌手展演团文化下乡活动与其他文艺团体下乡的最大区别。除了在当地举办大型的示范性演出，专家辅导团开设声乐演唱、音乐创作、戏剧创作等讲座，对当地群众文艺骨干进行面对面的个别辅导，大大提升了文化下乡活动的成效，对基层群众文化发展有着明显的后续效应。

由于辅导团的演出、辅导、培训活动形式多样，生动活泼，受到了各地的普遍欢迎，取得了很好的社会效益，使浙江省"送文化下乡"活动在内容与形式上得到了进一步的深化。

大型晚会与小分队演出相结合

浙江省"唱响文明赞歌"文化下乡活动，灵活地将大型晚会与小分队演出相结合，满足群众的文化生活需求。大型晚会大多在人口集中的县城或者镇上进行，或者是影剧院，或者是学校的操场，良好的舞台音响设备能最大限度地满足基层广大群众的文化需求。而小分队演出的优势，在于能灵活机动地为偏远山区或者海岛上的群众进行文艺演出，把文化送到他们的家门口。这两种文化下乡的实践，赢得了基层群众广泛的赞誉。

将大型演出和小分队表演相结合，灵活多样地为基层群众送上文艺节目，成为"唱响文明赞歌"文化下乡的特色之一。

第二节　文化馆（站）展览活动

展览活动，是指在一定地域空间举行的定期或不定期的视觉艺术作品展示活动。文化馆（站）组织的文艺展览活动，主要是群众性的书法、美术、摄影作品展览活动，是与音乐、舞蹈、戏剧曲艺等舞台艺术演出活动相对应的文化活动。

一、展览的特点与要求

1. 展览的特点

展览是文化馆（站）书法活动的重要组成部分，具有直观、易被书法爱好者迅速接受的优点，是展示美术、书法、摄影创作成果和书法创作团队的主要形式之一。文化馆（站）组织举办的展览有着自身的特点。

开放性特点。文化馆（站）组织举办的美术、书法、摄影展览，以其公众性的特点向公众免费开放，展示当地创作群体及其美术、书法、摄影创作成果。通过组织者的宣传推广，被群众所知晓，使美术、书法、摄影创作走向大众，形成以美术、书法、摄影为友的文化氛围，推动当地群众美术、书法、摄影工作的深入开展。

公益性特点。文化馆（站）组织举办的美术、书法、摄影展览，展示群众美术、书法、摄影创作的最新成果，满足群众在美术、书法、摄影方面的创作与欣赏需求，切磋交流创作的心得，是不以营利为目的的公益性文化活动，满足群众的文化创造，展示群众的文化追求。

成果性特点。文化馆（站）组织举办的美术、书法、摄影展览，展示的是美术、书法、摄影艺术，展示的是令人赏心悦目的中国传统文化，展示的是群众美术、书法、摄影等方面的创作成果，有助于陶冶人们的思想情操，润泽人们的心灵。

2. 文化馆(站)展览活动的要求

(1)文化馆(站)美术、书法、摄影展览要体现群众性。文化馆(站)组织举办的展览活动，一方面要展示群众美术、书法、摄影创作的成果，展示群众的文化创造力，为基层美术、书法、摄影爱好者提供展示自己艺术才华的平台，进一步激发他们的创作热情，推动群众美术、书法、摄影创作，形成浓郁的文化氛围；另一方面展览要面向公众开放，不要小众化，要通过宣传和引导，让公众走进展览的场所，近距离感受美术、书法、摄影作品的创造魅力。

(2)文化馆(站)美术、书法、摄影展览要形成制度化。文化馆(站)组织举办的美术、书法、摄影展览活动，要有目的、有计划地进行，定期推进各类群众性的展览，或是展览创作群体，或是展示有一定创作实力的优秀作品。有计划地开展美术、书法、摄影展览，使作者与公众对文化馆(站)的展览规律有一定的了解，积极主动地参与到展览活动中来。

(3)文化馆(站)美术、书法、摄影展览要个展和群体展相结合。文化馆(站)组织的美术、书法、摄影展览，既要关注优秀的美术、书法、摄影作者，为他们举办个人书法展览提供必须的帮助；更要展示群体性的群众作品，在展示作品多样性的同时，为更多的美术、书法、摄影爱好者提供展示艺术才华的机会。

宁波市文化馆的"群星展厅"

2008年，继"群星课堂"之后，宁波市文化馆又尝试运作一个新的公益文化品牌——"群星展厅"。"群星展厅"旨在为百姓提供一个展示自我的平台，真正做到"从百姓中来，到百姓中去"。它突破了传统美术、书法、摄影活动的模式，充分发挥了政府公益文化和群众文化网络的优势，具有策展定位准、布展创意新、办展"零门槛"、开放全免费的特点，形成了常设展与巡展结合、实体与网络同步、名家与草根齐聚、鉴赏与交流并举的多样格局。"群星展厅"以其鲜明的展览主题、灵活的展览形式、丰富的展览内容，被甬城百姓亲切地称为"百姓美术馆"。"群星展厅"自2008年7月推出以来，已举办各类展览数十期，共有100余位当地视觉艺术工作者和爱好者走上了这一舞台，观众达20余万人次，收到各地来甬游客和群众现场留言2300余条。"群星展厅"的展览活动以其亲民性、艺术性和娱乐性，让社会各界近距离地感受到了宁波文化的艺术魅力，让视觉艺术走进了寻常人家，让初出茅庐的"草根"人士找到了展示的舞台。

二、展览的组织工作

1. 制订组织工作方案

组织工作方案是实施美术、书法、摄影展览项目并具有操作性功能的工作文本。展览组织工作方案一般由展览背景、举办宗旨、展览名称、主办（承办、支持）机构、展览主题、展览标识、展览范围、举办时间及地点、组织措施、实施步骤等内容构成。展览财务预算应作为组织工作方案的附件。

展览工作方案的制订，是文化馆（站）实施展览工作的重要组成部分，制订时必须严谨认真。

2. 展览的组织工作内容

文化馆（站）的美术、书法、摄影展览，其组织实施主要内容包括征集参展作品、组织专家进行遴选与评奖、统一装裱制作、展览场地布置、展览的宣传推广、观众组织与现场管理等。

确定展览的主题，是文化馆（站）展览策划的首要任务。展览主题的确定，使展览具有整体感，传达主办单位举办此展览的宗旨。展览的主题可以从多个视角来考虑，或是从作品的内容方面确定某个专题，如"反腐倡廉"主题的美术、书法、摄影作品展；或是从作者对象群体来确定老年美术、书法、摄影作品展或少儿美术、书法、摄影作品展。

征集展览的作品。当展览的主题确定后，可以按实施方案付诸行动，即下发展览通知、在文化馆(站)网站上公告、通过QQ群等多种渠道广而告之，发动群众美术、书法、摄影爱好者踊跃参与；或者按展览的主题进行定向征集。

组织专家进行遴选与评奖。文化馆(站)在征集群众美术、书法、摄影作品的基础上，邀请专家进行评奖，及时发现优秀的作品，进行评奖。优秀作品可以举办一定形式的展览。

统一装裱制作。展览前要对展出的美术、书法、摄影作品进行统一的装裱制作，有整体感，展览时有良好的效果。

展览场地布置。在制定展览方案的时候，就要马上落实展览场地。根据展览场地，策划布置美术、书法、摄影作品的展览事宜，无论哪种展览设计，都要求美观大方。

展览的宣传推广。与文艺演出大张旗鼓、热热闹闹不同，美术、书法、摄影展览是静态的，这就更需要在展览前后用心策划展览的宣传推广，通过新闻媒体、网络传播等方式进行宣传，让更多的人关注展览，观赏展览。

展览的开幕式。要根据议程邀请领导和嘉宾致辞、剪彩，做好展览现场的管理。

3. 展览的布置要求

美术、书法、摄影展览的布置，要求围绕既定的主题确定参展作品，以突出展览所要呈现的主题；同时，根据作品的内容、艺术形式或表现技巧，把这些作品分为若干板块，进行合理组合；

展览的整体布局要保持井然有序、浑然一体。

三、展览的开幕仪式

1. 展览开幕仪式的准备与流程

开幕式前的准备，主要有包括发送请柬、邀请媒体记者、灯光音响话筒准备、仪式流程设定、参加开幕仪式的环境布置、礼仪服务、观众组织等。

开幕式的流程主要是主持人介绍出席领导和嘉宾、邀请领导和嘉宾致辞、宣布展览开幕、剪彩等。其中，介绍来宾、致开幕辞两项为展览开幕仪式不可或缺的流程，其他议程可以根据情况增减。

2. 展览开幕仪式的注意事项

文化馆(站)在组织举办美术、书法、摄影展览开幕仪式时，切实注意以下事项。

制订计划。根据计划，将开幕仪式前的各项准备工作，按照工作日程，落到实处。

专人负责。要确定展览的负责人，对美术、书法、摄影展览进行总体的组织协调；对展览的设计、布展以及开幕仪式的礼仪服务、音响灯光服务等应该落实责任人，各司其职，有序开展各项工作。

检查落实。展览前的几天，要对展览的各项准备工作进行检查落实，特别是展览现场的布展情况、开幕仪式的安排等，发现问题，及时改正。

礼貌周到。对出席展览的领导与嘉宾要热情邀请，接待时要热情礼貌。对安排在开幕仪式上致辞的领导和嘉宾，要及时通报开幕流程安排。

四、展览的安全工作

为确保展览的圆满成功，必须十分重视安全工作。文化馆(站)在组织实施展览中，首先，要落实安全责任制，按照"谁主办，谁负责"的原则，主办(承办)单位对展览的安全负责，制订安全工作方案，加强安全宣传教育，落实安全责任；其次，是加强展览证件的使用管理，布展人员须佩戴证件进场布展。要维护展览会的良好秩序，防止各类事故的发生，确保展览安全顺利进行。

第三节　文化馆(站)群众文艺创作指导和群众文艺作品普及推广

一、文化馆(站)群众文艺创作指导

群众文艺以艺术形象的展示方式作为分类标准，可以把文艺分为静态艺术和动态艺术两类。静态艺术有文学、绘画、摄影、书法等；动态艺术有音乐、舞蹈、戏剧等。文化馆(站)必须强化群众文艺创作指导，不断提升群众文艺创作水平，繁荣文化艺术事业。

(一)群众文艺创作指导的方式

文化馆(站)开展群众文艺创作指导的方式多种多样，一般采用个别指导或集体指导的方式。个别指导具有时间上的灵活性、指导上的针对性等特点。集体指导则是文化馆(站)群众文艺创作指导的主要方式，包括组织文艺采风活动、召开作品加工会议、开办文艺创作培训班等。

1. 组织文艺采风活动

(1)文艺采风活动，原指对地方民歌、民谣等口头创作的搜

集。在这里指文化馆(站)组织当地文艺骨干,深入到民间,深入到生活中,感受民情风俗,感受祖国山河的美丽壮阔,感受改革开放以来人民群众进行现代化建设的伟大实践,深入体验当代中国发展和进步的历史进程,从中找到文艺创作的灵感和素材,创作出优秀的文艺作品。

(2)组织文艺采风活动的要求。文化馆(站)组织文艺采风活动,要根据当前形势和社会热点,确定某个创作主题,进行有针对性的采风活动;如浦东新区成立20周年,组织文艺骨干参观、感受浦东建设取得的巨大成绩,以及这片热土上的可喜变化,激发文艺创作的热情;或进行地域性的专题文艺采风,如海洋题材文艺创作采风,"走进边疆"摄影采风活动等。在文化馆(站)专业干部的指导下,专题性的文艺采风,有利于创作出有地域特色和时代气息的专题文艺作品。

2. 组织作品加工会

(1)组织文艺作品加工会,是文化馆(站)进行群众文艺指导的主要方式之一。文化馆(站)干部将当地群众文艺创作骨干召集起来,集中几天的时间,分别对与会作者的文艺作品进行集体的"会诊"和讨论,肯定作品的长处和特色,指出文艺创作中存在的问题与不足,有针对性地提出文艺作品的修改建议。组织作品加工会,通过文化馆(站)专业干部切实有效的指导,作者之间的相互切磋,不断提高当地群众文艺创作水平,有利于产生优秀文艺作品。

(2)组织文艺作品加工会的要求。文化馆(站)组织举办文艺作品加工会要取得成效必须注意几点:要通过多种途径,发动群众文艺爱好者,征集一批优秀的群众文艺作品,带着文艺作品在专家的指导下,进行作品加工,才可能取得一定的效果;要选择一些有文艺创作实力或创作潜力的作者,参加作品加工会,提升作品加工会的群体水平,激励群众业余文艺创作者的创作积极性,使文艺作品加工会产生后续效应；要有良好的会风，提倡针对文艺作品的批评与自我批评，真诚相待，互相切磋，在交流中提高群众业余文艺创作者的创作水平。

文化馆(站)专业干部要有一定的创作实力和权威性。除了文化馆(站)干部，可以邀请当地或者外地优秀的作家、艺术家参加文艺作品加工会，对与会作者的作品进行权威的点评。

3. 组织文艺创作培训班

(1)文化馆(站)的文艺创作指导中，组织文艺创作培训班是一种行之有效的方式。文艺创作培训班的培训对象，一般是当地群众文艺创作爱好者，培训班的老师或是文化馆(站)专业干部，或是在当地或者外地有影响的作家、艺术家前来作讲座。培训班大多采取专家讲座、创作座谈、作品点评等形式，让专家、艺术家与当地作者面对面交流文艺创作的经验，提供群众文化作品创作方面的指导。

(2)文化馆(站)在组织文艺创作培训班中，应注意几个方面：在人员组织上，要组织动员当地有文艺创作实力和创作潜力的作者，特别是中青年作者参加创作培训班，发挥他们在推动当地群众文艺创作中的生力军作用，形成当地群众文艺创作群体；在时间安排上，要考虑到当地群众文艺创作爱好者的工作情况，作出合理安排，如果有不少是教师，可考虑安排在寒假和暑假等；在培训内容上，要针对当地群众文艺创作的实际，选择培训班讲课的专家，选择合适的讲课内容，更有指导作用，使培训内容更有实效，使参加文艺创作培训班的业余文艺作者受益；在培训地点上，文化馆(站)组织文艺创作培训班要根据实际情况，既可以就近安排培训的地点，也可以在相对僻静的场所组织举办文艺创作培训班。

4. 编印文艺报刊

（1）文化馆（站）文艺报刊。在基层群众文艺创作指导中，文化馆（站）编印的内部资料性文艺报刊发挥着有益的作用。这些文艺报刊，是当地群众文艺爱好者的创作园地，是他们施展文艺才华、展示创作成果的平台，是他们交流文艺创作的载体，实现自我价值的舞台，有助于团结当地群众文艺创作者，营造良好的文艺创作氛围，促进基层群众文艺创作的蓬勃发展。

（2）办好文化馆（站）文艺报刊的方法。文化馆（站）文艺报刊要办出特色，办出实效，要花很多的精力和时间。具体来说，要办好文化馆（站）文艺报刊，可以从以下几个方面努力。

第一，建立作者队伍。建立稳定的群众文艺创作队伍，是办好文化馆（站）文艺报刊的前提。要积极发展重点作者，通过组织定期培训班、作品加工会，开展多种形式的文化活动，加强与作者的联系，保证文艺报刊的稿子质量。

第二，树立精品意识。要合理设置报刊的专栏及一些栏目，每期推出一些当地作者的优秀作品，为那些优秀群众文艺创作者提供展示其创作才华的平台，提升文化馆（站）文艺报刊的质量。

第三，评选优秀作者。每年分别按质和量两个方面评选优秀作者、积极分子，既鼓励写出好作品的作者，也鼓励多投稿的同学，使办刊得到更广泛的支持。

第四，保证报刊质量。报刊质量受多方面制约，作者、编辑、美工、校对、印刷、装订等每个环节都要有人负责，通力合作才有高质量的文艺报刊。一方面要狠抓文艺作品的质量；另一方面要用心进行版面设计，使之美观大方，赏心悦目。

（二）群众文艺创作指导的要求

文化馆（站）开展群众文艺创作指导，营造群众文艺创作良好的氛围，鼓励群众满怀热情参与到文艺创作中来。文化馆（站）在开展群众文艺创作指导中，从总体上来看有以下几个要求。

1. 形成群众文艺创作指导的制度

这些制度包括组织举办作品加工会、文艺采风活动、文艺创作培训班等，开展经常性的文艺创作指导活动，将个别指导与集体指导有机结合起来，提高群众文艺创作水平，多出优秀作品。

2. 制订工作任务

制订群众文艺创作规划和年度计划，从经费上、创作指导上保障群众文艺创作指导的顺利进行。

3. 在文艺普及的同时，强化群众文艺精品创作

文化馆(站)在指导群众文艺创作实践中，要立足当地群众文艺创作实际，在全面开展各文艺门类创作的同时，努力以某个文艺门类作为突破口，抓好重点作品的创作指导和加工提高，多出作品、出好作品，全面推进群众文艺创作。

4. 抓好群众文艺创作队伍建设

培植和扶持当地有影响的文艺创作群体，建设有地方特色的文艺创作队伍，使之成为当地群众文艺创作的品牌。

二、文化馆(站)群众文艺作品的普及推广

各级文化部门十分重视群众文艺作品创作。这些年来，文化部组织开展全国"群星奖"评选活动，各级文化部门组织各种群众文艺大赛，推动群众文艺作品创作，涌现出了许多优秀的群众文艺作品。

群众是优秀群众文艺作品的创作者，又是优秀群众文艺作品的享有者。文化馆(站)推广优秀群众文艺作品，义不容辞，责无旁贷，这既是丰富公共文化服务内容、满足基层群众的文化需求的需要，又是使群众文艺优秀作品产生更大的影响，发挥优秀文艺作品作用的需要。

(一)群众文艺作品普及推广的方式

1. 演出推广

文化馆(站)要发挥文艺演出方面的组织优势,将优秀的群众音乐、舞蹈、戏剧小品、曲艺等作品,通过文艺晚会、文艺赛事或者文化下乡演出等方式,向基层群众展演和推广,使这些优秀的群众文艺作品与群众近距离接触,扩大群众文艺作品的社会影响,实现文化惠民。

2. 展览推广

对于群众美术、摄影、书法作品等视觉艺术类作品,文化馆(站)主要是通过举办各种形式的展览进行推广,因地制宜,抓住有利契机,推出优秀视觉艺术作品的展览。优秀艺术作品展览,文化馆(站)要做好展览的宣传和观众的组织发动工作,让更多的公众走进展厅,感受优秀视觉艺术作品的艺术魅力。

3. 网络推广

在互联网时代,网络推广是群众文艺作品普及推广的主要方式之一。文化馆(站)要运用现代网络技术,在文化馆(站)网站上开设"网上演播厅"、"网上展览厅"等栏目,或者通过文化馆(站)建立的博客,以视频或者图片的形式,展示优秀群众文艺作品,让广大网民能在任何时间和地点,上网欣赏优秀群众文艺作品。

4. 讲座推广

文化馆(站)通过组织文艺大讲堂等形式,开设系列性的群众文化艺术作品的鉴赏讲座,播放优秀的音乐、舞蹈、戏剧、曲艺作品的视频和视觉艺术作品的图片,向群众作普及性的欣赏评析,推广优秀的群众文艺作品。

(二)群众文艺作品普及推广的要求

(1)将传统的文艺作品展示方式与现代网络技术有机结合,实现优秀群众文艺作品的网络传播。传统的文艺作品展示方式，主要是举办视觉艺术作品展览和文艺演出活动，但是文艺展览和文艺演出活动由于受到时间和场地的限制，观众人数和观赏时间受到一定的制约；因此，文化馆(站)要有强烈的网络传播意识，充分发挥互联网传播的优势，将传统文艺作品展示方式与互联网传播有机结合起来，推进群众优秀文艺作品的现代传播，扩大群众文艺作品的社会影响。

（2）综合文化站可利用乡镇广电站的资源，利用当地广播和有线电视对优秀群众文艺作品进行播出和推广。要在当地乡镇政府的大力支持下，将优秀的群众文艺作品通过当地广播电视，特别是通过有线电视这个平台进行播出，让优秀的群众文艺作品走进广大群众。

（3）创造条件使优秀的群众文艺作品走进校园，丰富中小学生的文艺生活。青少年是祖国的未来，发挥文化馆(站)的文艺优势，提升青少年的文艺素质，丰富他们的校外文化生活是文化馆(站)必须重视的一项工作。要与教育部门联手，通过组织青少年文艺活动、文艺演出和展览进校园等方式，为群众文艺作品走近青少年创造条件，使青少年在耳濡目染中感受到优秀群众文艺作品的艺术魅力，激发他们对于艺术的热爱。

文化馆(站)要做好群众文艺作品的普及推广，必须不断创新服务方式，以群众喜闻乐见的形式发挥优秀文艺作品的社会功能，陶冶群众的思想情操。

第四节　文化馆(站)群众文化理论研究

一、组织群众文化理论研究

文化馆要开展经常性的群众文化理论研究，发动文化干部围绕群众文化工作中出现的热点、难点问题，将理论与实践结合，进行群众文化工作研究，推动群众文化理论研究队伍建设，提升群众文化理论研究水平，为各级政府的文化决策提供参考。

二、组织群众文化理论研究的方式

文化馆组织群众文化理论研究的方式，主要有：组织群众文化理论征文、举办群众文化论文加工会、召开群众文化理论研讨会（或论坛）、组织群众文化理论课题研究；有不少时候，组织举办群众文化理论研讨会，其中包含了群众文化理论征文的组织工作这一环节。

（一）组织群众文化理论研讨会

组织召开群众文化理论研讨会，也称组织举办群众文化论坛，是文化馆一项常规的业务工作，有助于促进群众文化理论发展，推动群众文化工作的发展和繁荣。

1. 群众文化理论研讨会的组织工作

（1）准备工作。制订方案，落实经费。制订群众文化理论研讨会的方案，确定研讨会的主题、时间、地点，落实研讨会的经费，只有确定了研讨会的具体方案，经费有了落实，才可以正式启动研讨会的各项准备工作。

下发通知，组织征文。群众文化理论研讨会确定下来后，要立即下发研讨会的征文通知，征集专题性的群众文化论文。征文时间要有一定的提前量，让文化馆（站）干部有相对比较宽裕的时间进行调研和写作。

组织评审，确定人员。在群众文化论文征集的基础上，邀请群众文化理论研究方面的专家、学者和有一定造诣的领导，对应征的论文进行认真评审，评出一、二、三等奖，确定接下来参加研讨会的人员。

确定地点，通知研讨。在落实研讨会的地点、食宿安排的基础上，下发群众文化理论研讨会的正式通知，邀请相关领导，通知论文作者参加理论研讨会。

编印文集，确定日程。群众文化理论研讨会前，负责组织工作的文化馆(站)要把评选出来的优秀论文，汇编成册，便于与会作者交流切磋；同时确定研讨会期间的各项日程安排，落实研讨会的主持人及开幕式的流程。

(2)会议工作。会议期间，主办单位要根据研讨会的规模成立工作组，主要是会务组、秘书组、后勤组等，各个工作组各司其职。

后勤接待。要安排专人到指定的研讨会地点，负责与会领导和论文作者的会议报到；安排食宿；分发研讨会论文集等。

会场安排。要悬挂横幅，布置好会场，放好主席台上的桌签，分发研讨会文集，安排合影等。

会议研讨。群众文化理论研讨会，一般也有比较简短的开幕仪式。安排领导和嘉宾就座，致辞，颁发奖状等，接下来是论文作者交流研讨。

(3)会后工作。后勤结账。群众文化理论研讨会结束之后，主办单位做好结账事宜。

撰写综述。群众文化理论研讨会结束不久，要安排专人撰写群众文化理论研讨会的综述。

成果发表。推荐优秀论文到各级群众文化论坛，或者推荐到相关的群众文化报刊。

2. 群众文化理论研讨会流程

群众文化理论研讨会的流程，一般由研讨会的开幕式和研讨两部分组成。

开幕式的流程主要有：主持人介绍与会的领导和嘉宾；邀请

当地领导(当地政府或文化部门的领导)致欢迎辞；主办单位领导讲话；论文颁奖；合影留念。

研讨会的内容有：论文作者按一定的次序，交流论文。有时还可以根据群众文化理论研讨会的主题，邀请对此有深入研究的专家作主题报告，提升理论研讨会的档次，又使与会的论文作者受益，加深对研讨专题的理论认识。

3. 组织群众文化理论研讨会注意事项

(1)征文主题选择。组织论文征文，是文化馆(站)组织群众文化理论研讨会的第一步。征文的主题要紧密关注群众文化工作的热点问题和难点问题，结合当前文化馆站工作的实际，提出富有前瞻性和指导意义的研讨主题。

(2)提供参考选题。为使论文作者较好把握论坛的主题，一般在下发理论论文征集通知时，都会围绕研讨会的主题，列出一些参考选题，以拓宽群众文化论文的写作思路，有的放矢进行写作。

(3)组织论文加工。视条件允许，能在论文写作前组织论文写作培训班，或者在写作后组织论文加工会，对提高论文的质量，会有一定的效果。论文写作前的培训班如果能结合研讨会的专题，进行及时的指导，可以使论文作者少走弯路；论文加工会通过面对面的交流和探讨，指导更有针对性，论文质量也有望通过修改，有所提高。

(二)组织群众文化课题研究

文化馆在群众文化课题研究方面，具有文化队伍方面的人员优势，可以根据自身的研究条件和工作需要，组织开展群众文化课题研究。通常群众文化课题研究主要是公共文化服务、非物质文化遗产等方面居多。

1. 群众文化课题研究方法

(1)问卷调查法。问卷调查法是文化馆(站)干部在进行群众文

化课题研究时，运用统一设计的调查问卷，向社会公众等被调查
对象进行调查，了解群众文化工作情况的调查方法。

问卷调查通常将群众文化课题研究所需要了解的内容精心编
制成问卷，搜集有价值的信息，为课题研究提供大量的第一手信
息。群众文化课题研究中采用的问卷调查法，一般都由文化干部
当面进行采集，电话调查采用比较少。

运用问卷调查法设计的问卷要求严谨科学，表述问题要准确
简明、客观理性，问题的内容要具体。

（2）访谈研究法。访谈研究法是群众文化课题研究中，进行访
谈的文化馆（站）干部与被访谈对象面对面进行交流，获得有价值
信息的一种定性研究方法，它既可以是一对一的访谈，也可以是
座谈会的形式，在访谈中了解有价值的信息。

访谈研究法可以针对课题研究的需要，选择合适的人群进行
访谈，访谈过程中可以随机应变，挖掘深层次的信息，调查数据
富有个性化，访谈的内容具有开放性。

在群众文化课题研究中，将访谈研究法与问卷调查法有机地
结合起来，可以取得良好成效。

（3）个案研究法。个案研究法也叫案例研究法，是群众文化课
题研究中，对某个文化馆（站）或者群众文化某种现象进行跟踪调
查研究的方法。

个案研究法在群众文化课题研究中也是常常采用的一种研究
方法。个案研究法中关注的个案，一般来说具有一定的典型意义。
应用个案研究法，或是从历史的纵向视角对某个文化馆（站）进行
历史的研究，如对某个文化馆 20 世纪 50 年代以来的情况进行调
查研究，分析其文化工作的阶段性特点，指出未来发展的趋势；
或从当前的视角进行横断面一般的剖析，如某一个新的文化现
象等。

(4)文献研究法。文献研究法与问卷调查法、访谈研究法不一样，前者侧重于从现有的文献中进行搜集、整理、分析、研究，形成有价值的研究成果，形成对群众文化工作规律的科学认识。图书馆的图书情报资料、文化馆(站)的艺术档案等，为文化馆(站)干部进行群众文化课题研究，提供了大量的可供研究的文献资料，只要善于挖掘和研究这个丰富的矿藏，就会不断有新的研究发现。

在群众文化课题研究中，以上几种研究方法并不是单一、机械地运用，而要根据课题研究的需要选择合适的调查研究方法，或者几种调查研究方法综合运用。

2. 群众文化课题研究基本程序

(1)制订课题研究方案。文化馆(站)干部在进行群众文化课题研究前，要制订科学的课题研究方案，它初步规定了群众文化课题研究的具体内容和步骤。课题研究方案对整个研究工作的顺利开展起着关键的作用，保证整个课题研究工作有条不紊地进行。制订科学、规范的课题研究方案是课题研究顺利实施的前提和保障。群众文化课题研究方案主要包括以下几个方面。

把握课题研究的背景。在研究方案中要清晰地了解和掌握该研究课题在国内外的研究进展；即将进行的研究课题所具有的价值和意义。

确立课题研究的目标。在研究方案中要明确即将进行的群众文化课题研究，要达到的目标是什么，破解群众文化工作中的什么具体问题，取得哪些课题成果？课题预期研究成果是研究报告、论文，还是专著？

设计课题研究的方法。在研究方案中要根据课题研究的实际情况，选择和确定具体的研究方法，即采用文献研究法、访谈研究法、问卷调查法，还是个案研究法？或是综合运用几种研究方法。

明确课题研究的进程。要把握课题研究的条件，根据群众文化课题研究的需要，制定课题研究的实施步骤，明确课题研究的阶段性任务，便于课题组成员按课题研究的进度要求组织实施。

(2)组建课题研究团队。在群众文化课题研究中，明确了课题研究的目标和任务，组建课题研究团队是迫在眉睫的事情。课题研究团队的成员多少，视课题研究的实际需要而定。组建群众文化课题研究团队，要注意以下几个方面。

一是根据课题研究的需要，确定研究团队的规模。如果是全省性民间文化资源的田野调查，可能要求动员数以百计的文化干部参与到调查研究中来；如果是群众文化工作的个案研究，组建一个精干的团队，则是最好的选择。

二是根据课题研究的难易，确定研究团队的人员构成。省、市、县(市、区)文化馆和文化站干部应该是从事群众文化课题研究的主要力量；如果研究的群众文化课题涉及社会学、统计学以及其他学科的知识，可以邀请研究院所的相关专家、大学教授作为课题顾问，或者邀请这些专家参与到群众文化课题研究工作中来，在课题研究的知识背景上，实现互补。

三是根据课题研究的水平，确定研究团队的核心人员。在开展群众文化课题研究中，对课题研究团队进行科学组合，考虑到课题研究的实际需要，结合个体成员的研究水平差异，将优秀研究人员充实到课题研究的核心团队，充分发挥核心团队在课题组织实施中的积极作用，推进群众文化课题研究。课题组人员分工必须明确、合理。

四是根据课题研究的范围，确定研究团队的地域分布。在群众文化课题研究中，会在一定范围内进行大量的调查研究，在确定调查的地区和受调查人群之后，在课题研究团队的成员构成中，要考虑当地的文化馆(站)干部加入到研究团队，便于课题调查的深入和顺利开展。

(3)组织实施课题研究。文化馆组织实施群众文化课题研究，主要由搜集资料、整理资料、分析资料、概括结果、撰写成果等几个部分组成。

搜集资料。课题组要围绕研究主题，从两个方面着手，搜集研究课题相关的群众文化资料：一方面是通过文献检索，掌握研究课题相关的群众文化研究动态，掌握可用于课题研究的其他资讯；另一方面是通过调查访谈，掌握第一手资料。搜集资料方面要深入实际，采集基础材料和原始数据。要精心制订调查计划，科学设计调查问题，确定调查研究样本和调查的范围，按计划、有步骤地进行调查采集，力求资料和数据的客观性。

整理资料。课题组要查阅到的文献资料和通过调查采集到的数据资料，在核对资料的基础上，对这些大量的信息资料进行科学梳理；重点做好数据的登录、汇总统计，整理和选择对群众文化课题研究有价值的信息，为接下来的分析和写作打好基础。

分析提炼。课题组对于搜集来的文献资料、调查来的文化数据和资料，运用定量分析和定性分析的方法进行分析研究；一般来说，对于文献资料采用逻辑方法进行分析研究，对于数据资料运用统计方法进行分析研究，从中发现群众文化发展的规律，概括和提炼出群众文化课题研究方面的新发现、新的理论见解。

成果撰写。成果撰写是群众文化课题研究的重要组成部分。作为一个研究团队，既可以由一个人执笔撰写，也可以分工撰写，撰写前要拟定课题成果写作大纲，课题组讨论认定后，再开始撰写。课题成果撰写要注意立论、推论、表述的科学性，注意论点、论据和论述的逻辑性，注意数据和文字表述的有机统一，注意典型分析和一般分析的有机结合。

(4)课题结题。群众文化课题研究要结题，课题组要撰写结题报告，这是课题研究的最后一个程序，要认真对待，善始善终地完成课题研究。

群众文化课题研究结题报告，要准备几个方面的材料：课题立项申请书；任务下达书；《课题结题验收表》；课题研究报告；课题研究的主要成果(论文、著作等)；相关附件或佐证材料等。

群众文化课题研究的成果要求：一是研究报告，每项课题必须提交一份研究报告，字数在2万字左右。内容包括：课题提出的背景、目的、意义；课题研究的主要内容；课题研究采取的方法与具体措施；课题进程或阶段说明；研究的成果、结论及其取得的社会效益。二是课题研究的其他成果，著作类的课题成果要求突出应用推广价值和社会效益；论文类课题成果要求有围绕课题研究主题的若干篇论文。

3. 群众文化课题研究要注意的几个方面

(1)群众文化课题研究要重视研究选题。研究课题的选题决定课题研究的价值。要从文化馆(站)工作实践出发，关注公共文化服务热点、难点问题，具有理论研究的价值和实际指导的意义。选题力求新颖，难易程度适当，同时兼顾课题组研究的各方面条件，如研究人员水平、研究经费等情况，确定课题研究的规模大小。

(2)群众文化课题研究要注意预调查。对于一些规模大、牵涉面广的群众文化课题研究，当方案制订后，要组织预调查，深入到群众文化实际中去，根据设计的调查问卷和决定采用的研究方法进行个别调查。通过预调查，检验课题研究方案是否科学、便于实施，以便及时发现问题，对研究方案进行及时改进，确保整个课题研究顺利进行。

(3)群众文化课题研究要重视文献查阅。文献查阅是群众文化课题研究十分重要的基本功。通过文献查阅，掌握群众文化研究课题方面国内外研究进展，从海量的信息资料中检索有价值的资料，为课题研究的圆满成功打下坚实的基础。

(4)要注意发挥每个成员的积极性、创造性。群众文化课题研究需要课题组成员的通力协作，课题组负责人既要充分发挥课题核心组成员在课题研究中的主要作用，同时要协调和发挥每个成员的积极性，群策群力，把课题做好。

第五节　文化馆(站)民族民间艺术普查与保护

民族民间艺术是我们中华民族文化的有机组成部分。我国民族民间艺术历史悠久，丰富多彩，它们源于民族民间生活，具有浓郁的乡土生活气息、民族艺术风格和鲜明的个性特点，是各族人民的智慧结晶和文化瑰宝。

文化馆(站)作为政府文化事业单位，承担着搜集、整理、研究、保护民族民间优秀文化，挖掘、保护和传承民族民间艺术的责任。

一、文化馆(站)的民族民间艺术普查

(一)民族民间艺术普查工作的目的、内容与指导原则

1. 民族民间艺术普查工作的概念

文化馆(站)的民族民间艺术普查工作，是指组织文化馆(站)干部以及群众业余文艺骨干，面向当地开展民族民间艺术的现状调查，进行深入细致的普查工作，摸清当地的民族民间艺术分布和遗存情况，主要是民族民间艺术资源的种类、数量、分布状况、生存环境、保护现状及存在的问题。通过普查，掌握民族民间艺术资源情况，建立艺术档案和数据库，为今后的民族民间艺术保护和传承奠定基础。

2. 民族民间艺术普查工作的目的

通过普查确定一个地区流传的民族民间艺术的主要类型和形态、蕴藏情况、分布地域、传承范围、传承脉络、衍变情况以及采集历史(什么时代采集过和采集过什么、资料藏于何种机构或者何人手中)。

通过全面普查,发现了承载民族民间艺术的数量众多的传承者,从他们的讲述或者表演中记录、采集有代表性的民族民间艺术作品。

通过实地调查,记录或录制流传了千百年、与民众生活有密切关系,甚至影响着民众生活和群体社会的各类民族民间艺术作品和民间技艺。

3. 民族民间艺术普查工作的内容

组织文化馆(站)干部和民间文化研究者等,针对本地区的各民族民间艺术进行地毯式的普查,运用文字、录音、录像、数字化多媒体等现代科技手段,对民族民间艺术进行真实、系统和全面的记录,建立民族民间艺术档案和数据库。

4. 民族民间艺术普查工作的指导原则

在文化馆(站)组织开展民族民间艺术普查工作中,要坚持全面性、真实性的指导原则。

全面性原则,是指普查应涵盖本地所有区域的民族民间艺术全部类别,在普查和采集过程中,全面调查和采录,不应有任何遗漏;要注意吸纳以往调查成果,对已经调查过的民族民间艺术,应进行认真复查和核对,注意了解其现状。

真实性原则,是指在民族民间艺术普查工作中,要尊重民族民间艺术的历史和原貌,即按照民族民间艺术表现形态,真实记录和保存下来;要确保普查内容和成果真实可靠,杜绝提供虚假材料。

(二)民族民间艺术普查工作的方法与步骤

1. 民族民间艺术普查工作的方法

组织文化馆(站)干部和民间文化研究者，对本地区民族民间艺术资源进行深入细致的普查，运用文字、录音、录像、数字化多媒体等现代科技手段，对普查出来的民族民间艺术资源进行真实、系统和全面的记录，建立民族民间艺术档案和数据库。

2. 民族民间艺术普查工作的步骤

普查准备阶段。这一阶段，文化馆(站)要做好几方面工作，首先是落实参与普查人员，确定普查计划日程，拟定普查提纲，印发普查表格；其次是落实普查的摄影、录像、录音等设备；再次是组织专题培训活动，对参与民族民间艺术普查人员进行针对性的培训，确保普查工作顺利进行。

实地调查阶段。文化馆(站)要对参与民族民间艺术普查人员，根据业务特点进行合理的组合，分成若干个普查工作组，明确每个普查人员的职责；根据普查计划日程，深入基层进行实地调查，积极推进普查工作；面对面采访当地的民族民间艺术传承者，并请这些民间艺人以表演、操作等方式，展现原生态的民族民间艺术，普查人员即时做好录音、录像、摄影以及笔录，把民族民间艺术的表现形式、传承脉络、主要传承人、艺术特点、代表作品等内容，记录和保存下来。民族民间艺术传承者若有歌本、长诗、鼓词、唱本、演出的脚本等，要及时搜集、复制和整理。

普查总结阶段。这一阶段首先要做好民族民间艺术普查资料的归档，将普查获得的民族民间艺术作品、普查时拍摄录制的音像资料，大量的文字记录，以及普查的人员、普查的时间、普查的地区等信息，按一定要求整理成艺术档案，进行存档，并建立专题数据库。其次要在普查工作的基础上，撰写民族民间艺术普查报告，对本次普查情况进行梳理，对普查获得的数据进行统计、分析，形成有一定质量的民族民间艺术调查报告。再次要及时总结表彰，总结普查工作中的经验，表彰在民族民间艺术普查工作中表现突出的先进集体和优秀个人。最后要在普查的基础上，根据当地民族民间艺术传承情况，整理出版普查成果。

二、文化馆(站)的民族民间艺术保护

(一)文化馆(站)民族民间艺术保护的方式

采录建档。文化馆(站)对当地民族民间艺术及其优秀传承人，进行调查、登记、采录，及时做好民族民间艺术档案的建档工作，建立数据库。

研究编辑。文化馆(站)对本地区普查中所获得的采录文本、录音影像等，组织文化馆(站)业务干部及有关专家学者进行整理、研究，有计划地编辑出版普查成果和研究成果。

扶持传承人。文化馆(站)制定民族民间艺术传承人评定办法，通过公开、公正、公平的方式，对当地民族民间艺术传承人进行评定，提供一定的经费扶持，鼓励传承人进行传承和传播。

建立保护区。在各级政府的重视下，根据当地民族民间艺术资源的分布状况及其特点，在有条件的地方选择性地建立民族民间艺术生态保护区，保护和传承民族民间艺术。

组织进校园。文化馆(站)要组织开展民族民间艺术进校园活动，通过组织展演、展示和讲座活动，扩大民族民间艺术在青少年中的影响，增进青少年对民族民间艺术的了解，激发对民族民间艺术的热爱。

申报民间文化艺术之乡。文化馆(站)要发挥工作主动性和积极性，通过申报、命名民间文化艺术之乡，积极进行完整的、动态的和持续性的保护。

(二)民间文化艺术之乡建设

1. 民间文化艺术之乡

民间文化艺术之乡,是指运用民间文化资源或某一特定艺术形式,通过创新发展,成为当地广大群众喜闻乐见并广泛参与的群众文化主要活动形式和表现形式,对当地群众文化生活及经济社会发展产生积极影响的县(县级市、区)、乡镇(街道)。

这里所说的民间文化资源或某一特定艺术形式,主要有音乐、舞蹈、戏剧、曲艺、杂技、美术、书法、摄影、游艺、竞技、技艺、民俗、民间文学等。

民间文化艺术之乡分为省级、国家级。"中国民间文化艺术之乡"每三年申报命名一次。已命名的"中国民间文化艺术之乡"在下一次申报时进行重新审核、命名。"民间文化艺术之乡"分为表演艺术、造型艺术、民间技艺、民俗活动四大类别。

2. 民间文化艺术之乡评审要求

根据文化部 2011 年 4 月颁发的《"中国民间文化艺术之乡"命名办法》第 4 条,"中国民间文化艺术之乡"应当符合以下基本条件。

(1)已被省级文化行政主管部门命名的各类文化艺术之乡。

(2)当地政府高度重视民间文化艺术之乡创建发展工作,并将其作为本地区公共文化服务体系建设、保障人民群众基本文化权益的一项重要内容,纳入当地国民经济和社会发展的总体规划,纳入政府财政预算。对民间文化艺术之乡的创建发展有专项规划、长期目标及相关政策措施。

(3)形成了较为完善的民间文化艺术之乡投入保障机制。民间文化艺术之乡阵地设施建设、人才队伍培养和活动组织开展等有政府固定经费保障,并有社会组织参与、支持的良好基础。

(4)形成了较为完善的民间文化艺术之乡组织保障机制。当地政府统一领导、分工负责、社会各界积极参与的管理体制和工作机制;有严格的考核制度和奖惩措施,并将民间文化艺术之乡创建工作列入对下一级行政组织的考核指标体系和目标管理责任制;有完备的创建民间文化艺术之乡的档案。

(5)辖区内应有设施完善,布局合理,方便群众参加活动的公共文化服务阵地。县有图书馆、文化馆,乡镇(街道)有综合文化站,行政村(社区)建有文体活动室(文化广场)。辖区内具备经常开展民间文化艺术活动的场地、设施等。

(6)依托本地区的文化传统和文化资源,广泛开展群众喜闻乐见、具有浓郁的民族和地域特色的文化艺术活动,被当地群众普遍熟知和认同,群众受众率和参与率达到本省(区、市)的先进水平,对当地群众文化生活产生较大影响。辖区内常年坚持开展民间文化艺术活动的下一级行政区划在60%以上,受众人数占本辖区内常住人口总数的60%以上。

(7)拥有民间文化艺术活动的品牌项目,经常性开展有关民间文化艺术的创作、演出、展示、培训、交流等活动。在一定历史时期对推动全国或某一地区的社会经济发展起过重要作用,在国内具有一定的影响。

(8)拥有民间文化艺术活动的特色团队和代表人物,在当地具有一定的知名度和影响力。代表人物应有代表性成果,代表性成果须在省级以上展览、演出、发表或获奖。

(9)在民间文化艺术之乡创建过程中,积极探索实践,创新体制机制,创新服务方式和手段,并已取得显著成绩,具有典型示范作用和推广价值。

3. 民间文化艺术之乡申报的程序

民间文化艺术之乡申报的程序,主要有:具备条件的县(市、区)由当地人民政府提出申请,向市文化广电新闻出版局申报;具备条件的乡镇(街道)由当地人民政府(办事处)提出申请,经县(市、区)文化广电新闻出版局同意后向市文化广电新闻出版局申报。

申报省级民间文化艺术之乡,由各市文化广电新闻出版局负责本地区申报对象的资格审查、选拔推荐和集中申报。申报中国民间文化艺术之乡,由各省(市、直辖市)文化厅(局)负责本省的申报对象的资格审查、选拔推荐和集中申报。

文化馆(站)在当地申报省级或者中国民间文化艺术之乡时,要做好相关的材料搜集、准备等工作,参与申报材料的汇总、撰写工作。

4. 民间文化艺术之乡申报的材料

(1)申报表:按照要求认真填写,所填报数据真实可靠,语言简明扼要。

(2)申报片:拍摄一部全面反映创建民间文化艺术之乡情况的DVD申报片,时间不得超过15分钟。

(3)申报图片:能够客观反映活动情况的图片5~8张(电子版为jpg.格式)。

(4)其他有助于说明创建民间文化艺术之乡情况的相关材料。

在申报时,文化馆(站)就要充分利用民族民间艺术普查的档案和数据库,协助做好申报材料的准备工作。

5. 民间文化艺术之乡申报表填写的内容

民间文化艺术之乡申报表的内容主要有,申报的类型是表演艺术、造型艺术、民间技艺、民俗活动中的哪一类型;申报地区民间文化艺术的沿革及近年来开展民间文化艺术之乡建设的基本情况、取得的经验和做法、主要特点、相关政策及保障措施等;民间文化艺术特色团队及代表人物;曾经获得的由省、市文化部门命名的"先进单位"、"试点单位"等称号;是否在省市级会议进行典型经验宣传推广,或做过典型经验发言等;下一步开展民间文化艺术之乡建设的主要思路及政策措施等。

6. 民间文化艺术之乡申报评审的几个阶段

申报阶段，由各地组织做好本地区民间文化艺术之乡申报工作。

评审阶段，评审专家组对各市申报材料进行评审，抽查、验收。

确定阶段，评审专家组根据评审和抽查、验收情况，提出"××省民间文化艺术之乡"或"中国民间文化艺术之乡"建议名单报评审工作领导小组审定。

公示阶段，民间文化艺术之乡名单进行社会公示，公示期为7天。

命名和授牌阶段，由文化部或省(市、直辖市)文化厅(局)发文公布，举办民间文化艺术之乡命名授牌仪式。

7. 民间文化艺术之乡的保护措施主要有哪些

认真制定规划。按五年一轮的周期制定民间艺术之乡的保护和发展规划，确立目标任务、工作要求、保障措施。

强化队伍建设。建立各专业门类的传承人队伍，培养一支懂业务、能力强的民间艺术指导员队伍，培养一支热爱民间艺术，具有奉献精神的民间艺术工作志愿者队伍，培育民间艺术社团。

开展艺术活动。民间文化艺术之乡要积极开展具有地域特色的民间文艺活动，让民间艺术走近群众，吸引群众的广泛参与。

加强经费保障。以政府投入为主，设立"民间艺术之乡"建设专项资金，扶持民间艺术中的重要门类和弱势门类，重视传承人的培养和资助等。

中国民间艺术之乡和省级民间艺术之乡评审命名实行动态管理，必须通过各项措施，推动优秀民间文化艺术的普及与发展。

陕西省艺术馆"非遗陈列馆"免费开放

陕西省艺术馆的非物质文化遗产陈列馆，2012 年 1 月举行免费开放启动仪式。

陕西省近年来共普查了 38416 条非遗项目线索，其中县级 2292 条、市级 590 项、省级 435 项，62 项列入国家级名录，西安鼓乐和中国剪纸已列入联合国教科文组织的"人类文化遗产项目代表作名录"。陕西省艺术馆的非物质文化遗产陈列馆，运用图片、文字、实物、多媒体等多种展示手法，展现了陕西丰富的非物质文化遗产资源及其丰厚的文化内涵。在面积不大的展馆中，户县农民画、皮影戏、面花、马勺脸谱、剪纸等一大批陕西非遗项目尽收眼底。同时，馆内配有高清晰度的视频播放器，参观者可根据相关操作提示，欣赏如安塞腰鼓、合阳跳戏等相关视频，在参观之余，身临其境地感受陕西民间传统文化的十足魅力。

为配合陕西省非遗陈列馆的开放，省艺术馆还从馆藏的民间美术作品中挑选了一批于 20 世纪五六十年代起征集收藏的精品，这些作品均出自民间艺人之手，更多地保留了纯粹、质朴的原生态风貌，是研究陕西民间美术和民俗文化的珍贵实物。一些非遗代表性传承人还应邀来到陈列馆，现场展示非遗技艺。

此前的民间艺术展一直采取免费展览的形式，但由于省艺术馆一直以收藏为主、展览为辅，加上展览区域的局限，前来参观的群众非常有限。如今，艺术馆将收藏和展览并重，扩大展览内容、增加布展面积，为群众提供良好的服务与环境。

"这个展馆办得真好，让年轻人能够充分了解咱陕西的民间文化，知道什么才是咱老陕的根。"带着小孙子前来参观的老人说。陕西省艺术馆馆长表示："守望精神家园，传承民族文化，是群文工作者的职责。"

陕西省艺术馆的非物质文化遗产陈列馆是陕西首个全面、系统展示全省非物质文化遗产的专业性博物馆，是陕西省中小学优秀传统文化教育社会实践基地。

(三)非物质文化遗产项目代表性传承人的认定与管理

民族民间艺术是非物质文化遗产的重要组成部分。做好非物质文化遗产项目代表性传承人的认定与管理，便是民族民间艺术保护一项十分重要的工作。

1. 非物质文化遗产项目代表性传承人的概念

非物质文化遗产项目代表性传承人，是指经国务院文化行政部门和省、自治区、直辖市人民政府文化主管部门对本级人民政府批准公布的非物质文化遗产代表性项目，其承担项目传承保护责任，具有公认的代表性、权威性与影响力的传承人。

2. 申请或者被推荐为国家级非物质文化遗产项目代表性传承人的条件

《国家级非物质文化遗产项目代表性传承人认定与管理暂行办法》规定，只要符合下列三个条件，就可以申报或者被推荐为国家级非物质文化遗产项目代表性传承人：掌握并承续某项非物质文化遗产；在特定区域或领域内被公认为具有代表性和影响力；积极开展传承活动，培养后继人才。

3. 非物质文化遗产项目代表性传承人申报须提供的材料

公民可以提出国家级和省级非物质文化遗产项目传承人申请，国家级和省级非物质文化遗产项目保护单位可以向所在地县级以上文化行政部门推荐该项目代表性传承人，但应当征得被推荐人的同意。

提出非物质文化遗产项目代表性传承人申请的，应当向所在地县级以上文化行政部门提供以下材料：申请人基本情况，包括年龄、性别、文化程度、职业、工作单位等；该项目的传承谱系以及申请人的学习与实践经历；申请人的技艺特点、成就及相关的证明材料；申请人持有该项目的相关实物、资料的情况；其他有助于说明申请人代表性的材料。

4. 对开展传习活动确有困难的非物质文化遗产项目代表性传承人的支持方式

各级文化行政部门应对开展传习活动确有困难的国家级非物质文化遗产项目代表性传承人予以支持，支持方式主要有：资助传承人的授徒、传艺、交流活动；提供必要的传习活动场所；资助有关技艺资料的整理、出版；提供展示、宣传及其他有利于项目传承的帮助。

文化馆(站)要配合文化行政部门，为他们提供必要的传习活动场所，提供必要的展演和展示机会等。

5. 非物质文化遗产项目代表性传承人应承担的义务

在被确认为非物质文化遗产项目代表性传承人后，传承人应该承担相应的义务：在不违反国家有关法律、法规的前提下，根据文化行政部门的要求，提供完整的项目操作程序、技术规范、原材料要求、技艺要领等；制订项目传承计划和具体目标任务，报文化行政部门备案；采取收徒、办学等方式，开展传承工作，无保留地传授技艺，培养后继人才；积极参与展览、演示、研讨、交流等活动；定期向所在地文化行政部门提交项目传承情况报告。

(四)民族民间艺术进校园活动

文化馆(站)要积极做好民族民间艺术进校园活动，把它作为民族艺术保护和传承的一项重要工作。

1. 民族民间艺术进校园的意义

民族民间艺术进校园的意义在于，传承地域特色的传统民族民间文化艺术，丰富学生文化生活和校园文化，让学生从小接受民族民间艺术的熏陶，提升学生人文素养，激发学生对乡土文化的热爱，使民族民间艺术后继有人。

2. 民族民间艺术进校园的具体举措

因地制宜选择传承特色项目。文化馆(站)要主动与学校联系，挖掘具有深厚群众基础的传统民间特色文化，以历史悠久、群众喜闻乐见、易教易学等为原则选择传承特色项目，推动地域特色文化资源教育化，使学校成为传承民族民间艺术的基地。

精心编制传承项目校本教材。为提高民间艺术教育教学质量，文化馆(站)要联手学校教师，根据民族民间艺术普查中收集整理的当地特色文化传承项目，精心编写图文并茂、通俗易懂的民族民间艺术校本教材，结合音像资料的开发利用，形成系统的、具有鲜明特色的乡土校本教材，调动学生学习兴趣，激发学生学习传统文化的热情。

多种形式开展校园传承活动。文化馆(站)专业人员和民间艺术传承人，要积极配合学校教师，进校传授、辅导民族民间艺术的表演等技巧，讲授民族民间文化悠久的历史和艺术价值，建立民族民间艺术传承基地和学生兴趣小组，将特色文化纳入音乐课、体育课，开展校际特色文化传承项目交流表演等活动，搭建展示舞台，深化传承活动。

组织民族民间艺术校园展示。文化馆(站)组织当地民族民间艺术传承人和文艺骨干，通过民间艺术演出和手工艺现场展示，在学校展示当地有影响的民族民间艺术，在民间艺术普及中激发学生对民族民间艺术的浓厚兴趣。

制订民间艺术教学评价体系。文化馆(站)和教育部门要围绕指导老师队伍建设、校本教材编写、学生参与、学生艺术水平等方面，制订教师和学生的民间艺术教学评价体系，考核结果以准确反映学生特色文化历史知识和能力为目标，作为学校素质教育开展情况、学生素质评价的重要内容，促进民间艺术在学生中的传承发扬。

3. 民族民间艺术进校园要注意的问题

文化馆(站)要主动配合学校，出谋划策，做好参谋，做好民族民间艺术进校园的各项工作，帮助学校培训民间艺术教学师资，安排文化馆(站)干部和民间艺术传承人，进学校进行讲授和传承。

文化馆(站)发挥民族民间艺术普查资料丰富的优势，主动参与民族民间艺术校本的编写工作，解决学校民间艺术课程的教材问题。

文化馆(站)要在当地政府的支持下，争取建立当地的民族民间艺术传习中心，指导、统筹、协调民间艺术进校园工作。

文化馆(站)和教育部门联手，开展青少年民间艺术技能大赛和展示活动，推动民族民间艺术进校园活动的深入持久开展。

(五)传统文化保护区、非物质文化遗产传承基地、传统节日保护基地的申报

在民族民间艺术保护与传承中，文化馆(站)要配合当地文化行政主管部门，积极参与传统文化保护区、非物质文化遗产传承基地、传统节日保护基地的申报工作。

1. 传统文化保护区的概念

传统文化保护区，是指政府以整体保护民族民间文化为目的，使非物质文化遗产与物质文化遗产相依相存，人文生态环境与自然生态环境和谐相处，对传统文化生态保持较完整并具有特殊价值的村落或特定区域，通过申报、建立传统文化保护区，进行动态的整体性保护。传统文化保护区所保护的内容，就包括了民族民间艺术。

2. 传统文化保护区申报条件

在特定区域中，非物质文化遗产资源丰富，种类多样，分布

密集；非物质文化遗产特色鲜明，其中有一项或多项非物质文化遗产具有较高的历史、文化、科学价值，被列入国家级或省级非物质文化遗产名录；物质文化遗产与非物质文化遗产相互依存。当地有保存完好的历史街区、民间古建筑、传统民居等与非物质文化遗产相关的场所，保护工作注重形神兼备；传统文化生态环境与自然生态环境良好，具有整体性、原真性、和谐性；当地人文生态与人民群众生产生活密切相关，文化生态保护有深厚的群众基础，有较强的保护意识；当地政府重视文化生态保护工作，保护措施有力。

3. 非物质文化遗产传承基地申报对象

列入国家级、省级非物质文化遗产名录的项目，具备相应条件的单位，可申报非物质文化遗产传承基地。申报主体一般为项目保护责任单位或重点传承单位。

4. 非物质文化遗产传承基地申报条件

根据相关的规定，非物质文化遗产传承基地，其申报单位应具有以下条件：对传承该项非物质文化遗产做了大量工作，取得显著成绩，具有该项目公认的代表性、权威性与影响力；申报单位应有一名或若干名掌握该项非物质文化遗产的代表性传承人，有一批热心于传承该项非物质文化遗产的骨干；在不违反保密制度与知识产权的前提下，完整传授该项非物质文化遗产知识技能，培养后继人才；有该项目传承计划和具体目标任务，有一定规模的固定场所开展传承活动；积极参与展示、传播、研讨、交流等活动；当地政府及文化行政部门对该传承单位的传习等相关活动予以支持，措施有力。

5. 传统节日保护基地申报对象

在特定区域，春节、元宵节、端午节、七夕节、中秋节、重阳节等重要传统节日或民族节庆，传统节庆内容、风俗、礼仪内涵丰富，具有浓郁民族特色和独特意义的，可申报传统节日保护基地。

6. 传统节日保护基地申报条件

(1)该传统节日内涵丰富，形成完整的传统习俗，充分反映该传统节日特质，具有较强的历史价值、审美价值、观赏价值和较为突出的社会功能。

(2)该传统节日民族文化形态独特，富有鲜明的地域特色，具有农耕文化或少数民族文化特色，相关文化生态保存完好，较好地保持了传统元素，在同类的传统节日中具有典型性、代表性。

(3)该传统节日得到当地人民群众的广泛认同和积极参与，成为当地弘扬和培育民族精神的重要载体，成为满足群众精神文化生活的重要渠道。

(4)深入挖掘传统节日的文化内涵，在继承传统的基础上，积极创新传统节日的形式和载体，积极倡导和谐喜庆、健康向上、文明节俭的节日理念，使传统节日与现代生活方式相适应，融入当代生活。

(5)当地政府及文化行政部门对该传统节日的保护措施有力。

三、文化馆(站)的民族民间艺术研究

文化馆(站)要发挥文化艺术业务优势，在民族民间艺术普查基础上，积极开展民族民间艺术研究工作。

(一)民族民间艺术研究队伍

文化馆(站)要发挥民族民间艺术研究中心的作用。建设一支由文化馆业务干部、民族民间艺术研究专家和社会各界热心于民族民间艺术研究的人士组成的专、兼职的研究队伍。

文化馆(站)在民族民间文化研究方面，具有自己独特的人才优势，要为他们从事民族民间艺术研究创造良好的工作条件和研

究环境，鼓励他们潜心钻研，认真著述，通过组织民族民间艺术论坛等方式，相互切磋交流，共同研究和探讨民族民间艺术，促进民族民间艺术研究。

(二)民族民间艺术研究的内容

一般来说，文化馆(站)民族民间艺术研究，大多是以当地民族民间艺术作为研究的对象，从民间艺术的本体或者民间艺术保护的视角，去研究当地民族民间艺术的人文价值、保护策略等。文化馆(站)进行民族民间艺术研究的内容主要集中在以下几个方面。

一是要扬长避短，充分利用文化馆(站)在当地民族民间艺术普查中获得的丰富资料，深入研究当地民族民间艺术，研究民族民间艺术的种类、分布、演变过程，研究民族民间艺术与民俗、民族审美的关系，研究民族民间艺术的特征等。

二是要认真研究民族民间艺术普查、保护、传承的规律和特点，以及民族民间艺术保护的对策研究等；要针对民族民间艺术普查、保护、传承中存在的问题，探讨破解问题的有效措施；进行个案研究，及时研究、总结和推广各地民族民间艺术普查、保护和传承中的典型经验。

(三)民族民间艺术研究的方法

文化馆(站)组织文化干部进行民族民间艺术研究的方法，主要包括调查研究、比较研究、文献研究、跨学科研究、个案研究等。

调查研究法，是文化馆(站)组织文化干部确定调查范围、调查对象，通过问卷、访谈等方法，搜集和掌握受访对象的有关资料，进行分析和研究。调查研究法能够使研究者搜集到第一手资料。在民族民间艺术研究中运用调查研究法，目的是搜集和掌握民间艺人、民族民间艺术等方面的相关资料，进一步开展民族民间艺术研究。

比较研究法，是指对两个或两个以上有联系的事物加以对比考察，找出它们之间的相似性与差异性，探求普遍规律与特殊规律的一种研究方法。在民族民间艺术研究中，比较研究法经常被采用，如不同地域民族民间艺术的风格比较等。

文献研究法，是指在民族民间艺术研究中，通过搜集、鉴别、整理民族民间艺术方面的各种文献，包括民族民间艺术普查中获得的资料，以及有关的专著、报刊上的信息等，进行分析研究，形成对民族民间艺术科学认识的研究方法。文献研究法需要占有比较丰富的资料信息，进行民族民间艺术研究。

跨学科研究法，是指通过多学科的视角，来观察和研究民族民间艺术，实现对民族民间艺术的整合性研究，比如从文艺人类学的角度来研究民族民间艺术等。跨学科研究使民族民间艺术研究的视角更趋丰富，体现了当代民族民间艺术研究的一种新方式。

个案研究法，是指在民族民间艺术研究中，采用各种方法，收集、记录、整理与研究问题相关的资料，对某一民族民间艺术进行深入细致的追踪研究，写出个案报告这样一种研究方法。个案研究法可以是在较长时间里对某一民族民间艺术进行调查，研究其发展的源流、艺术特征、发展趋势等，从中发现民族民间艺术发展的规律。

【思考题】

1. 联系工作实际，谈谈如何组织文化馆(站)的文艺晚会。

2. 群众文艺创作指导的方式主要有哪些？

3. 如何开展文化馆(站)的民族民间艺术保护与研究工作？

第五章 文化馆(站)数字文化信息服务

【目标与任务】

通过本章的学习，了解文化馆(站)数字化服务的概念与特点，了解文化馆(站)网站的栏目设置和信息更新，熟悉文化馆(站)数字化服务的内容。

第一节 文化馆(站)数字化服务的概念与特点

在信息化时代，文化馆(站)在为公众提供传统的公共文化服务的同时，文化馆(站)开始建立文化网站，依托互联网和一系列数字科技，运用博客、微博和 QQ 群等网络传播方式，提高信息时代文化馆(站)的创新能力与文化服务能力，向公众提供文化艺术的数字化服务。

一、文化馆(站)数字化服务的概念

文化馆(站)数字化服务是指通过使用数字化技术，获取、存储、保护和提供信息并提供信息查询途径，向社会公众提供文化艺术资源，进行群众文化辅导与指导，开展网上群众文化活动，以此满足社会公众对文化艺术的数字化需求。

文化馆(站)数字化服务是互联网时代文化馆(站)工作的创新。它是对有一定价值的文化艺术图像、文本、语音、影像、数据等多媒体信息进行收集，通过文化馆(站)网站的载体，设计不同的栏目、专题等数据呈现方式，以及微博、博客、QQ 群等载体，

通过网络进行传输，向公众提供公共文化服务。

文化馆(站)数字化服务，是互联网时代对群众文化工作者提出的新课题，要切实掌握数字化服务的基本知识和技能，运用新兴网络手段，更好地服务公众，实践文化惠民。

二、文化馆(站)数字化服务的特点

文化馆(站)数字化服务与传统的群众文化服务相比，在服务对象、服务内容、服务方式和手段等多方面都具有了新的特点。这些特点包括：服务对象的社会化、服务内容的数字化、服务手段的网络化、服务方式的多样化、服务资源的共享化。

1. 服务对象社会化

在互联网时代，我国网民数量以几何级数增长。在这个背景下，文化馆(站)服务对象、服务范围都发生了极大的变化。文化馆(站)传统的文化服务对象是文化馆(站)所在行政地域内的群众。但在互联网时代，文化馆(站)数字化服务的对象，已不再局限于传统的服务对象，其服务的范围已经转为面向全社会。因为数字化信息服务具有不受时空限制、不受地域限制的特点，不同年龄、不同层次的公众，只要会上网就可以在任何时间、任何地点，利用计算机与网络连接，进入文化馆(站)网站或者文化干部的博客、微博，加入文化团队 QQ 群，检索、浏览网上的文化艺术信息资源，搜索和获得所需的文化艺术资讯。文化馆(站)数字化服务的范围，远远走出了传统的地域范围，走向更为广阔的社会空间。

2. 服务内容数字化

在文化馆(站)开展的数字化文化服务中，文化馆(站)是利用计算机网络和多媒体技术，对文化艺术数据进行存储和管理的文化艺术信息载体被变成了磁性介质，被压缩存储下来，这就是服务内容数字化的内涵。数字环境下的文化馆(站)服务，其信息资源既包括群众文艺演出视频、群众文艺辅导讲座视频、群众文艺精品视频，也包括大量民族民间艺术的音像、视频，同时还包括各种文化艺术服务的动态资讯。文化馆(站)公共文化服务内容在互联网上以计算机特有的方式被储存、处理和展示。

3. 服务手段网络化

计算机技术、网络通讯技术和信息存储技术为文化馆(站)的数字化服务带来了全新的变革，也为文化馆(站)向公众提供丰富的文化艺术资讯服务，提供了极大的便利条件。文化馆(站)干部可以通过 QQ 群，向群众文艺爱好者提供文艺辅导和指导；社会公众也可以通过访问、浏览文化馆(站)网站，获取海量的文化艺术资讯；在互联网时代，互联网丰富了文化馆(站)公共文化服务的方式和途径，网络已经成为文化馆(站)公共文化服务不可缺少的方式。文化馆(站)凭借着网络平台，公共文化服务手段呈现出网络化、多样化的特点，实现了文化馆(站)与社会公众的网上交流。

4. 服务方式多样化

在互联网时代，文化馆(站)公共文化服务方式更趋多样化。文化馆(站)可以利用自己的网站，为社会公众提供丰富的群众文化信息资源。公众可以从文化馆(站)网站上进行信息浏览、音频视频点播等多媒体信息的全方位服务，让公众获知所需要的文化资讯，在网站欣赏群众文艺优秀作品，也可以通过文化馆(站)网站上的论坛或者 QQ 群、博客群等，进行文化艺术的互动交流。针对社会公众的不同文化需求，文化馆(站)为公众提供个性化的特色服务。正是服务方式多样化，社会公众能根据自身的兴趣爱好自主地获取文化信息，获得所需要的公共文化服务，丰富了传统文化馆(站)文化服务的方式。

5. 服务资源共享化

信息化时代也是信息共享时代，群众文化艺术信息资源的数字化、信息资源传递的网络化，使社会公众足不出户就可以享受到文化馆(站)网站上提供的各类文化信息，享受到文化馆(站)提供的数字化公共文化服务，既可以浏览和欣赏网站上的优秀文艺作品，观看文化馆(站)网站上的群众文艺辅导讲座，甚至可以照着网站上的文艺辅导视频，学习文艺表演……文化馆(站)利用互联网这个载体，实现了文化艺术资源的普遍共享，使之成为开放性的群众学习文化、享受文化的大课堂。文化服务资源共享化，在一定程度上有效地缩小城乡之间的文化差距，使城乡群众共享文化发展成果。

第二节　文化馆(站)数字化服务的内容

以数字技术为支撑的文化馆(站)数字化服务，实现数字信息资源整合、数字信息资源共享、数字信息服务交互机制，为社会公众提供多种途径、多种形式的公共文化服务。其数字化服务的内容如下。

一、文化资讯在线服务

文化馆(站)要根据互联网和数字化科技发展的趋势，大力开展数字化在线服务。

网站服务。文化馆(站)网站经常性的网页更新，通过网络编辑，专门收集、编辑、筛选的有价值的群众文艺资讯，呈现给社会公众，为不同文化需求的社会公众提供极为丰富的文化信息。文化馆(站)网站动态信息要及时更新，向社会公众提供文化信息资源的访问服务，包括文化活动资讯、文艺演出资讯、电影放映资讯等，让公众能及时掌握当地公众文化服务的资讯，积极参与文化馆(站)开展的群众文化活动，实现文化信息资源的共享。除了文化资讯的访问服务，文化馆(站)在开展各类文化艺术培训工作中，为方便社会公众，可以适当开展网上报名服务，为公众提供网络条件下的优质服务。

微博服务。微博是近些年兴起的信息交流平台；是微型博客的简称。与传统的博客相比，具有简短、快捷、灵活的特征。140字的文字更新信息，实现即时分享，微博是文化馆(站)文化信息服务的有效载体。文化馆(站)在运用网站提供数字化在线服务的同时，应该开展立体式数字化服务，比如开展微博活动。根据微博即时传播、迅速快捷、覆盖面广的特点，向公众提供文化馆(站)文化服务信息，发布当地文化艺术活动的即时信息、文化艺术培训的即时信息，开展与公众的互动，收集公众对文化馆(站)服务的意见，进一步改善文化馆(站)公共文化服务。通过微博开展公共文化服务，不需要支出一定的经费，目前还没有条件设立网站的文化馆(站)，可以开展微博服务。

QQ群服务。QQ群是QQ用户中拥有共性的小群体建立的一个即时通讯平台，其他如MSN群有类似的功能。文化馆(站)可以创建QQ群，邀请当地热爱文化艺术的公众，加入到群里，或是创建特色QQ群，将当地群众文艺骨干邀为好友。通过创建QQ群等方式，为群众文艺骨干和文艺爱好者提供信息交流的平台，将文化馆(站)丰富的文化资讯，通过聊天交流的方式广为传播，提供文化馆(站)文化活动的参与度。利用群空间服务，使用相册、共享文件等多种交流方式，上传文化艺术信息和资料，实现文化信息资源的共享。

博客服务。博客是网络日志英文的缩写，是一个开放的文化空间。文化馆(站)可以根据自己的条件，利用博客向公众开展动态性的文化服务。在文化馆(站)博客上，记录和发布文化馆(站)公共文化服务的资讯，将文艺演出、文艺展览、文艺辅导和培训等信息在博客上向公众发布。通过加关注、加好友、建博客圈等方式，以文会友形成固定的圈子和网络读者。文化馆(站)要利用博客提供的评论框、留言栏，回应网友的评论与意见，与网友积极互动，提升文化馆(站)博客的人气，更好地为公众提供优质的文化服务。

二、文艺辅导在线进行

网络在线文艺辅导是文化馆(站)数字化服务的一项重要内容。文化馆(站)开展网络在线文艺辅导的主要方式为：设置网上文艺课堂，以公众接受文艺辅导培训的途径将群众文艺辅导和培训的视频或讲稿在网上让社会公众共享；通过文化馆(站)业务干部的专业文化博客或 QQ 群，在线进行文艺辅导，解答文艺爱好者的问题。

网上课堂。文化馆(站)利用互联网，通过文化馆(站)网站，让公众可以在任何时间和地点，上网浏览和观看文艺辅导的视频、讲稿。文化馆(站)拥有许多文艺辅导方面的资料，在互联网这个平台上，有效地发挥着资源最大限度的共享作用，丰富群众文艺辅导的途径。只是出于网络安全管理的原因，文化馆(站)网站的论坛功能大多没有开设。互动交流进行文艺辅导需要由博客、QQ 群等网络平台来实现。

博客辅导。文化馆(站)通过建立自己的博客，利用博客的评论和留言功能，根据公众各自的文化需求进行互动交流，解答公众在文化艺术学习方面的问题；对于有共性的问题，文化馆(站)博客的管理者积极撰写文章授业解惑，访问博客的网民可以从中受益。需要注意的是，文化馆(站)博客上与网民互动最好能即时互动，及时进行交流和沟通，对群众业余文艺骨干进行个性化的创作辅导或表演指导。文化馆(站)要鼓励文化干部开设文化博客。鼓励建立博客圈，文化馆(站)干部要甘愿奉献，除了在自己的博客上开设辅导，在访问、浏览业余文艺骨干、文艺爱好者博客时，热情地予以辅导和点拨，交流和切磋文艺创作、表演的心得，分享自己在文艺创作、表演等方面的经验，帮助群众文艺骨干和文艺爱好者不断取得进步。

除了文化网站和文化博客的远程辅导，在日常文化辅导工作中，最有效的方式之一就是建立 QQ 群，将当地群众业余文艺爱好者包括文艺骨干加入到 QQ 群里，由文化馆(站)干部在线进行文艺辅导，解答文艺爱好者的问题，指点文艺创作和表演方面的迷津。在 QQ 群里，文化馆(站)既可以就群众业余文艺爱好者共同关心的文艺创作、表演等方面的话题，引导群里的群众业务文艺爱好者交流自己的见解，展开深入的探讨，使群里的朋友们从中受益；也可以利用 QQ 聊天工具，即时进行个性化的文艺辅导，克服传统文艺辅导遇到的时空限制，取得很好的效果。

三、文艺作品在线欣赏

采用数字化手段，将文化馆(站)丰富多彩、各具特色的优秀群众文艺产品资源进行加工，形成可以浏览、欣赏的数据库视频资源，通过文化馆(站)网站上开设的网上演播厅、网上展览厅等专栏进行推介，供社会公众进行欣赏。

网上演播厅。文化馆(站)在推进数字化文化馆(站)建设中，通过网站开设网上演播厅，以视频的形式在网上推介当地优秀的文艺演出活动，将历年来举办的有影响的群众文化活动在互联网上实现共享；在网上演播厅，将当地优秀的群众音乐、舞蹈、戏剧小品、小戏、曲艺作品表演视频进行分类别、有序地展示，在展示群众文化创作表演成果的同时，让公众便捷地从网上欣赏优秀文艺作品的魅力。网上演播厅的栏目设置必须科学合理，既可以设置全国、省级、市级获奖作品，如"群星奖"等专题视频，展示本省、市历年来荣获"群星奖"的优秀表演类文艺作品；也可以按各类文艺大赛进行专题展示。文化馆(站)逐步形成各具特色的优秀群众文艺作品数据库，通过文化馆(站)网站展示，让公众可以随时随地上网，实现优秀群众文艺作品的在线欣赏。

网上展览馆。与建立网上演播厅类似，文化馆(站)网站上还应该开设网上展览馆，以专题数据库的形式将优秀群众美术、书法、摄影作品在网站上分门别类进行展示。展示的方式可以按艺术门类进行展示，也可以按文化馆(站)举办的展览进行展示；根据群众视觉艺术创作的实践情况，推出在当地乃至全国有影响的群众视觉艺术创作群体，或推介优秀的群众美术、书法、摄影作者，推出他们不同风格的优秀视觉艺术作品。网上展览馆有效地突破了传统视觉艺术展览的时间和空间上的限制，让许多爱好艺术的公众，通过互联网随时浏览当地群众视觉艺术创作的最新成果，实现群众文化艺术资源共享。

文化馆(站)在网站上开设网上演播厅、网上展览馆时，必须获得作者许可，获得群众文艺作品的网络传播权，注意保护作者的知识产权。

四、文化活动网上开展

文化馆(站)在开展传统的群众文化活动的同时，利用互联网的信息平台，根据网络文化的发展趋势以创新的意识在网络上开展群众性的文化艺术活动。网络群众文化活动主要有以下几种类型。

群众文艺创作的网络大赛。文化馆(站)在互联网上利用文化馆(站)自身的网站,组织开展丰富多彩的群众文艺创作大赛。如"寻找身边的感动"网络文化活动,发现和传播社会美好事物,弘扬社会主流价值观,发现、挖掘和传递更多的"最美人物"、"最美故事",宣传平凡人的感人和崇高品质,激发全社会向美、向善、向上的力量。参加网络征文大赛的作品上传到文化馆(站)的网站上,每个网民都可以上网浏览,可以在征文后面进行点评。评奖结果在网站上公布,为网民欣赏优秀征文提供指引,接受公众监督。

　　网络摄影活动是颇受公众欢迎的网上活动之一。随着数码相机走进寻常百姓人家,社会上兴起摄影热,文化馆(站)根据公众的文化需求开展网上摄影大赛。认真调研,确定公众普遍欢迎的摄影主题,如"寻找最美的笑脸"、"家有宝贝"等专题摄影活动;或是如杭州市文化馆举办"街头摄影节",与传统新闻媒体合作,报纸与网站互动,吸引广大摄影爱好者的热情参与。

　　群众文化活动的网络投票。为激发公众的文化参与热情,传统文化活动与网络活动互动,营造群众文化活动热闹喜庆的气氛,文化馆(站)要有意识地在互联网和微博等载体,配合正在开展的各类群众文化活动进行网络投票活动,如投票评选十佳群众业余歌手、十佳群众文艺团队,或根据文化馆(站)网站的相关作品或节目的点击率,评出最具人气奖的优秀作品或优秀节目等。

　　微博摄影大赛活动。微博的快速兴起,使文化馆(站)开展网上文化活动多了一个新的载体。在现实生活中,许多年轻人拿着手机拍照片,兴之所至将照片上传到微博上与博友分享。文化馆(站)可以根据年轻人爱玩微博的特点,组织开展微博摄影大赛,要求年轻人聚焦身边的传统民俗,拍摄民间风情,发送给数个微博好友,让更多的网友分享精彩美丽的瞬间。如传统的端午节可以组织发动微博控们,随手拍家乡的民俗端午主题照片。

　　文化馆（站）开展网上文化活动，或者与传统群众才艺大赛相呼应，增设文化馆（站）网站投票等环节，形成良好的群众文化活动互动氛围，激发公众的文化参与热情。网上文化活动有助于文化馆（站）网站凝聚人气，提高访问量，扩大文化馆（站）网站的社会影响。

　　开展网上文化活动，文化馆（站）要通过新闻宣传进行预热推广，上线之后组织网友积极参与，网上文化活动设置必要的奖金或者奖品，吸引公众的广泛参与。

杭州市文化馆与钱江晚报社举办的"街头摄影节"

　　首届杭州国际街头摄影节，由钱江晚报和杭州市文化馆共同主办。比赛自2012年3月推出以来，到8月底，好摄之友网和杭州群众文化网两大投稿平台，总共收到了1万多位摄友的6万多幅原创图片。

　　街头摄影，现在已悄然发展成一种独立的摄影创作方式，扫街所获取的影像成果具有极大的人文价值。街头摄影是一份闲情，更是一份历史记录，一种社会责任。街头摄影更能考验出摄影人的综合素质，在街头嘈杂的环境里摄影人不但要具备良好的体能、敏锐的眼光，还要有娴熟的抓拍和沟通技巧。

　　这次比赛投稿作品遍及全球，街头摄影节作品征集期间，主办方还举办沙龙、讲座，并组织部分摄友赴上海、石浦和我国香港地区外拍。评委现场点评指出，参赛摄友的作品形式多样，时尚与市井融合、激情与休闲并存、高端与草根同在，具有浓烈的生活气息和高超的摄影技巧。

　　本届杭州国际街头摄影节每月评选一次，共有180件作品获得月度奖，这些作品都入围最后的总评选。摄影节总决赛特别大奖获得者将获得1万元奖金。

五、民间艺术在线展示

互联网具有共享性、超越时空性，信息可以超越时间的限制，在网站或者网页上保存与传播，可以超越地域的限制，在更为广阔的空间里进行远距离传播。根据互联网的共享性和超越时空性特点，文化馆(站)要因地制宜，将本地区富有地域特色、民族风情、民间智慧的、多姿多彩的民族民间艺术资源建成的专题数据库，通过文化馆(站)的网络平台，向公众进行展示，借以传播优秀的民族民间艺术。

民间艺术专题。已经建立了网站的文化馆(站)，在栏目设置的时候，要开设"民间艺术"专栏，将当地丰富多彩的民间艺术，如皮影戏、温州鼓词、黄梅戏、民间剪纸等富有特色的民间艺术，进行多种形式的展示。根据这些民间艺术的社会影响、艺术价值等各方面去综合衡量，推出各个民间艺术专题。每个民间艺术项目专题里设置"项目简介"、"历史源流"、"代表作品"、"基本特征"、"传承谱系"、"艺术传承人"、"艺术价值"、"相关视频"等，增进公众对民族民间艺术的了解。

文化馆(站)开展民间艺术的在线展示，有效解决了传统展览、展演在文化传播方面的时空局限，将这些充满乡土气息的民间艺术生动地展现在公众面前，吸引网民浏览、跟帖和评论，扩大民间艺术的网络传播，提升地域文化的影响力和知名度。

在现代化、城市化进程中，农耕时代的传统民间文化逐渐失去其存在的土壤时，互联网恰到好处地成为民族民间艺术展示、弘扬的有效载体。文化馆(站)应该把握这一历史机遇，加快民间艺术传播的数字化进程。

第三节 文化馆(站)网站的网页设计与栏目设置

文化馆(站)网站是文化馆(站)为公众服务、对外宣传的窗口，展示的是文化馆(站)在公众面前的网络形象。文化馆(站)网站可以通过发布文化信息、提供文化服务；社会公众也可以通过网页浏览器来访问网站，获取需要的文化资讯或享受文化服务。

文化馆(站)网页设计是否美观大方、赏心悦目，是否有文化内涵和艺术创意，栏目设置是否科学合理直接关系到网民对文化馆(站)的第一形象。因此，文化馆(站)在网站建设中要重视网页设计与栏目设置。

一、文化馆(站)网站的网页设计

虽然文化馆(站)网站的网页设计，一般委托给专业的网络公司制作完成。但是在网站的网页设计方面，文化馆(站)要事先主动参与，提出网页设计的要求和建议，协助专业网络公司做好网页设计工作，使网站充分体现文化馆(站)工作特点。

(一)文化馆(站)网页设计的原则

文化馆(站)网站的网页设计应坚持内容与形式相统一，技术与艺术相结合，遵循定位准确、个性突出和形象统一的原则。

定位准确。文化馆(站)在建立网站，进行网页设计的时候，要考虑文化馆(站)建网页的目的是什么，是为了展示文化馆(站)的工作，还是为公众提供丰富的文化资讯和文化服务？作为面向公众的文化网站，文化馆(站)网站在网页设计中必须较好地体现自身公共文化服务的定位，凸显文化馆(站)公益性的特点。建站的目标清晰，定位准确，才能对文化馆(站)网站的整体风格作出准确的定位，规划网站的组织结构。

个性突出。文化馆(站)网站在网页设计中，要努力将公共文化服务内容与艺术表现形式完美地结合起来，强调公共文化服务的特征，网页设计要求富有文化品味和艺术气息，具有强烈的视觉冲击力，体现出文化馆(站)鲜明的个性特征。

形象统一。文化馆(站)网站的网页设计中，要充分考虑到色彩在网页设计中的作用，根据和谐、均衡和重点突出的原则，进行版式设计、色彩运用，就是实现网页的整体视觉印象和文化意境的统一，有效传达文化馆(站)的公共文化服务信息。打造和展示文化馆(站)公益性文化事业单位的形象。

(二)文化馆(站)网页设计必须注意的问题

网页太满。在不少文化馆(站)的网页上，普遍存在着网页太满的问题，恨不得将文化馆(站)所做的文化工作都搬到网站上呈现给公众，而忽略了网页的美观。具体表现在将各种文化信息例如文字、图片、动画等不加考虑地见缝插针，整个页面被塞得密密麻麻，主次不分，缺乏艺术形式的处理。这给浏览者带来诸多的不便，使其难以找到自己需要的信息。

网页太花。网页设计不能太花哨而不实用，干扰浏览者从文化馆(站)网站中获取有价值的文化信息。要根据文化馆(站)建立网站的目的确定网站的整体风格，注意网页色彩的搭配。网页设计要新颖、简洁，切不可花哨，华而不实。

网页太闪。科学地设计具有一定观赏性的动画，为静态的网页增加灵动是不错的办法。可如果滥用各种视觉效果，在网页上设计多个风格迥异的动画等，造成页面到处闪亮，让浏览者眼花缭乱，晕头转向，也容易造成页面浏览速度的缓慢。

这些问题虽然是专业的网页设计必须注意避免的，但文化馆(站)人员也要适当了解这些常识性的知识，便于配合专业网页设计师做好网页设计。

二、文化馆(站)网站的栏目设置

文化馆(站)网站上的栏目，实质上是文化馆(站)网站的大纲索引，引导浏览者进入相关的栏目和网页，点击阅读文化信息，了解文化馆(站)的公共文化服务内容，共享文化馆(站)网站上的文化视频等。

(一)文化馆(站)网站设置的主要栏目

文化馆(站)网站可设置的栏目主要有：本馆(站)概况、文化新闻、文化赛事、文化服务、民间艺术、文艺精品、网络大赛、艺术培训、文艺团队等，还可根据本地区文化馆(站)的文化工作亮点和地域文化特色设置文化专题。每一个栏目点击后，进入下一级页面浏览文化信息。

文化新闻。以文化馆(站)当地文化新闻为主，要重点宣传当地重大的群众文化活动或者具有鲜明地域特色的群众文化活动；兼顾各地文化新闻，各地的文化新闻要求有普遍推广意义和创新价值。有的文化馆(站)网站在"文化信息"栏目下，设"本地信息"、"各地信息"。

文化服务。主要是面向社会免费服务、艺术培训的相关资讯，面向基层的文艺辅导，以及"文化大讲堂"、文化下乡活动的安排等。可根据文化馆(站)实际情况，在这个栏目下，设置"场馆导航"、"文化专家库"、"公益培训"等子栏目，便于浏览者迅速便捷地查阅有关文化服务资讯。

文化赛事。主要展示文化馆(站)组织开展的群众文化赛事活动，文化赛事的比赛规则、节目要求、参赛作品、评奖结果，以及新闻媒体对文化赛事的宣传报道等。

民间艺术。或叫"非遗保护"，主要以图文并茂的方式或者通过视频的方式，介绍当地列入全国和省级非物质文化遗产项目名录的民间艺术及其项目传承人等。

文艺精品。主要是展示当地优秀的群众文艺作品，包括全国"群星奖"及省、市获奖的群众音乐、舞蹈、曲艺、戏剧作品，美术、书法、摄影作品等，除了文字介绍、图片展示，还可以用视频形式，展示表演类的群众文艺作品。

每个文化馆(站)的栏目内容大同小异，在栏目名称的设置时，可灵活决定。各地文化馆(站)根据当地文化工作亮点和地域文化特色，可以设置一些群众文化专题，如杭州市文化馆的网站在网站首页最上端设置"配送服务"，包括"计划配送"、"预约配送"等子栏目，具体介绍该文化馆每一阶段的文艺演出、文艺辅导的配送计划，可以预约配送的文艺演出情况，提供网上预约方式。

(二)文化馆(站)网站栏目设置的建议

要简洁大方。文化馆(站)不要如大的门户网站那样，设置数量众多的栏目。文化馆(站)的文化信息相对有限，栏目数量众多，导致有些栏目没有更多的内容可以更新，每天网站的信息更新工作量也大为增加。栏目简洁清晰使浏览者一目了然，便捷地点击和浏览所需要的文化资讯。

要事先规划。在网站建设前，就要对网站设置的栏目有初步规划，要突出文化馆(站)建立网站的目的，策划和设置栏目和专题，尽量一步到位。否则，网站运行以后，发现栏目设置上的问题，想要进行较大的改动，会存在许多困难。

要强化服务。文化馆(站)作为公益性的公共文化服务事业机构要面向公众，在网站栏目设置上换位思考，根据公众的文化需求以及文化馆(站)的性质职能，强化网站的文化服务导向，使文化馆(站)网站更好地为公众服务，为公众提供多样化的文化服务。

第四节　文化馆(站)网站的信息更新与网站推广

一、文化馆(站)网站信息更新

文化馆(站)网站要做好日常文化信息更新，这是保持网站生命力、吸引人气的重要手段，是为公众提供数字化服务的重要方式。文化馆(站)网站的信息更新，应该引起充分的重视，否则文化馆(站)网站就失去了存在的意义。

(一)文化馆(站)网站的信息更新

文化馆(站)网站信息更新主要指站内公告信息、文化新闻、群众文化动态以及最新群众文化活动、群众文艺作品、群众文化辅导视频资料等及时性信息。

文化馆(站)网站内容须及时更新，如果访问者看到的是失去时效性的文化信息，对文化馆(站)的印象也会大打折扣。有一些文化馆(站)网站有些栏目几年没有更新，个别网站甚至出现文化馆领导班子前一年已经调整，网站上还没有进行及时调整，以致闹出笑话。因此注意网站内容的及时更新是非常重要的，一般每天须对网站内容进行及时更新，让浏览者感到文化馆(站)网站在不断更新，不断有新的文化资讯可以浏览，这样他们才能继续访问文化馆(站)的网站。

(二)文化馆(站)网站信息更新的必要性

新鲜、及时的文化信息吸引人。有人说，这个时代并不缺少网站，而是缺少具有精彩内容、新鲜内容的网站。想让更多的人来访问文化馆(站)网站，首先需要考虑增加新鲜的有价值的文化信息，每天进行信息的更新，这样才会吸引更多的关注。相反，如果不及时更新和补充网站的文化信息，就像一家很久没有推出新款商品的店铺，最终会失去拜访者。文化馆(站)配备的网站管理人员，要有强烈的时间观念，注意文化信息的时效性，做好网站的日常维护，及时进行信息的更新。

新鲜、及时的文化信息让网站充满活力。在信息时代，"内容为王"，文化馆(站)只有不断提供时效性很强的文化资讯，不断提供公众所需要的文化资源、文化信息，才能有吸引力，才能满足公众在精神文化方面求知求乐的需求，才会拥有固定的访问人群，文化馆(站)网站才能保持旺盛的生命力，才能更好地为公众提供数字文化服务，实现文化惠民。

新鲜、及时的文化信息让公众受益。要扩大文化馆(站)网站的社会影响，提升在社会公众中的知晓度，一方面，可以与网站推广同步推进。另一方面，网站推广会给文化馆(站)网站带来访问量，但真正要提高网站的点击率和有价值的访问量，只有靠回头客。文化馆(站)网站只有不断更新网站内容，经常有公众感兴趣的文化信息，才能真正发挥文化馆(站)网站的公共文化服务作用，使公众在访问和浏览时获益。

(三)文化馆(站)网站信息更新要注意的事项

专人负责。文化馆(站)要有专人负责网站的信息更新，责任到人。一方面便于考核；另一方面有利于增强网站管理人员的工作自觉性，增强工作责任意识，将文化馆(站)最新的信息及时发布在网站上。

制定制度。文化馆(站)要制定信息更新的有关制度，要求文化馆的各个部门要落实人员将下发的文件、文化活动的信息、文化工作动态等，以电子文本的方式，汇总给网站管理人员；重要的信息要进行相关的审核。

精心筛选。互联网上有着海量的文化信息，上传外地文化信息、基层文化信息，要精心选择有价值的文化信息。所谓有价值的文化信息，是通过比较等方法，发现其中有创新价值、有推广意义的文化活动和工作动态，增强网站文化信息的质量。

及时准确。文化馆(站)网站的信息更新，要十分注意更新的速度，及时发布文化工作的最新动态，在第一时间对公告栏的内容进行更新；发布的文化信息要准确。

文化馆(站)网站的信息更新，具体的管理者要有强烈的事业心和责任心，密切关注文化馆(站)每个阶段的工作，积极主动地采集信息、发布信息，提高文化馆(站)网站信息的时效性，提升文化馆(站)网站的信息服务能力。

二、文化馆(站)网站的宣传推广

网站存在的价值与网站的访问量密切相关。宣传推广是文化馆(站)网站建设不可忽视的工作，要切实重视网站的宣传推广，让更多的人了解、访问文化馆(站)网站。

(一)文化馆(站)网站宣传推广的目的

文化馆(站)网站宣传推广的目的，在于让尽可能多的社会公众了解并访问网站，利用网站实现向社会公众传递公共文化信息，更好地为公众提供数字化的文化服务。

(二)文化馆(站)网站宣传推广的方法

与企业网站采取搜索引擎、电子邮件宣传和互换广告链接等网站宣传推广方法不同，文化馆(站)在宣传推广方面可以利用自身的工作特点和文化优势，探索出一套文化馆(站)网站宣传推广行之有效的方法。

策划组织文化活动宣传推广。文化馆(站)通过文化活动宣传推广有几种途径，可以在组织开展群众文艺大赛类的文化活动中，在网上发布大赛各个阶段比赛视频和大赛的评奖办法，在网上设置网络投票，评出网络人气最旺的选手或节目，可以提高文化馆

(站)网站的点击率和访问量，凝聚网站人气，为文化馆(站)的网站做有效的推广；也可以组织开展网上文化活动，吸引群众文艺爱好者积极参与到文化馆(站)网站上的网络文化活动，如网络摄影大赛、网络新故事创作大赛等，上传参赛作品到文化馆(站)的网站，让公众浏览、分享，同时设置作品点击数量为依据的作品网络人气奖。只要这些文化活动公众喜闻乐见，事先通过新闻媒体进行宣传，产生一定的社会影响，自然会带来一定数量的网站访问量。

群众文艺培训的网络报名。文化馆(站)开展的普及性文艺培训辅导，在社会上有良好的口碑，吸引了许多青少年纷纷到文化馆(站)报名参加各类文艺辅导和培训班。文化馆(站)可以将文艺培训辅导，包括少儿文艺培训班、老年文艺培训班等公益性的免费培训报名方式从传统的面对面报名转变为现场报名与网络报名相结合，甚至直接登录文化馆(站)网站进行报名，既方便公众随时随地上网报名又有助于文化馆(站)网站为更多的社会公众所熟知，提高文化馆(站)网站的访问量。

做好网站之间友情链接。将文化馆(站)的网站通过链接的方式与其他文化馆(站)网站友情链接，联成一张公共文化服务的网络，使原先独立的文化馆(站)网站通过链接成为一个立体的文化网。此外，主动将文化馆(站)网站与当地有影响的新闻网站、论坛之间，建立起链接，同样可以有效地宣传推广文化馆(站)网站，使网站广为人知。

QQ群与博客圈的宣传推广。建立文化干部和群众文艺爱好者的QQ群、博客圈，将QQ群和博客圈的相关信息在文化馆(站)网站上进行发布；文化馆(站)干部经常将网站上的文化资讯，及时转贴在QQ群、博客里，引导活跃在QQ群和博客圈里的群众文艺爱好者成为文化馆(站)网站的常客，通过文化信息的转载等方式，提高文化馆(站)网站的访问量，提供针对性的公共文化服务。类似的宣传推广方法，还有通过微博，及时发布文化馆(站)网站里公众感兴趣的文化资讯，有意识地链接网站的网址，方便公众点击和访问网站。

第五节　文化馆(站)网站管理与维护

当文化馆(站)创建网站后，必须加强日常的管理与维护工作。文化馆(站)网站的管理既有纯粹技术性的管理工作，又有对文化信息和内容的更新与维护工作。

一、文化馆(站)网站的管理

文化馆(站)网站的管理，目的是使网站的内容即时更新、链接正确、响应迅速，吸引公众登录访问，实现文化资源共享，高效快捷地为公众提供数字化服务。

(一)网站管理的内容

文化馆(站)网站管理，主要包括构架管理、配置管理、性能管理和安全管理等几个方面。

1. 构架管理

所谓构架管理，主要包括对文化馆(站)网站整体结构、目录和页面的调整维护以及链接的分析等。

2. 配置管理

所谓配置管理，主要用于配置和优化网络，配置管理的目的是实现某个特定功能或者使网络性能达到最优化。

3. 性能管理

所谓性能管理，是对系统运行及通信效率等系统性能进行评价，包括监视和分析被管理网络及其所提供服务的性能机制。其分析的结果可能会触发某个诊断测试过程，或者重新配置网络，以维护整个网络的性能，并维持和分析性能日志。

4. 安全管理

所谓安全管理，是指通过对网站进行管理和控制，采取一定的技术措施，确保在文化馆(站)网站环境里信息数据的机密化、完整性及可使用性受到有效的保护。

(二)网站管理的原则

文化馆(站)网站管理要到位，必须遵循网站管理的原则。这些原则概括起来主要是目录有序性原则、内容性原则、安全性原则。

1. 目录有序性原则

文化馆(站)网站的信息量虽然与大的门户网站不可同日而语，但必须遵循目录有序性原则，将数以万计的文件有序地进行管理，以免造成网站运行的混乱。一般可以采取按内容模块存储、按功能模块存储和按文件类型存储这三种方法。

2. 内容性原则

文化馆(站)网站管理方面，必须遵循内容性原则，即将网站的内容管理放在突出的位置，及时进行文化信息的更新管理，将网站内的公共文化共享资源、公共文化服务资讯等即时进行发布和上传。

3. 安全性原则

文化馆(站)网站管理方面，必须遵循安全性原则，即高度重视网站信息的安全、运行的安全，确保网站正常运行。特别是注意应用程序、操作系统的安全，发现安全隐患要及时解决。

(三)网站服务器的托管

1. 托管服务器的好处

文化馆（站）网站建设中，采取托管服务器，可以节约人力、财力，由于服务器是单独使用可以充分发挥服务器的性能，使文化馆（站）网站运行更加稳定；文化馆（站）对服务器拥有完全控制权，可以运行许多的程序和服务项目。托管服务器可以增强数据的安全性，保证所有数据文件都存放在自主控制的服务器中。

2. 服务器托管商的选择

文化馆（站）如何选择合适的服务器托管商？文化馆（站）从事网站管理的工作人员要积极主动做好参谋，提出相应的建议。一般来说，选择服务器的托管商要从几个方面进行衡量：根据文化馆（站）网站的服务特点和具体要求进行选择；根据服务器类型进行选择；选择合适的价格要货比三家，实行招标；尽量避免中间商，节约费用，保障服务；还要考察机房，考察服务商，考察服务商的服务质量。

3. 托管服务器要注意的问题

首先要签订托管合同。在合同里，明确双方的责任和权利，要用合同具体规定对方的相应责任，明确文化馆（站）方面的权利。

其次要选择本地托管。文化馆（站）网站运行中，需要对服务器进行必要的维护，如果服务器托管的技术单位是本地公司，方便前来帮助维修硬件、安装软件。

二、文化馆(站)网站的维护

网站维护是指在不改动网站功能、页面结构的前提下，对网站的文字进行更换，或者修改网站的图片，增强信息的时效性，丰富网站的信息量。文化馆（站）网站的维护是日常性的事情。文化馆(站)网站的维护主要有硬件维护、软件维护、数据维护和安全维护等。

(一)网站硬件维护

1. 服务器维护

服务器在文化馆(站)网站的运行中非常重要,其正常与否决定了整个网站状态的好坏和功能的实现,决定了文化馆(站)依托网站开展数字化服务的成效。服务器的维护要注意以下几个方面:固定地点,确定一个固定、安全的地点安放服务器;控制开关,确定专人,控制服务器的日常开机和关机;处理故障,当服务器出现故障时,要及时进行记录,记录的内容主要包括时间、地点、设备编号、故障现象、故障结果、连带运行状态等;升级系统,按照文化馆(站)网站建设的需要,必要的时候对原有的计算机系统配置进行升级。

2. 设备维护

设备维护包括设备的增加、设备的卸载和更换、除尘等。

设备增加,内存和硬盘增加时,要确认是否与服务器原有的内存兼容,主板是否支持这种容量的硬盘。增加内存时,最好的办法是增加同一品牌规格的内存,并且确认服务器有空余的硬盘支架、硬盘接口和电源接口。

卸载更换,设备需要卸载和更换时,要在完全断电、服务器接地良好的情况下进行。卸载更换时,要仔细阅读说明书,了解卸载和更换的方法,不要强行拆卸,以防损坏设施。

清除尘土,要定期为服务器除尘。文化馆(站)网站没有服务器专用的无尘机房环境,一段时间的使用后,服务器中会沉积大量的灰尘。对服务器除尘的方法与普通 PC 机除尘方法相同,要特别注意的是电源的除尘。

(二)网站软件的维护

同硬件系统相比,软件系统的安全问题是最多的,也是最复杂的。文化馆(站)网站的软件维护,目的是保持软件和系统的更新,保持杀毒软件的更新和定期查杀病毒,定期检查系统监控数据是否完好的保存;检查系统的备份是否完好的保存。

1. 网站操作系统维护

对 Windows 操作系统进行维护的方法,主要是有以下方法。

(1)定期对磁盘进行碎片整理和磁盘文件扫描。

(2)维护系统注册表。

(3)经常性地备份系统注册表。

(4)清理 System 路径下无用的 DLL 文件。

(5)使用在线病毒检测工具防止病毒入侵。

2. 软件系统的安全防护

针对软件系统很容易出现安全问题的情况,文化馆(站)网站管理要注意软件系统的安全防护,要切实采取安全防护措施做到防患于未然。软件系统安全防护,主要有以下几种方法。

(1)安装补丁程序。

(2)安装和设置防火墙。

(3)安装网络杀毒软件,定期或及时升级杀毒软件。

(4)账号和密码保护。

(5)监测系统日志。

(6)关闭不需要的服务和端口。

(7)定期对服务器进行备份。

(三)数据库的维护

当一个数据库被创建以后的工作都叫做数据库维护。文化馆(站)数据库日常维护工作,是网站管理员的重要职责。其内容主要包括以下几个部分。

(1)备份系统数据。

(2)万一系统失败时恢复数据库系统。

(3)监视系统运行状况,及时处理系统错误。

(四)健全制度

1. 建立文化馆(站)网站维护管理小组

网站维护管理人员职责明确,责任到人,确保文化馆(站)网站运行安全、信息更新及时、管理规范有序。

2. 建立文化馆(站)网站栏目信息日常更新管理制度

网站维护管理人员每天定时更新各个栏目的文化信息,做到更新及时、内容文字准确。

3. 建立文化馆(站)网站互动内容的管理制度

文化馆(站)网站开展网上文化活动、开展网络投票等,要及时掌握动态,进行管理。

4. 建立文化馆(站)网站安全运行管理制度

网站维护管理人员必须及时做好病毒的防范和消杀,实时监控网络运行状况,及时处理网络出现的异常,确保网站运行正常。

三、文化馆(站)网站的信息安全

(一)网站安全内容

一是网站的物理安全。包括计算机机房的物理条件、物理环境及设施的安全标准,计算机硬件、附属设备及网站传输线路的安装及配置等。二是网站的系统安全。包括保护网站系统不被非法侵入,系统软件与应用软件不被非法复制、篡改,不受病毒的侵害等。三是网站中的数据安全。包括保护网站信息的数据安全,保护它不被非法存取，保护其正确性、完整性、一致性等。网站中的数据是保存在后台数据库中的，所以网站数据安全的核心是数据库的安全。

(二)网站安全维护的目的

1. 维护网站的良好形象

设计和发展网站的一项主要任务就是让文化馆(站)在互联网上树立良好的形象，但是如果网站系统经常遭到攻击和破坏，基本的安全都得不到保障，那么这个形象又何从谈起呢？所以网站安全维护的第一目的就是维护文化馆站的良好形象。

2. 保证网站业务系统的正常运行

网站往往就是文化馆(站)的重要服务窗口，网站的安全稳定地运行是关系到活动的管理秩序、运行秩序、正常稳定运转的保障。网站的安全运行是文化馆日常运行机制的主要组成部分。

3. 保护一些该保护的文化信息

有一些文化信息，主要是民族民间手工艺技术，其相关的信息具有保密要求，因此，要求文化馆(站)网站中保护这部分信息内容的隐秘性。

(三)维护网站安全的策略

当数据、人员、系统、设备、环境建设好后，计算机网络系统和网站即可开始运转。这时网络综合安全的手段将成为网络运转的首要工作，往往不安全因素是不可控制和不可预料的。因此，必须针对可能出现的不安全因素找到相应的对策，采取一系列措施才能防止和保护以上设备免受破坏，这些主要的措施包括以下几个方面。

1. 设备的安全对策

在网站规划设计阶段就应该充分考虑到网络设备的安全问题。

将一些重要的设备，如各种服务器、主干交换机、路由器等尽量实行集中管理。各种通信线路尽量实行深埋、穿线或架空，并有明显标记，防止无意损坏。对于终端设备，如工作站、小型交换机和其他转接设备要落实到人，进行严格管理。

2. 身份的安全对策

身份的安全对策主要是由电子商务认证中心发放和管理数字证书，作为第三方认证合法性。数字证书是用电子形式来标识集体或者个人在国际互联网上或专用网络的身份，当用户使用他的数字证书对电子化信息进行签名以后，该用户对这份电子信息的内容就具有不可抵赖性或篡改性，如同在工作或生活中用公章或私章对某份文件盖章以后产生的效果一样。以数字证书为核心的加密传输、数字签名、数字领土等安全技术，可以在网络上实现身份的真实性、信息传输的机密性、完整性，从而保障网络应用的安全性。

3. 技术的安全对策

目前，网络安全的技术主要包括杀毒软件、防火墙技术、加密技术、身份验证、存取控制、数据的完整性控制和安全协议等内容。针对网站来说，主要应该采取以下一些技术措施：运用内容过滤器和防火墙。选择合适的网络杀毒软件，有效地防止病毒在网站上的传播。

4. 管理的安全对策

管理的安全对策主要是指在制度管理上的安全对策。管理的安全除了建立起一套严格的安全管理规章制度外，还必须培养具有安全管理意识的网络人员。网络管理人员通过对所有用户设置资源使用权限与口令，有效地保证系统的安全。

网络管理人员还需要建立与维护完整的网络用户数据库，严格对系统日志进行管理，对公共机房管理落实到人，定时对网络系统的安全状况作出评估和审核，关注网络安全动态，调整相关安全设置，进行入侵防范等。数据备份对于服务器中的数据来说是一种保障，通过备份服务器中的数据可以保证在服务器因为某种原因瘫痪时进行数据恢复，而不至于丢失重要的数据。数据备份主要有全盘备份、增量备份、差别备份、按需备份。

【思考题】

1. 文化馆(站)数字化服务的概念及特点是什么？
2. 文化馆(站)数字化服务的内容有哪些？

第六章　文化馆(站)的服务创新

【目标与任务】

通过本章学习，了解文化馆(站)文化服务创新的理念，熟悉文化服务创新的内容和具体方法，掌握文化馆(站)文化服务品牌建设的方法。

第一节　文化馆(站)文化服务创新理念

创新是一个民族进步的灵魂，也是文化馆(站)公共文化服务水平不断提升的不竭动力。公共文化服务创新是文化馆(站)必须面对的历史课题。文化馆(站)人员必须树立强烈的文化服务创新意识，增强公共文化服务创新能力，才能切实保障公众基本文化权益，让公众充分享受文化发展的成果。

一、文化馆(站)文化服务创新概念

(一)文化馆(站)文化服务创新概念

创新的定义，从不同的角度可以得到不同的回答。一般来说，创新是人们发挥主观能动性，运用知识、经验与新的信息，通过观念的调整与转变，进行对人类文明进步有益的新型活动。

文化馆(站)的文化服务创新，就是文化馆(站)人员以强烈的使命感和敬业精神，投身于公共文化服务实践，探索崭新的文化服务方式、文化服务载体、文化服务机制，进行创造性的公共文化服务的活动。

文化馆(站)文化服务创新理念，是文化馆(站)人员以民为本使公共文化服务适应现代社会的要求，克服旧有观念的束缚，以创新性的服务实现文化馆(站)的社会价值和文化价值的内在意识与观念。文化服务创新理念，是文化馆(站)人员打破常规，突破现状，敢为人先，不断超越自己的思维定式。文化服务创新理念，建立在文化馆(站)人员对文化工作的热爱和对公众基本文化权益保障的使命意识基础上。

(二)创新理念对于文化馆(站)公共文化服务的意义

文化馆(站)文化服务的创新，源于创新的理念，创新的思维。只有服务创新理念得以确立，文化馆(站)的公共文化服务创新，才能落到实处，公共文化服务能力才能不断提升。创新理念对于文化馆(站)公共文化服务，无疑具有现实意义。

1. 创新理念对文化馆(站)文化服务创新具有导向作用

文化馆(站)公共文化服务水平的提升，与创新理念有着密切的关联。如果文化馆(站)没有树立工作创新的意识，就不可能有文化创新的实践。创新理念对服务创新的导向作用主要体现在文化馆(站)人员在强烈的创新理念驱使下，根据文化创新的原理，把握公共文化服务创新的发展趋势，综合运用掌握的各类信息，探索公共文化服务创新的途径。创新理念促使人们自觉地从理论创新、机制创新、载体创新、方式创新、管理创新等方面寻找公共文化服务的突破口，实践文化惠民。

2. 创新理念对文化馆(站)文化服务创新具有推动作用

文化馆(站)的工作创新，依赖于文化馆(站)人员的创新理念。试想，若文化馆(站)人员没有创新的意识，根本不可能会有创新的行动。只有具有强烈创新理念的文化馆(站)人员，才能在公共文化服务中，发挥主观能动性，在创新理念的引导下，重新审视文化馆(站)的公共文化服务,针对公共文化服务中存在的不足,以创新的举措提升公共文化服务能力,推动文化馆(站)事业不断发展。

3. 创新理念使文化馆(站)永葆生机和活力

创新是公共文化服务不断发展的前提,如果没有创新意识和创新理念,文化馆(站)工作就会停滞不前。在互联网时代,文化馆(站)如何努力满足公众不断增长的精神文化需求,如何回应这个时代公众对于公共文化服务新的期待?如果仅仅依靠经验开展文化服务,重复以往的文化工作而不思进取,文化馆(站)的服务水平要想取得令人满意的成效,那无疑是痴人说梦。唯有文化馆(站)人员具有强烈的创新理念,深入了解公众的文化需求,充分运用现代科技手段,在公共文化服务机制、载体、方式等方面大力进行创新,文化馆(站)才能永葆生机活力,真正体现文化馆(站)存在的价值,实现公共文化服务的历史使命。

二、文化馆(站)文化服务创新理念

在公共文化服务体系建设的形势下,文化馆(站)要适应信息时代公共文化服务的发展态势,面对公众对公共文化服务的新诉求,必须转变观念,与时俱进,树立文化馆(站)公共文化服务的新理念。

(一)树立新的文化发展理念

新的文化发展观明确提出,要以人为本,经济、政治、文化、社会协调发展,大力推进文化强国建设。在当今时代,文化越来越成为民族凝聚力和创造力的重要源泉,越来越成为综合国力竞争的重要因素。新的文化发展观,对文化馆(站)服务提出了更多、更高、更新的要求,学习运用新的文化发展观,推进文化馆(站)思想观念创新,不断提高文化工作科学化水平,是文化馆(站)服务创新的前提。

(二)树立公共文化服务的理念

公共文化服务,是指以政府部门为主的公共部门提供的、以保障公民的基本文化生活权利为目的、向公民提供公共文化产品与服务的制度和系统的总称。它是指政府公共服务的重要内容,包括公共文化服务设施、资源和服务内容,以及人才、资金、技术和政策保障机制等方面内容。树立公共文化服务的理念,必须按照公共文化服务的原则和要求,重新认识文化馆(站)的性质和功能定位,明确文化馆(站)公共文化服务的基本属性及其在公共文化服务体系内不可替代的社会价值和文化功能,推动文化馆(站)服务模式的转变。

(三)树立开门办馆(站)的理念

文化馆(站)的服务要由封闭型向开放型转变,由依靠自身文化资源服务的系统内小循环转变为利用社会资源进行社会服务的大循环。引导社会文化资源、社会资金投入文化馆(站)的服务,把文化馆(站)打造成为社会公共文化服务的平台。

(四)树立"以群众文化需求为导向"的服务理念

要"以群众文化需求为导向",推动文化馆(站)服务的创新。由于长期受到经济体制思维的影响,不少文化馆(站)习惯于"自上而下"的文化产品供给和服务方式,不是首先考虑公众需要什么样的公共文化服务。建设完善的公共文化服务体系需要打破这种惯性思维模式,要深入到群众中去,真正了解群众的文化需求,建立以需求为导向的文化馆(站)公共文化服务供给模式,有的放矢进行公共文化产品和服务的供给,避免公共文化服务体系建设中的盲目性和低效率。

(五)树立资源共享、联合服务的理念

构成公共文化服务体系的各级文化馆(站)、图书馆、博物馆,

应当是一个服务整体。要树立资源共享、联合服务的理念，推动各级、各类公共文化服务机构的资源共享、联合服务。包括推动各级文化馆(站)之间的资源共享、联合服务；建立文化馆(站)、图书馆、博物馆一体的数字服务网络平台。

大力推动文化馆(站)文化服务创新，文化馆(站)人员要有强烈的文化服务创新理念，以强烈的使命感和文化情怀，要具有文化惠民的高度自觉，使文化馆(站)的公共文化服务惠及更多的公众，让文化如水润泽公众的日常生活。

第二节 文化馆(站)文化服务创新的内容与方法

一、文化馆(站)文化服务的机制创新

(一)机制创新的概念

文化服务机制创新指的是文化馆(站)为提高文化服务质量和文化服务水平，在内部对文化服务部门、文化服务各要素之间进行优化组合，对其公共文化服务运营机制方面所进行的创新活动。文化馆(站)的机制创新包括考核激励机制、服务机制等方面的创新。通过机制创新，可以调动文化馆(站)人员公共文化服务的积极性，增强文化馆(站)的活力，改善文化馆(站)的公共文化服务质量。

(二)机制创新的必要性

文化馆(站)公共文化服务机制创新，是文化馆(站)实现自身文化服务职能的内在需要，是公共文化服务的必然要求。

1. 激发文化干部公共文化服务自觉性的需要

在长期计划经济体制下，一些文化馆(站)存在着工作做多做

少一个样，忙的人忙得要命，闲的人闲得发慌。如何激发文化馆（站）人员的工作积极性，激活他们的文化创造热情和文化工作潜力，这就离不开从文化馆（站）内部管理方面有所作为，不断创新文化馆（站）管理机制，特别是在评价机制、工作机制等方面不断革新，使文化馆（站）人员从要我干，变为我要干，在公共文化服务中体现自己的人生价值和社会价值。

2. 提高文化馆（站）管理水平的需要

文化馆（站）要提升公共文化服务的能力，就必须提升文化队伍的凝聚力和向心力，提升文化团队的整体文化服务能力，在文化馆（站）管理工作中加强机制创新，形成强有力的文化馆（站）团队，向管理要效益，通过卓有成效的管理，在提高文化馆（站）管理水平的同时，提高公共文化服务水平。

3. 增强文化馆（站）生机与活力的需要

文化馆（站）机制创新目的是激发文化馆（站）内部的各种文化资源的有效整合，改变文化馆（站）运行效率比较低的状况，提高文化馆（站）公共文化服务的能力。试想，一个缺少创新意识的文化馆（站），也是缺少活力的文化馆（站）。只有通过机制创新，营造文化创新的良好氛围，使每个文化人员在愉悦的工作环境中发挥各自的工作主动性，在面向公众开展公共文化服务的过程中，展现自己的文化才能和智慧。这样的文化馆（站）工作才会有声有色，不会平平淡淡。

（三）机制创新的举措

文化馆（站）机制创新，目的是提高公共文化服务绩效，最大限度地提升文化馆（站）的公共文化服务水平。

文化馆（站）机制创新的途径是要建立三种机制：动力机制、约束机制、运行机制。动力机制，包括分配机制和激励机制，如一些文化馆实施的岗级动态管理,就是动力机制创新的方法之一。约束机制包括利益约束、监督机制,在文化馆(站)里约束机制运用的是常规方法居多。运行机制包括决策机制、领导机制和组织机制,有些文化馆实施的项目负责人制,就是运行机制创新的实践。

1. 项目负责人制

项目责任人制度是对文化馆(站)每一年度的群众文化活动和有关业务工作进行项目分解,由员工根据自己的实际能力与项目的难度要求选择申请项目,然后由部门和馆部根据申报方案进行评估,并确定项目负责人。一旦成为项目负责人,其所在的部门和相关部门必须按照项目的要求,服从项目负责人的安排,直至项目完成。项目负责人有权提出参与该项目的相关人选,并签订责任书。项目责任人制度充分调动了员工的工作热情和主观能动性,使每个人都能获得最大限度发挥个人才能与作用的机会。

2. 岗级动态管理

文化馆(站)业务干部按其工作职责和年初业务工作目标进行实绩考核,强化业务辅导、示范创作、活动策划中的公益性工作导向;办公室人员的年终考核成绩,则创造性地由各业务部门根据办公室每个岗位人员的服务态度、服务效率和服务质量,实事求是地打分,强化服务导向。根据年度的考核成绩,确定次年的岗位等级及相应的津贴,把工作成绩与岗位定级直接挂钩,激发文化馆(站)干部工作积极性,推动公共文化服务工作深入开展。

3. 评聘分离制

文化馆(站)把职称与岗位聘任实现分离,将岗位、职务的收入和年度考核挂钩,在职称方面实行评聘分离,打破了专业技术职务聘用的终身制,在核定的岗位指标内,按岗位设置的需求和年终考核的结果,采取同职同聘、低职高聘、高职低聘的岗级动态管理方法。一个初级职称的员工,如果其在本年度表现和能力出色,可以从高聘用,享受下一年度现任高职岗位的报酬,确定了以岗定薪、按绩取酬、易岗易薪的分配制度。

二、文化馆(站)文化服务的载体创新

(一)载体创新的概念

载体创新指的是文化馆(站)在开展公共文化服务中,以现代信息技术手段为支撑,建立数字文化馆服务的新平台,以提高服务的质量,扩大服务范围。

在互联网时代,文化馆(站)要强化文化服务载体创新意识,不断拓展文化服务的新手段,为公众提供优质、便捷的文化服务。

(二)载体创新的基本特征

创造性,是公共文化服务载体创新的最主要特征。网络技术、数字技术、新型传媒技术的发展应用,为文化馆(站)服务载体创新提供了强有力的技术支撑,也提出了更高的要求。在互联网时代,文化馆(站)面向公众开展公益性文化服务,其文化服务的载体与文化馆(站)传统的文化服务载体有着显著的差异,在服务载体的创新方面,越来越借助于互联网、数字技术等新兴的传播方式,扩大公共文化服务的范围,具有极为鲜明的时代特点。

实践性。文化馆(站)文化服务的载体创新,是以保障公众基本的文化权益为导向,大力开展丰富多彩的公益性文化服务,使文化馆(站)文化服务的载体创新具有很强的实践性。它往往是在文化惠民的实践中,体现出载体创新的意义和价值,使广大公众利用数字技术、网络平台等载体,共享文化发展成果。

(三)载体创新的举措

文化馆(站)公共文化服务载体创新的举措,主要是借助于现

代网络传播手段，扩大公共文化服务信息的传播，提高文化活动的覆盖面和群众的文化参与度，其主要举措有建立文化服务网站，开展文化博客服务，通过建立群众文化 QQ 群，强化文化团队成员之间的联系，推进公共文化服务不断创新发展。

1. 文化服务网站

文化馆(站)通过建立文化服务网站，加强公共文化信息服务，其文化服务的内容多种多样。为公众提供当地文化馆(站)各类文化活动的实时资讯，鼓励公众参与到文化馆(站)组织的众多文化活动中来，享受公共文化服务。利用文化网站，开展文艺辅导服务，在网站上开设文艺辅导培训方面的视频，进行远程辅导服务，公众只要有可以上网的电脑，就可以随时随地接受文化馆(站)相应的网上文艺辅导。在网站上开展文艺精品欣赏服务，即开设"网上演播厅"、"网上展览馆"等视频栏目，文化馆(站)将历年来本地优秀的群众文化创作作品在网上进行展示，在宣传当地文艺创作成果的同时，使公众便捷地欣赏到优秀的文艺作品。各类文艺培训的网上报名服务，即利用文化馆(站)网站接受公众在网上直接进行报名，免去了公众来文化馆(站)报名的时间成本。此外，文化馆(站)利用网站开展网上文化活动，组织各类网络文艺大赛，发动公众上传自己创作的文艺作品，并参与网络评选活动。

2. 文化博客服务

文化馆(站)运用博客开展公共文化服务，是近些年来公共文化服务载体创新的新举措。无论是博客还是微博，在文化馆(站)公共文化服务中逐渐开始应用，一部分文化馆(站)运用博客和微博开展文化服务，更是得心应手。

文化馆(站)博客的形式适合于进行群众文化艺术知识的普及、群众文艺团队的建设、群众文艺创作表演的辅导等。文化馆(站)适应网络时代公共文化服务发展的要求，开辟官方博客开展公益性文化服务；同时鼓励文化馆（站）人员根据自身的文化特长，开设文化博客。博客要经常更新，积极普及文艺知识，开展文化活动，吸引更多的公众关注和参与到文化活动中来。针对公众文艺方面的需求，文化馆（站）博客可以利用评论、留言及时开展文艺辅导。文化服务博客在一定范围内建立博客圈，与文艺爱好者进行网络互动，效果会更出色。

微博是我国近几年来出现的一种博客的变种，具有短小精悍，平易近人的优势。设立文化馆（站）的微博，有利于文艺演展活动、文艺培训活动等文化信息的提供和传播。具体来说，文化馆（站）微博要主动做好信息服务，根据微博的特点，即时进行动态的文化信息发布，连续对文化活动、文艺培训信息，进行及时更新，扩大文化信息在微博上的传播，吸引广大公众了解文化馆（站）的各类文化服务信息，参与到文化活动中来。文化馆（站）微博可以用来征集当地大型群众文化活动的口号，宣传即将开展的群众文化活动。此外，微博还可以用来征求公众的文化愿望，对文化馆（站）公共文化服务提出具体的要求，便于文化馆（站）提供群众所迫切需要的公共文化服务。

3. 群众文化 QQ 群

文化馆（站）专业人员根据自己文艺专业特长，在当地建立文艺爱好者的 QQ 群，对于加强群众文艺爱好者的日常联系，交流讨论文艺创作、文艺表演等知识，提高群众文化爱好者的文艺创作表演水平，强化文化馆（站）在群众文艺团队建设方面的凝聚力，有着一定的作用。

文化馆（站）人员运用 QQ 群进行群众业余文艺团队建设，是个很有实效的举措。QQ 聊天在网民中普及面较广，文化馆（站）人员在文艺专业方面，在当地一般具有一定的号召力，建立群众业余文艺团队的 QQ 群，在探讨文艺作品创作、交流文化活动信息的同时，不断增进与业余文艺骨干的感情联系，及时在群里进行创作、表演指导，上传优秀作品到"群共享"，互相切磋文艺创作、表演，共同促进群众业余文艺团队健康发展。

三、文化馆（站）文化服务的方式创新

（一）文化服务方式创新的概念

文化服务方式创新是指文化馆（站）在传统的公共文化服务方式的基础上，在服务方式上进行积极的创新和改进，借以提高文化服务质量和文化服务水平，更好地保障公众基本的文化权益。

（二）文化服务方式创新的举措

全国各地文化馆（站）面向公众开展文化服务，不断推出新的文化服务方式，提高公共文化服务绩效，取得了显著的成果。

1. 文化下乡菜单式预约配送服务

群众文化预约配送服务强调的是代表群众需求的基层服务点在所需服务上的自主选择，而这种选择是以群众文化服务菜单的拟定与网上推出为基础的。文化下乡菜单式预约配送服务，一般是以政府采购的方式，面向专业文艺院团和达到一定要求的民营文艺团体进行招标，中标的文艺院团或民营文艺团体提供相关的文艺演出节目单，由代表当地群众文化需求的基层服务点在网上进行预约，在约定的时间下基层进行文艺演出。根据实际演出的场次，各个中标文艺团体结算相关的费用。

文化下乡菜单式预约配送服务，深受基层群众的欢迎，对于改进公共文化服务具有一定的意义。首先，它使得群众文化资源这一公共资源开始透明化；虽然目前这种透明还只是局部的，但是它至少传达了一种态度，就是作为公共服务机构的群文单位对公众知情权的尊重。政府采购的文艺演出情况在网上一目了然，

比如中标的是哪些专业文艺院团或者民营文艺团体，这些文艺团队能提供什么样的文艺演出节目(剧目)，在网上查询哪些文艺团队预约场次多，受群众欢迎等，预约的时候心中有数。作为一种新的群众文化服务模式的核心组成部分，群众文化服务内容的菜单化有着重要的意义。

其次，通过基层服务点对菜单内容的自主选择，形成了对公共文化服务内容的一种筛选机制，使文化下乡服务在内容、形式等方面更加符合公众的意愿。以往的文化下乡(村)服务中，我们的公共文化产品的生产组织者，或多或少存在着替公众决定其文化需求，为公众选择文化产品的主观倾向，其主要原因就是他们对自身文化鉴别能力的过度自信和对公众文化鉴别能力的低估，这种倾向换来的往往是公众对这种文化产品及服务的不买账，最终导致公共资源的浪费。文化下乡预约配送服务，尊重公众的文化选择权，公众可以根据自己的文化需求，选择喜欢的文化节目进行预约，享受公共文化服务。

最后，文化下乡预约配送服务对提供文艺演出的文艺团队提出了更高的要求。菜单式配送服务，将文化选择权交给公众，文艺演出团队必须根据公众的文化需求，改善文化服务，提供公众喜闻乐见的文化演出，使文化下乡演出在内容、形式等方面更加符合公众的意愿。

2. 区域文化联动

区域文化联动打破行政区划的界限，通过广场文艺联演、电影联映、书画联展等，将原本分散于各镇、村的文化资源攒成一团。通过互助互演，原本没法运作的文化活动成为现实；通过巡演，原本高昂的公共文化成本得以降低。在联动的节目上，多注重创作"贴近群众"的文艺作品。在联动的目的上，始终坚持"双服务"的宗旨，把公共文化服务的触角延伸到农村的最基层，把舞台搭在社区、自然村、街道，把节目送到广大农民和外来务工人员的家门口，体现出区域文化联动的公益性、基本性、均等性、便利性。

区域文化联动项目作为平台，将文化系统内外的各种资源进行有效的整合，使行业外资金、人才等资源参与公共文化服务体系建设，体现了公共文化服务"政府主导、企业赞助、乡镇投入、社会参与"的多元化运作方式。

区域文化联动，除了各镇之间的文化联动，还可以在一定的地域范围内进行拓展，如长江三角洲区域、京杭大运河区域等进行联动，形成交流文化资源、提升文化品质、扩大文化活动的社会影响，丰富公众的文化生活。

3. 文化志愿者服务

文化志愿者服务是各地纷纷开展的公共文化服务方式创新举措，目的是充分发挥社会文化人才的文艺才能，弘扬志愿服务的社会风尚，推动公共文化服务的公众参与，促进公共文化服务深入发展。各地的文化志愿者服务各有特点，从多方位进行探索创新，取得了丰富的实践经验。一般来说，文化馆(站)成立文化志愿者服务中心，形成了文化志愿者队伍和相应的管理体系，广泛吸纳各行各业的文化志愿者队伍，大力发展文化志愿者及文化志愿者团队，开展了一系列公共文化服务。文化馆(站)文化志愿者服务主要的做法有如下几个方面。

文化馆(站)志愿者服务项目推介。文化馆(站)的文化志愿者服务项目，包含艺术培训辅导、文艺演出、艺术讲座、创作笔会、大型文化活动保障、展览展示等几个大类。通过服务项目推介宣传，发动热爱公益文化事业人士参与到文化志愿者服务中来，通过相对应的服务项目，服务社会，服务公众。

招募文化志愿者。文化馆(站)通过多种信息渠道，发布文化志愿者招募信息，吸引各类热心文化馆(站)事业的人员，特别是有文化艺术专长的人员，参加文化馆（站）的公益性服务，建立文化志愿者团队，有条件的可成立文化志愿者服务中心，进行统一管理和服务。

文化志愿者培训。在招募文化志愿者后，文化馆（站）要及时组织培训，向文化志愿者进行志愿精神、志愿者的权利和义务、文化志愿者服务项目，以及文艺专业知识的培训，从思想上和文艺业务上进一步提高文化志愿者的素质。

要建立文化志愿者管理服务制度。制定文化志愿者章程，建立、健全文化志愿者管理与服务制度，通过制度进行有效的管理，不断推进文化志愿者工作的规范化和制度化，促进文化志愿者服务的长效发展。

开展经常性的文化志愿活动。文化馆（站）要加强与文化志愿者的联系，一方面，组织文化志愿者参与文化馆（站）各类公共文化服务活动，发挥文化志愿者的志愿热情与文艺技能，为当地公众带来实实在在的文化服务；另一方面，必须定期召开文化志愿者座谈会等活动，倾听文化志愿者的意见和建议，解决文化志愿者服务过程中出现的问题，不断增强文化志愿者团队的凝聚力。对文化志愿者的动人事迹大力宣传，弘扬志愿服务精神。

4. 文化绿卡服务

文化绿卡是沿海经济发达地区文化部门向外来务工者发放，旨在让外来务工者共建当地文化资源的一种服务。最初的文化绿卡服务，是外来务工者凭文化绿卡可以免费借阅当地图书馆的图书，参观当地博物馆，参加当地文化体育部门组织的文化、体育及音乐等各项培训，甚至观看一定数量的电影等。在文化馆（站）推进免费开放过程中，文化绿卡服务主要体现在公共文化服务信息的提供、公共文化服务场所的指引，以及凭文化绿卡可以享受当地书店购书时的优惠折扣等。

杭州市文化馆"群众文化集约化一体化运行机制"

2008 年杭州市文化馆推出"群众文化集约化一体化运行机制"，增强全市各级群众文化机构的协调配合，加强全市群众文化资源要素的合理配置和资源的整合利用，形成三级联动、区域共建、运转有序、服务高效的群众文化工作组织运行机制，具体做法如下。

以平台创建促群众文化服务资源整合。杭州市文化馆创建的杭州群众文化网和 13 个区县（市）子网站构成的杭州群众文化网络平台，具有信息服务和文化配送两大功能，让人们足不出户就能了解全市的群众文化、公共文化信息资源，包括演出信息等。网站通过整合全市群众文化服务资源，设立了配送服务平台，每年200 多场由政府采购，由群众文化机构实施的各类文艺演出，以及全市文艺培训辅导服务内容，接受基层群众的点击预约，从而实现了群众文化机构与市民群众的文化服务供需对接。

以评级管理体系为平台，促进业余文化团队资源的整合。杭州有数千支业余群众文化团队。杭州市确立了全市群众文化团队评级制度，每两年评定一次，评为"示范团队"的队伍，市文化广播新闻出版局给予一定的资金补助，杭州市文化馆在业务上给予重点辅导。

以资源整合促群众文化运行方式转变。杭州市群众文化格局已从"小、散、杂"向"大整合、大利用"转变。网络服务平台、业余文化团队评级管理平台、群众文化人才资源、创作资源整合平台的创建运作，改变了过去群众文化画地为牢、各自为政的格局，确立了群众文化集约化，一体化发展的态势。

通过实施"群众文化集约化一体化运行机制"，杭州群众文化机构活力明显增强，各级群众文化机构的业务水平、服务意识和服务能力进一步提升，城市文化品位和市民文化生活品质不断提升。

第三节　文化馆(站)文化服务品牌建设

　　群众文化品牌是群众文化发展中形成的产物。群众文化品牌建设是群众文化的内在要求，是满足群众不断增长的精神文化需求，扩大群众文化工作社会影响，推进文化发展与繁荣的需要。研究群众文化品牌的特征、形成机制、价值指向，廓清群众文化品牌建设的误区，有着积极的现实意义和研究价值。

一、文化馆(站)文化服务品牌的概念及特征

(一)文化服务品牌的概念

　　文化服务品牌是指文化馆(站)在多年的公共文化服务实践中，形成的具有一定社会知名度、群众参与度、公众美誉度的文化服务工作或者文化服务项目。文化服务品牌一般有着广泛的群众基础、民俗特色、时代特征。文化服务品牌往往具有一定的创新性和推广的价值。

(二)文化服务品牌的特征

1. 知名度

　　知名度是文化服务品牌的首要特征，它是指被社会公众认知的程度，反映的是文化服务品牌其社会影响的广度与深度。

　　文化馆(站)文化服务品牌，不是通过媒体上铺天盖地的广告宣传提升其知名度。文化服务品牌的知名度更多地源于文化馆(站)群众文化活动的策划创意、群众文化团队特色、群众文化服务工作的创新等，在文化惠民的实践中产生广泛而持久的社会影响。

2. 美誉度

知名度并不完全等同于美誉度。作为公益性的文化服务品牌，美誉度是它人文价值的重要体现。美誉度指的是文化馆（站）的文化服务品牌在社会公众中获得的接纳和好评的程度，它是衡量文化服务品牌质量的评价指标，反映了社会公众对文化服务品牌的主观感受。"金杯银杯不如老百姓口碑，金奖银奖不如老百姓夸奖。"群众的满意度是评价文化服务品牌的重要标尺。美誉度也包括对文化服务品牌的创新方式、创新载体等的社会肯定性评价。

3. 参与度

参与度是文化服务品牌的另一个鲜明特征，是群众文化本质属性在文化品牌中的体现，指的是群众作为主体在文化服务品牌建设中的参与面与参与的深入程度。群众参与度既是评价公共文化服务的核心指标，也是群众对文化品牌衡量的核心指标。社会公众是文化服务品牌建设的主体，又是文化服务品牌的直接受益群体，离开社会公众的广泛参与，要想形成文化服务品牌无疑是空中楼阁，痴人说梦。

二、文化馆（站）文化服务品牌的打造

（一）文化馆（站）文化服务品牌打造的原则

1. 科学性原则

文化馆（站）文化服务品牌的打造不是盲目的，坚决避免凭个别领导的主观意志推出违背公共文化服务规律的举措，只求一时的轰动效应。打造公共文化服务品牌，必须关注群众的文化需求，遵循公共文化服务的规律，用科学的理论与方法，不断探索创新公共文化服务的方式与载体，切实保障公众的基本文化权益。科学性原则是公共文化服务品牌建设的重要原则。

2. 个性化原则

公共文化服务品牌建设中，文化馆(站)要根据当地的文化资源、文化优势，因地制宜，打造着具有个性化的文化服务品牌，避免千人一面，突出个性特点。坚持个性化的原则，就要在文化服务品牌打造中，通过互联网等载体，及时了解全国各地公共文化服务品牌建设的最新动态，借鉴吸引其他文化馆(站)文化服务品牌建设的长处，不断寻找文化服务创新的突破口，推出既具有个性化、又有普遍推广和借鉴意义的公共文化服务，并使之形成富有影响的文化品牌。

3. 全面性原则

文化馆(站)文化服务品牌策划、打造，要综观全局，关注公共文化服务最新理论成果，关注公众文化需求，关注现代科学技术能为公共文化服务带来的有益影响，关注其他文化馆(站)文化服务创新的最新成果，对文化服务品牌进行准确定位。在此基础上，必须对文化服务品牌的打造，有比较长远的建设规划，做到在文化服务品牌建设的每个阶段，有工作亮点，有宣传策划，有一定的社会影响。

4. 持之以恒的原则

文化馆(站)文化服务品牌的打造，不是一年半载就能完成的，而是一项长期的工作。这就要求文化馆(站)人员树立长远的观念，认真做好文化服务品牌打造的规划，有计划、有步骤，持之以恒地推进文化服务品牌的打造。通过多年的文化服务实践，不断完善公共文化服务品牌，使之在多年积淀的基础上，成为既有美誉度又有知名度和公众参与度的文化品牌。

(二)文化馆(站)文化服务品牌打造的要点

必须关注公众的文化需求。文化馆(站)文化服务品牌的打造，其出发点和落脚点都是为了丰富公众的业余文化生活，保障公众的基本文化权益。公共文化服务品牌的打造，重要的是充分了解公众的文化需求，强化公共文化服务的针对性和有效性。只有建立在满足公众文化需求上的文化服务品牌，才有文化价值和实践意义。

必须立足当地的文化资源。在文化服务品牌打造中，文化馆（站）要运用差异性的策略，强化公共文化服务品牌的个性，合理地根据当地的人文资源和文化优势，进行准确的品牌定位，使文化服务品牌具有鲜明的地域特色、创新特色。

必须创新文化的品牌策划。公共文化服务品牌的打造，离不开富有创意的品牌策划，必须同中求异，运用科学的创新方法，对文化服务品牌进行策划，使之具有一定的创新性、实践性，具有普遍的推广和借鉴意义。

必须拥有强大的执行能力。文化服务品牌的打造，光有好的品牌策划，是远远不够的，还需要在具体的公共文化服务实践中，有计划地将文化服务品牌策划付诸实施，为公众带来实实在在的文化服务和文化享受。好的品牌策划，只有落实在文化服务的实践中，才能真正发挥文化品牌的作用。

必须开展有效的媒体宣传。文化服务品牌是与知名度、美誉度密切相关，知名度和美誉度除了直接来自公众的文化服务体验，离不开新闻媒体的报道宣传。文化馆（站）要在文化服务品牌打造中，树立宣传意识，将富有创新的文化服务实践，通过新闻媒体的宣传报道，让更多的公众熟知，不断提升文化服务品牌的社会知名度。

（三）文化馆（站）文化服务品牌打造的方法

1. 文化服务品牌科学命名

优秀的文化服务品牌，要重视品牌的命名，既要容易识别，又要个性化；既要有创意，还要朗朗上口，通俗易懂，易于传播。这就是衡量服务品牌名称是否科学、合理的标准。

2. 制定文化服务品牌的战略

文化馆(站)在文化工作规划中，必须为文化服务品牌设定科学、合理的目标，然后根据规划和目标将文化馆(站)文化资源进行聚焦，持之以恒，朝着文化服务品牌打造的方向进行努力。

3. 确定文化服务品牌的定位

既要根据当地的人文资源和地域特色，又要充分考虑到公众的文化需求，确定文化馆(站)文化服务品牌的内容、特点，以及在群众中预期建立的良好影响。

4. 强化文化服务品牌的个性

指的是文化服务品牌要具有鲜明的公共文化服务个性特点，这些个性或者体现在地方文化特色上，或者体现在文化服务品牌的创新方式和载体上。文化服务品牌打造的差异化策略，目的是为了突显文化服务品牌的个性。品牌个性的差异化，有助于提高公共文化服务品牌的认知度。

5. 提升文化服务品牌的价值

文化馆(站)通过品牌化的文化服务，激发公众的文化参与热情，吸引公众的广泛参与，实现群众的文化参与和共享，保障群众基本的文化权益，体现公共文化服务的终极价值。

6. 树立文化服务品牌的形象

指的是当地群众对于文化馆(站)文化服务品牌的认知，一方面是基于群众参与和享受文化服务等途径；另一方面是基于新闻媒体的宣传，使公众对文化馆(站)的公共文化服务品牌，有一个感性的认识和良好的评价。

三、文化馆(站)文化服务品牌的推广

(一)文化服务品牌推广及其意义

1. 文化馆(站)文化服务品牌推广的概念

文化服务品牌推广，是文化馆(站)塑造自身的社会文化公益形象和文化服务品牌，使广大公众广泛认同的系列活动及其过程。文化馆(站)在文化服务品牌建设过程中，要重视文化服务品牌的推广，让具有创新意义的公共文化服务品牌，深入人心，成为当地文化馆(站)的文化名片。

2. 文化馆(站)文化服务品牌推广的意义

通过品牌推广，提高文化服务品牌在社会上的知名度、美誉度，提升文化馆(站)良好的社会形象，使人们一提起文化馆(站)，就马上联想起文化服务品牌；一提起文化服务品牌，就立即会联想到文化馆(站)，不断提升文化馆(站)文化服务的社会声誉。

通过品牌推广，提高文化馆(站)在文化系统内的知名度和影响力，通过组织举办经验交流会等形式，促进文化服务经验的推广，提高文化馆(站)公共文化服务水平。

通过品牌推广，更好地服务于社会公众。文化品牌的推广，提高公共文化服务绩效，保障公众基本的文化权益，切实通过公共文化服务，丰富公众的业余文化生活，提升公众的文化生活满意度。

(二)文化服务品牌推广的方法

1. 经验交流会

经验交流会是文化馆(站)文化服务品牌推广的途径之一。经验交流会的种类有：文化行政部门组织的专题经验交流会，文化馆(站)的任务是争取机会，参与交流经验；由文化馆组织文化服

务品牌建设的经验交流会，可安排本区域所有的文化馆（站）参加，以推广文化服务典型的经验和做法。

文化馆（站）组织的经验交流会，其组织工作主要涉及会前准备、会场布置、会议程序安排等方面的内容。

（1）会前准备。经验交流会的会前准备工作主要是制订会议方案，撰写所要交流的文化服务品牌经验，领导讲话稿的拟写，拟定并印发经验交流会的通知，同时向新闻媒体发出邀请。

制订会议方案。主要是拟定经验交流会的目的，确定经验交流会的时间、地点，以及参加文化服务品牌交流的文化馆（站）人员；测算经验交流会的具体开支；确定会议邀请的领导和新闻媒体；制定经验交流会的主要内容与日程安排；还要确定会议前后的工作小组及其人员分工。

经验材料写作。作为经验交流会上要交流的材料，文化服务品牌建设的做法、经验与启示是最重要的文字材料，要组织人员认真地梳理文化服务品牌发展的进程，介绍文化服务品牌的具体做法与特点，提炼出公共文化服务品牌的建设经验。经验材料写作必须在规定的时间里完成，并打印装订成册。

领导讲稿拟写。尽管不少领导在经验交流会上讲话完全可以抛开稿子侃侃而谈，但一般还是应该在会前，拟定一份讲话稿以供参考。讲话稿要求有几个方面的内容，既要对这次交流会上要介绍和推广的文化服务品牌内容进行简明扼要的介绍，指出这一文化服务品牌（或这些文化服务品牌）的创新价值和推广意义，同时对文化服务品牌的推广进行原则性的要求。讲话稿还要结合当前的宏观形势，包括文化工作形势进行写作，使之具有鲜明的时代特点。

会议通知拟发。在确定经验交流会方案，经费有保障的情况下，拟写会议通知，寄发给相关的文化馆（站），送达到上级部门包括文化行政主管部门等。会议通知的内容通常要有会议的时间、地点、会议内容、日程安排、与会人员及数量，以及食宿安排等事项。

新闻媒体邀请。作为公共文化服务品牌的经验交流会，要邀请新闻媒体进行现场采访，并提供相应的文化服务品牌的资料，包括文化服务品牌的经典故事，通过新闻媒体进行宣传报道，扩大文化服务品牌的社会影响。新闻媒体的邀请，一般是当地有影响或相关的综合性报纸、电视和网站。

（2）会场布置。经验交流会的会场内外，必须进行适当的布置，会场外醒目的地方悬挂横幅，会场里悬挂横幅，主席台上布置鲜花等。

会议坐席安排。主席台上摆放好坐席签，明确到会领导的坐席。此外还要安排好嘉宾席、记者席，确定其他与会人员的座位安排。根据会议与会人员的情况，灵活安排会场的座位，既可以通常的会议座位安排，也可以围成一圈便于经验交流和探讨。

音响投影布置。根据会议的需要，安装好相应的音响设备，投影幕布尽量不要挡住会议主题横幅。

（3）会议程序。经验交流会的会议程序，相对比较简单，一般有以下几个方面程序。

主持人介绍领导和嘉宾。当与会人员和领导、嘉宾分别入座，主持人宣布会议开始，介绍台上就座的各位领导和嘉宾。

领导讲话。在这类会议上，安排领导讲话；如果是在基层召开的经验交流会，要安排当地领导致欢迎辞，然后请出席会议的领导讲话。

经验交流。如果是文化馆（站）某个文化服务品牌的经验交流和推广，就安排文化馆（站）代表作经验交流；如果是多个文化服务品牌的交流，就按一定的顺序进行介绍。

专家发言。安排对文化服务品牌有一定研究，又熟悉当地文化服务品牌的专家进行发言，指出会议上交流的这些文化服务品牌的特点、创新价值和推广意义等。

会议总结。一般由与会的领导作总结，肯定文化服务品牌建设的成绩，同时对文化服务品牌的推广，提出相应的要求。

2. 网络推广

（1）网络推广的概念。网络推广是通过互联网这一载体，运用各种网络推广方式，对文化馆（站）公共文化服务、文化服务品牌进行一定的宣传和推广。在互联网时代，文化馆（站）在文化服务品牌建设中，要切实重视网上推广工作，扩大文化服务品牌的网络传播，提升文化服务品牌的社会影响，使文化服务品牌广为人知。

（2）文化馆（站）文化服务品牌的网络推广方法主要有信息发布推广方法、资源合作推广方法等。

信息发布推广方法。文化馆（站）的网站为文化服务品牌的推广提供了有效的宣传推广平台。要借助文化馆（站）的网站平台将文化馆（站）文化服务品牌的信息发布到网站上，利用公众在这些网站获取信息的机会，实现网站推广的目的。如果文化服务品牌在当地具有一定的影响力，有广泛的群众参与度，这些与文化服务品牌相关的信息，是公众所乐于知道的，有利于文化服务品牌的社会推广。网站上的信息发布推广，要求信息及时更新又要图文并茂，吸引眼球。文化馆（站）的文化服务品牌如果内容丰富的话，在文化馆（站）网站上开设专题发布文化服务品牌的相关服务动态、感人的故事、精彩的照片，会使人们对文化馆（站）的文化服务品牌有全面的认识。

资源合作推广有两种方法，一种是通过文化馆（站）网站之间交换链接的形式，在群众文化网站之间实现互相推广的目的，扩大文化馆(站)网站的访问量和点击率,实现资源共享,起到宣传、推广文化服务品牌,使之为更多的公众所了解和熟知,这是比较常见的资源合作推广方法。另一种是文化馆(站)网站与文化系统外的其他网站开展合作的方法,如文化馆(站)与当地有影响的报社合作开展某个文化服务品牌活动,在两家网站分别开设专题,方便公众上传文艺作品,或者进行网络投票,扩大该项文化服务品牌的群众参与和社会影响。

3. 新闻推广

(1)新闻推广的概念。新闻推广指的是在文化服务品牌的推广中,借助于新闻媒体的力量,进行有效地宣传报道,扩大文化馆(站)文化服务品牌的社会影响,增强文化服务品牌在群众文化行业内的传播和推广。文化馆(站)在文化服务品牌宣传推广中,必须加强与新闻媒体的联系,把握宣传的时机,把文化馆(站)公共文化服务的信息及时进行宣传报道,重点做好文化服务品牌的宣传推广,塑造文化馆(站)良好的公益性形象。

(2)新闻推广的原则。文化馆(站)文化服务品牌推广,要从新闻宣传的视角,根据当时、当地的新闻热点,挖掘文化服务品牌的亮点、特色,以获得新闻媒体的强烈兴趣,从而扩大文化服务品牌的社会影响。与一般的新闻策划相似,文化馆(站)文化服务品牌推广有以下几个原则。

①真实性原则,真实是新闻的生命,也是文化馆(站)文化服务品牌新闻推广的要求,否则弄巧成拙,贻笑大方。真实性原则要求文化服务品牌新闻推广中要别具匠心,策划文化服务品牌的新闻点,既真实生动地体现文化服务品牌的特点,又是新闻媒体和读者感兴趣的热点,使文化服务品牌在新闻推广中体现自身的新闻价值。

②系统性原则,又称整体性原则,要求文化服务品牌的新闻

推广要把整个文化服务品牌建设作为一个整体系统地进行策划和宣传。系统性原则在文化服务品牌新闻推广中，要求把握文化服务品牌各个不同阶段的特点和内容，发掘新闻点，进行系列的新闻宣传，进一步扩大文化服务品牌的社会影响。

③独特性原则，要求文化服务品牌的新闻推广中必须有广阔的文化视野，善于抓住热点话题，把握有新意的细节，同中求异，使文化服务品牌富有一定的个性，引起新闻界的注意，引起读者的普遍关注，提高新闻的点击率。

④及时性原则，文化服务品牌推广要遵循新闻宣传的规律，把握新闻宣传的时机，及时进行宣传报道以期产生良好的新闻效应，扩大文化服务品牌的社会影响。及时性原则还体现在文化服务品牌新闻推广中要根据不同新闻媒体的特点，在不同时间在不同的媒体上进行宣传推广。

（3）新闻媒体的选择策略，选择新闻媒体要充分考虑到文化服务品牌的特点、社会影响、新闻价值等因素；如果该文化服务品牌有巨大的新闻价值，那么可以选择更多、更有影响的新闻媒体。一般来说，不管是哪种类型的文化服务品牌，新闻媒体的选择策略有以下几种。

①立体化策略指的是新闻媒体选择中，根据文化服务品牌的特点和新闻价值大小，同时选择互联网媒体、新闻类报纸、文化类报纸、文化刊物、电视等媒体，进行立体性的宣传，营造公共文化服务良好的舆论氛围，扩大文化服务品牌的社会影响。多种媒体同时播发新闻，一般比单一的新闻媒体宣传能产生更好的效果，现在多采用立体化的宣传策略。

②差异化策略指的是新闻媒体选择中，根据文化服务品牌的亮点和新闻价值，采用突出重点的方法，并不是向所有的媒体发新闻通稿，邀请各种新闻媒体进行采访，而是在确定新闻价值的

前提下，事先与个别相关的新闻媒体进行联系，预先做好深度的调查采访，以半版、整版等较大的篇幅进行大规模宣传报道。

这里说的差异化策略，首先是群众文化活动本身具有的新闻价值；其次选择最合适的媒体进行宣传报道，要根据这些新闻报刊、互联网等不同的宣传特点，有的放矢进行新闻推广。

（4）新闻推广的技巧。文化服务品牌打造中，提倡新闻策划的提前介入，充分考虑到新闻宣传的要求，重视文化服务品牌的新闻推广策划。一个好点子，一个好创意，会使文化服务品牌宣传水到渠成，又让文化记者眼睛一亮，妙笔生花。

①策划"新闻点"，文化服务品牌的新闻推广需要敏锐的新闻感觉。所谓的"新闻点"，是指能吸引媒体记者和读者关注的新闻亮点。精心策划文化服务品牌的"新闻点"，是文化服务品牌新闻推广中必须重视的技巧之一。精心设计"新闻点"，就要在文化服务品牌策划过程中关心社会热点话题，对文化服务品牌的发展趋势有敏锐的感觉。只要文化服务品牌与社会热点话题具有一定的关联度，并且显示出文化的价值、文化的力量，自然会成为吸引人眼球的"新闻点"。

②寻找闪光点，在新闻推广策划中，寻找闪光点是一种常见的方法。寻找闪光点，是指在同一类型的文化服务品牌中，要善于发现独特之处，发现文化服务品牌的新闻亮点，深入发掘。这在文化服务品牌策划阶段就要高度重视，在新闻推广中更是取胜的窍门。寻找闪光点，才能在同类型的文化服务品牌中脱颖而出，受到新闻媒体和读者朋友的关注。

③借助制高点，文化服务品牌的新闻推广要善于谋势、借势，借助重大文化事件、重要新闻媒体有效宣传文化服务品牌，扩大文化馆（站）文化服务品牌的社会影响。

文化服务品牌新闻推广中的借助制高点，首先是借助重大文化事件、重大节庆等，产生登高一呼的效果。因为重大的文化事件或者重大节庆自然成为新闻媒体记者眼里的热点，当文化服务品牌与热点新闻有效链接，文化服务品牌的新闻推广就会取得良好的宣传效果。其次是占领新闻媒体制高点。新闻媒体制高点是指《中国文化报》、《人民日报》、《南方周末》、新华社、中央电视台等国内有影响的新闻媒体。根据文化服务品牌的亮点和新闻价值，做好新闻推广策划；及时向新闻媒体传递有价值的文化活动信息，邀请国内重要的新闻媒体宣传报道，扩大文化服务品牌的社会影响。

【思考题】

1. 文化馆(站)文化服务创新的意义是什么？

2. 文化服务创新的内容和具体方法有哪些？

3. 结合实际，谈谈如何因地制宜打造文化服务品牌建设？

第七章　文化馆(站)管理(上)

【目标与任务】

通过本章学习，了解文化馆(站)管理的概念及内容，熟悉文化馆(站)人员管理的主要内容，掌握文化馆(站)的计划管理方法，熟悉文化馆(站)的管理制度，增强对文化馆(站)管理重要性的认识。

第一节　文化馆(站)管理与管理者

每个组织都需要有管理者，没有管理的组织就形同虚设。管理水平的高低直接影响着工作效率。文化馆(站)富有成效地组织开展公共文化服务，体现自身的各项工作职能，必须进行有效地管理。

一、文化馆(站)管理

1. 管理的概念

管理，简单地说就是管人与理事。具体来说，管理是指在组织中，通过计划、组织、领导和控制等职能活动，对以人为中心的组织资源进行协调，以有效的方式实现组织目标的过程。

2. 文化馆(站)管理

文化馆(站)管理是指文化馆(站)管理者遵循群众文化工作的规律，通过有效的计划、组织、领导和控制馆(站)人员及馆(站)组织的行为，以期使文化馆、文化站各项文化工作和谐有序、持续高效进行的社会行为。通过有效的管理，实现文化惠民，最大限度地保障公民的基本文化权益。

文化馆(站)管理就是要协调全体文化馆(站)干部，激发他们的工作热情，积极参与到公共文化服务中去，有计划地组织开展文化艺术活动、文艺培训、文化工作指导等，使文化馆(站)作为公益性的文化事业单位，充分体现自己的公益性文化服务职能。

二、文化馆(站)的管理者

(一)文化馆(站)管理者的概念

1. 管理者

在组织内部成员，根据其在组织中的地位和作用不同，一般可以分为两类，即管理者和专业人员。管理者就是具有职位和相应权力的人，在组织内部行使管理职能、从事管理工作，负有领导和指挥下属去完成组织任务的成员。管理者的素质在管理活动和实现组织目标中，起着重要的作用。

2. 文化馆(站)管理者

文化馆(站)的管理者是指在文化馆(站)工作运行中，负责行使管理职能、从事管理工作，并负有领导和指挥下属完成既定工作目标职责的文化馆(站)的馆长、站长。

若将文化馆的管理者进行分类，可以分为馆部领导成员和中层干部，馆部领导成员包括馆长、副馆长等，中层干部主要是各个部门的主任。

文化馆(站)的管理者，要带领文化馆(站)干部职工，积极完成文化馆(站)各项工作任务，履行文化惠民的职责，必须有效地搜集、整理文化工作信息，根据当地文化馆(站)工作实际，进行科学决策，建立起行之有效的管理制度。同时，在组织内部进行有效的沟通，组织协调文化专业人员和职工，高效率地完成文化馆(站)的工作目标。

(二)文化馆(站)管理者的管理内容

文化馆(站)的管理者，要把握公共文化服务发展趋势，根据文化馆(站)自身的特点，进行科学管理。管理内容主要有以下几个方面。

计划管理。文化馆(站)的管理者，要科学地制定文化馆(站)的发展规划和年度计划，明确文化馆(站)的优势，充分运用当地的文化资源，打造富有特色的公共文化品牌，将全年的工作任务，有序地进行安排和落实，使文化馆(站)的每个成员都心中有数，文化工作忙而不乱，有条不紊，顺利达成各项工作目标。

组织管理。建立适合文化馆(站)工作实际的管理机制；确立有效的组织架构，制定各类管理规范，做好日常文化工作的管理。要通过制度进行管理，使每个成员都能通过制度来指引和规范自己的工作行为，从而发挥文化馆(站)的整体作用。

人员管理。要做好文化馆(站)成员的激励、配备、培训和奖惩，发挥文化馆(站)人员的工作积极性和能动性，提升公共文化服务水平，切实保障当地群众的基本文化权益。

财务管理。作为管理者要熟悉文化馆(站)的财务管理，熟悉财务方面的各项规定，加强收支两条线管理力度，规范专项资金管理，提升财务管理绩效。

三、文化馆(站)管理中的激励

调动每个成员的工作积极性，是文化馆(站)管理者一项十分重要的任务。除了进行日常的沟通，要运用科学的激励方法激发文化馆(站)成员以主动的工作姿态投身于公共文化服务中去。

（一）文化馆（站）管理中的激励

1. 激励的概念

在现代管理中，激励是指通过一定的方法，使组织内部成员的需要和愿望得到满足，以调动他们的工作积极性，使其主动而自发地把个人的潜能发挥出来，确保组织达成既定的目标。

2. 文化馆（站）管理中的激励

文化馆（站）管理中的激励，是指管理者在文化馆（站）管理实践中，激发和鼓励所在文化馆（站）的专业人员与职工，朝着本单位所期望的文化工作目标，使之表现出积极主动、不断进取的工作行为的管理方法和手段。一般来说，激励的水平越高，完成目标的努力程度和满意感也越强，取得的工作效能也越高。

在文化馆（站）管理中，运用激励手段，最终在实现文化馆（站）预期目标的同时，实现文化馆（站）业务干部和职工的个体目标。文化馆（站）的预期目标，与文化干部的个体目标，在客观上是一致的。

对于文化馆（站）的管理者来说，激励既是进行管理的重要手段，又是一种领导方法和领导艺术。优秀的文化馆（站）长应该以正面激励为主，将物质激励和精神激励相结合，讲求激励的效果。

（二）激励的作用与原则

1. 文化馆（站）管理中激励的作用

在文化馆（站）管理中，管理者科学地使用激励方法对于推进文化馆（站）公共文化服务将起到显著的成效。

首先，激励可以充分调动文化专业人员与职工的工作积极性，激发其潜在文化创造能力和文化服务能力。每个文化馆（站）干部在文艺创作、文艺辅导和其他公共文化服务方面，有着巨大的潜力，唯有管理者充分调动他们的工作热情，积极主动、心情舒畅地从事公共文化服务，在文化馆(站)工作目标达成的同时，实现他们自身的价值。

其次，激励有助于增强文化馆(站)的凝聚力，促进文化馆(站)特别是文化馆内部各组织部分的工作协调。公平、公正和公开透明的激励方法，将营造良好的文化馆(站)工作氛围，大家在透明公正的环境中，为了完成文化馆(站)的工作目标，心往一处想，劲往一处使，团结奋进。

再次，激励有助于文化馆(站)吸引优秀的文化业务人才，投身于公共文化服务事业中来。公平、公正的激励手段，积极进取的精神姿态，和谐相处的工作环境，对于优秀文化人才来说，具有较强的吸引力，吸引他们走进文化馆(站)，成为文化干部的一员，用智慧和才能服务公众。

最后，激励有助于将文化馆(站)的文化专业人员与职工的个人目标，导向文化馆(站)组织目标的轨道。在文化馆(站)管理中，通过正激励、负激励(批评)，使文化专业人员与职工明确文化馆(站)的工作职责与工作目标，不至于偏离文化馆(站)的工作规划与年度的工作目标。

2. 文化馆(站)管理中激励的原则

在文化馆(站)管理实践中，不能滥用激励手段。激励要产生效果，一定要注意以下几个原则。

公开、公平、公正的原则。公开就是指文化馆(站)管理中，激励的程序要做到公开，让每个人都了解；公平就是每个文化专业干部和职工都有平等得到激励的机会；公正就是文化馆(站)实施奖惩中，奖惩的程度与他们的文化工作好坏程度相一致。只有这样，激励才有令人信服的力量，才能起到应有的效果。

物质激励与精神激励相结合的原则。每个人既有物质利益的需求，也有精神层面的需求。物质利益体现在经济方面的收益，精神层面的需求体现在获得荣誉、评上专业职称、在文化馆(站)内外获得人们的认可等。在文化馆(站)管理中,运用激励手段,要将物质激励与精神激励相结合,以达到最佳的激励效果。

正激励与负激励相结合的原则。所谓正激励,就是正面的赞扬、肯定和奖励,用来鼓励正确的行为;负激励是指批评等方法,用来阻止不正确的行为。文化馆(站)管理工作中,要将正激励和负激励有机结合起来运用,从两个不同的角度,引导和激励文化馆(站)专业干部和职工,朝着达成文化工作的目标进行努力。在文化馆(站)管理者运用激励手段时,要注意以正面的激励为主,负激励为辅,两者有机结合,及时运用。

在上述三个激励原则中,最重要、最核心的激励原则就是公开、公正、公平原则。在文化馆(站)管理实践中,只有确保所有的激励都是公正、公平、公开,对所有人一视同仁,才能让文化馆(站)人员在激励中焕发出精神,发挥自己文艺方面的巨大潜能。

(三)文化馆(站)常用的激励方法

文化馆(站)管理者要调动文化业务干部和职工的工作积极性、创造性,取决于是否科学地使用激励方法,激发人们以饱满的工作热情、敬业的工作态度,心情愉悦地从事公共文化服务。文化馆(站)管理者常用的激励方法,归纳起来主要有五类。

需要激励。从文化馆(站)文化专业人员的需要出发,建立有效的激励机制,通过年度考核等方式,进行物质奖励和精神激励。运用需要激励,关键是要针对不同的对象与其不同的需要,进行激励以及有目的的地引导他们的需要。

目标激励。目标激励就是确定文化馆(站)积极、适度、清晰的工作目标,引导和激发文化专业人员和职工的文化创作、文化服务的动机与行为,达到调动工作积极性的目的。在目标考核和评价中,定性、定量、定级,从德、能、勤、绩等方面按标准进行综合评估,实施奖罚。

授权激励。授权激励是指文化馆(站)的管理者,授予优秀的文化专业人和职工以一定的完成工作的权力、方法和信息,培养其有效完成工作的自信。这种激励方法,能有效地促进文化馆(站)的文化专业人员和职工对自身潜在能力和价值的发掘和认可,有助于满足他们对成就和自我实现等高层次的需要。

信任激励。信任激励是指文化馆(站)管理者与文化专业人员、职工之间的相互理解与信任,产生强大的精神力量,对于强化文化馆(站)凝聚力和团队精神,有着重要的意义。信任激励在管理者与文化专业人员、职工之间表现为立足于信任基础的放手使用,表现为管理中充分尊重文化专业人员、职工的工作和意见建议,同时表现为对一些文化专业人员的提升激励。

赏识激励。赏识激励是比表扬、赞美更进一步的精神鼓励,是一般的物质奖励不能比拟的,是管理者激励优势的集中体现。文化馆(站)的文化专业人员和职工,都有一种归属心理,管理者的赏识和认可,能在一定程度上满足他们的心理需要。从宽泛的意义上来看,职位提拔、推荐培训等也是赏识激励的一部分,但这里说的赏识激励,更多的侧重于精神激励的层面。

四、文化馆(站)管理中的沟通

文化馆(站)管理中,作为管理者要善于沟通,既要善于和馆(站)的上级部门进行沟通,又要注意文化馆(站)与其他相关部门的横向沟通,当然,最重要的还是要注意与文化馆(站)文化业务干部与职工的沟通。

(一)文化馆(站)管理中沟通的概念

1. 沟通的概念

在管理学中,沟通是一种管理方式与领导方式。沟通是指管理者把信息、观念和想法按可以理解的方式有效地传递给别人；通过沟通，加强与组织成员之间的联系，以实现共同目标的管理方式。

2. 文化馆(站)管理中的沟通

文化馆(站)管理中的沟通，是指文化馆(站)管理者与文化专业人员及职工通过信息交流，达成双方相互的了解与信任，达成对文化馆(站)计划、任务的准确理解，形成团队精神和向心力，以达到共同完成文化馆(站)文化工作目标的手段。

文化馆(站)管理中的沟通，是文化馆(站)计划、组织、领导和控制等管理职能得以实施和完成的基本条件，也是文化馆(站)管理者最重要的日常工作。相反，如果文化馆(站)管理者与文化专业人员、职工缺乏必要的沟通，自然会带来相互之间信任方面的障碍，对文化馆(站)所要达成的工作目标的认知可能会存在一定的差异，影响了文化馆(站)工作目标的实现。

文化馆(站)管理的实质，就是要激活文化馆(站)人员，围绕文化馆(站)的工作目标开展工作。在管理过程中，沟通必可不少，无论是目标的制定，还是目标的执行，以及目标的检查，都需要管理者和文化馆(站)其他人员通过沟通的形式达成共识，形成合力。

(二)文化馆(站)管理中沟通的意义与技巧

1. 文化馆(站)管理中沟通的意义

沟通是协调文化馆(站)人员的人际关系，特别是协调管理者与文化专业人员、职工关系的重要途径，是增强文化馆(站)凝聚力的重要途径。文化馆(站)管理者要通过及时的沟通，增进管理者与被管理者的理解，增进彼此之间的信任。

沟通是文化馆(站)管理者实现管理职能的一个基本途径。文化馆（站）的发展规划要被文化专业人员与职工深刻理解，年度计划要付诸实施，工作目标要在规定的时间里达到，就必须通过沟通的方式，使每个干部、职工对文化馆（站）的规划、计划及工作目标做到心中有数，行动起来就有了明确的方向。管理者就是要通过有效的沟通，引导和激励文化馆（站）干部、职工齐心协力，推动文化馆（站）顺利完成各项工作目标。

沟通是消除文化馆（站）人员工作中的误会与隔阂，化解工作矛盾，创建团结和谐的工作氛围，提高文化工作绩效的重要保证。在文化馆（站）工作中，管理者和文化专业人员、职工难免会产生一些误会和隔阂，重要的是要进行及时的沟通，通过良好的沟通方式和沟通渠道，增进人与人之间的和谐，让人们在愉悦的环境中心情愉快地从事文化工作。

沟通也是文化馆（站）与外部建立联系的桥梁。文化馆（站）在从事公共文化服务中，会与其他行政、事业单位有文化工作的交往，在开展面向外来务工者进行文化服务中与企业进行工作接触。文化馆（站）管理者就要与这些外部单位、企业进行有效的信息沟通和感情联系，建立团结友好的合作关系，切实为公众提供优质的公共文化服务。

2. 文化馆（站）管理中沟通的技巧

文化馆（站）管理中，沟通有多种形式。沟通是一门艺术，在文化馆（站）管理实践中，有多种沟通的技巧。沟通技巧主要有：明确沟通目标，具备理性思维；科学处理信息，选择恰当渠道；运用正确方法，讲究表达艺术，及时进行反馈。

明确沟通目标，具备理性思维。在文化馆（站）管理中，管理者在沟通中，如果没有明确的目标，那是随意的谈话。沟通必须是有一个明确的目标，即为了文化工作中的什么具体问题进行谈话和沟通。在明确目标的指引下，管理者所进行的沟通具有理性思维的特点。

科学处理信息，选择恰当渠道。在文化馆(站)管理沟通中，管理者既要掌握大量的信息，同时要屏蔽无效的信息。在信息沟通中，要选择比较好的渠道，如召开全馆(站)大会、中层干部会议还是进行个别谈话，就要看哪种渠道更能达到沟通的目的。

运用正确方法，讲究表达艺术。在文化馆(站)管理中，文化专业人员与职工都有着各自的性格特点。针对不同个性的人，管理者要采取个性化的沟通方法，选择比较合适的方式和方法，进行有效的沟通，将信息有效地传递到对方，相互之间达成一定的协议。

及时进行评估和反馈。衡量沟通是否有成效，是否达到了预期的目的，就要及时进行反馈，在反馈中评估沟通的目标是否达到，是否取得了管理者所期待的效果，再作相应的决策。

第二节　文化馆(站)人员管理

一、文化馆(站)人员的配备

文化馆(站)各项工作的完成，离不开一批优秀的文化专业人员。文化馆(站)人员的配备是管理方面一项十分重要的工作。

(一)文化馆(站)人员配备的要求

(1)文化馆(站)应根据实际需要，科学合理地设置内部机构与岗位。文化馆的人员配备，要从文化馆的各个文化艺术门类进行综合考虑，确定需要配备的人员。文化馆一般要配备音乐、舞蹈、戏剧、书法、美术、摄影、文学等岗位的专业人员，以及财务人员。文化馆人员配备中，文化专业人员要有较高的比例，这是由文化馆的专业性质决定的。文化站的人员配备，由于编制的原因，不可能像文化馆那些要求各个专业都配备专业人员，但应该有文艺方面的一技之长，具有较强的组织协调能力，综合素质要求更高。

(2)文化馆人员的配备，在一般情况下应根据当地编委办核发的文化馆编制职数，合理地配置文化馆人员。既不能突破核定的编制，又要在有限的编制范围内选择优秀的文艺人才进入文化馆。配备专业人员时，要充分考虑到文化馆各个文艺专业之间的平衡，避免出现某个文艺专业人员配备过多，有的文艺门类缺少专业人员的现象。

(3)综合文化站人员的配备应按照文化部颁发的《乡镇综合文化站管理办法》的规定执行，即"文化站应配备专职人员进行管理，编制数额应根据所承担的职能和任务及所服务的乡镇人口规模等因素确定"。根据编制人数，配备综合文化站工作人员，尽可能让那些热爱群众文化工作、综合文化素质较强的人进入到综合文化站工作。

(二)文化馆(站)人员配备的原则

1. 与文化馆(站)工作职能相对应的原则

文化馆(站)是公共文化服务单位，人员配备上必须根据文化馆(站)工作职能设定相应的岗位，配备的文化专业人员必须与专业岗位的要求相符，合理地配备文化专业人员。

2. 文化专业对口的原则

文化馆(站)是专业性比较强的公益性文化事业单位，这就要求在专业人员配备时，要突出专业特点。配备文化专业人员，必须具有文化专业方面的知识和技能，一般是文艺类大专院校毕业，或在文艺院团中有较为丰富的创作表演经历，专业对口，符合文化馆(站)的专业岗位要求。

3. 有利于文化馆(站)事业发展的原则

在配备文化馆(站)人员的时候,要从文化馆(站)长远发展的角度,优先考虑急需的专业岗位人员,在人员配备上要将中青年优秀文化人才吸纳到文化馆(站)里来,推动文化馆(站)事业不断发展。

二、文化馆(站)人员的选聘

(一)文化馆(站)人员的素质要求

在文化馆(站)人员的选聘中,文化馆和综合文化站的专业人员配备,既有共同点,又有细微的差异。文化馆人员的思想素质要求自觉执行党的路线、方针和政策,思想作风正派,遵纪守法,爱岗敬业,热心群众文化事业;学历要求文化馆专业人员具有相应专业大专以上学历,特殊文化人才经考核后可以破格录用。

文化站站长应具有大专以上学历或具备相当于大专以上文化程度,热爱文化事业,善于组织群众文化活动,具备开展文化站工作的业务能力和管理水平。

由于文化馆承担着指导当地群众文艺骨干开展辅导工作,以及指导基层文化工作的任务,客观上要求文化馆的专业人员必须具备较强的文艺专业水平,在文艺创作或表演方面具有一定能力。综合文化站站长除了文艺方面的一技之长,更重要的是具有较强的管理水平、活动组织能力、协调能力。

文化馆(站)将逐步实行职业资格制度,文化馆(站)从业人员须通过文化行政部门或委托的有关部门组织的相应考试、考核,取得职业资格或岗位培训证书,持证上岗。

(二)文化馆(站)人员的招聘原则

1. 专业匹配原则

文化馆(站)在人员招聘时,必须坚持所要招聘录用人员的综合素质和文化艺术方面的专业能力，与文化馆（站）的职位要求相符合，可以较好的胜任岗位要求，做好相应的文化专业工作。

2. 择优全面原则

文化馆（站）在人员招聘中，必须选贤任能，选择最优秀的应聘者；另外，对应聘者进行面试和笔试时，从知识、能力、素质和文化技能等方面进行综合考察，甚至有必要到应聘者的毕业院校或原工作单位进行调查，全面了解应聘者的情况，判断是否确实符合文化馆（站）工作岗位要求，应聘者是否是最优秀的。

3. 公平竞争原则

文化馆（站）在人员招聘中，必须对所有应聘者一视同仁，根据文化馆（站）专业岗位要求规定应聘者的条件外，不人为制造一些条件限制。要严格按照国际惯例《中华人民共和国劳动法》的规定：劳动者享有平等就业的权利；劳动者的就业不因民族、种族、性别、宗教信仰的不同而受歧视；妇女享有与男子平等就业的权利。只有公平竞争，才能使优秀文艺人才脱颖而出，才能吸引文化人才加入到文化馆（站）中来。

4. 公开透明原则

文化馆（站）在人员招聘中，应将招聘信息通过网站或者其他方式公之于众，招聘信息包括招聘的文化馆（站）、招聘人员数量、专业岗位、任职资格、测试的范围、方法，以及报名的时间、地点等；招聘要公开进行。公开透明原则，有利于防止招聘过程中的不正之风，有利于在更大范围内选择和聘用优秀文艺人才。

（三）文化馆（站）人员的招聘程序

招聘程序是指从出现职位空缺到候选人正式进入文化馆（站）工作的整个过程。人员招聘是十分严肃的事情，必须对整个招聘程序、招聘方法进行必须的规定。

1. 准备阶段

成立文化馆(站)人员招聘小组，一般由文化馆馆长或者乡镇(街道)的领导担任招聘小组负责人，落实专人处理日常具体招聘事务；编制文化馆(站)人员招聘计划，招聘计划包括招聘的岗位与人数，岗位的具体要求，招聘信息发布的时间、方式、渠道和范围，招聘对象的来源和范围，招聘的方法，招聘经费预算，招聘结束的时间和新人员到位的时间等。

2. 发布信息

拟定文化馆(站)人员招聘简章；发布招聘简章；发布信息要依据招聘对象、范围来确定发布的范围，招聘信息应该尽早向全社会发布，吸引更多的人前来应聘，同时要注意信息发布的针对性，根据招聘岗位的要求和特点，选择合适的渠道。

3. 受理报名

受理应聘人员报名一般采取两种报名方式，一是网上报名，网上投递应聘的申请表、简历、学历等资料；二是通过邮局或者快递公司，进行报名，投寄申请表、个人简历、学历等资料。当然应聘者也可以视路途远近，自己送来应聘资料进行报名。文化馆(站)要落实专人处理报名事宜，并审核报名资料，进行认真筛选，对符合报名条件的，安排参加接下来的笔试和面试。

4. 测试阶段

这是选择适合文化馆(站)工作职位的关键阶段。按文化馆(站)事业单位要求进行笔试，然后根据笔试的成绩，以一定的比例进入下一轮面试，一般是1∶3的比例确定参加面试的人选，发布面试通知；接下来文化馆(站)组织人员进行专业的面试，如果是文化专业类的，现场可以进行文艺表演等面试，了解应聘者的文艺知识和专业技能，掌握应聘者的综合素质。

也有文化馆要招聘文化专业人员时，为确保招聘到优秀的文化专业人员，在征得当地人事部门同意后，采取先面试、再笔试的程序。

5. 录用阶段

将多种考核和测验的结果综合起来，对应聘者的综合素质和文化专业能力进行综合评价，决定并公布被录用者的名单；发出录用通知；办理录用手续；进入试用期；如果试用期间表现良好，正式录用。

文化馆的文艺人才引进程序与人员招聘有所不同。文化馆要根据每个城市人才引进的相关政策，吸引和选择优秀人才到文化馆工作。

三、文化馆(站)人员的培训

(一)文化馆(站)人员培训的概念

文化馆(站)人员培训，是指为适应公共文化服务的需要，对文化馆(站)人员通过文艺业务进修、文化管理培训、文化工作考察等方式，有计划地对文化馆(站)人员进行常规的培训，不断提升他们的思想道德素质、文艺创作水平、文化服务能力、文化管理水准。

(二)文化馆(站)人员培训的原则

文化馆(站)人员的培训，要坚持几个原则：按需施教、学以致用的原则，培训考核、择优奖励的原则，全员培训与重点提高相结合的原则，理论联系实践的原则。

按需施教、学以致用的原则。指的是在文化馆(站)人员培训中，要针对文化馆(站)人员面向公众开展公共文化服务的实际需要，设置培训课程，培训内容要紧密结合文化馆(站)工作实际，有的放矢开展培训工作，使参加培训的文化馆（站）人员学得会，在实际工作中用得上，富有实效。

培训考核、择优奖励的原则。是指文化馆（站）人员培训要与考核相结合，一方面要求文化馆（站）人员积极参与培训，提升文艺业务素质和文化服务能力；另一方面要求培训与考核相结合，强化受训人员的自觉学习意识，通过培训实实在在地掌握文艺专业知识和文化服务技能，对参加培训的优秀人员进行各种形式的表彰奖励。

全员培训与重点提高相结合的原则。文化馆（站）人员的培训，既要考虑到培训的面，就是要尽可能创造条件，让每个文化专业人员与职工都有机会参加业务培训，同时又要突出重点，根据文化馆（站）工作的重点和当地的文化建设需要，安排文化馆（站）长、优秀文化业务人员参加高层次的文化培训，提高思想和业务素质，发挥他们在文化馆（站）建设中的带头作用和引领作用。

理论联系实际的原则。文化馆（站）人员培训在课程设置和培训内容安排中，必须充分考虑到文化馆（站）人员的整体能力和水平，既要安排理论培训更要注意将理论与文化馆（站）实际相结合，安排案例讨论、文化考察，要避免华而不实、夸夸其谈。通过培训让参加培训的文化馆（站）人员切实受益。

（三）文化馆（站）人员培训的类型

文化馆（站）管理人员的培训：主要是文化馆馆长、文化站站长的培训，培训应侧重于服务与管理方面的内容。

文化馆（站）文化专业人员培训：主要是各文艺门类的培训，涵盖音乐、舞蹈、戏剧的创作与导演培训，文学、美术、书法、摄影的创作培训，艺术档案管理的培训，文化馆网站的技术与管理等。培训应主要侧重于专业性的知识和技能培训。

(四)文化馆(站)人员在职培训的方法

文化馆(站)人员在职培训的方法主要有讲授法、案例教学法、讨论法、文化考察法等。

讲授法,是文化馆(站)人员培训中普遍采用的培训方法。讲授法的优点是充分发挥讲师的主导作用,由讲师根据文化馆(站)工作的实际需要结合自己专业特长和研究成果,确定讲课的内容、程序,同时运用多媒体手段进行演示和讲解。讲授法的特点是培训过程中以讲师为中心、培训手段以语言为主体。文化馆(站)人员培训中经常采用讲授法,请专家和讲师作文艺创作专题讲座、文化工作创新讲座等。

案例教学法,是把现实中的真实情景加以典型化处理,编写成供文化馆(站)培训人员学习、思考的案例,在课前发给每个参加培训的人员进行阅读。在培训时讲师引导学员针对案例的情形进行分析和评价,提出解决问题的建议和方案。案例教学法的优点在于让参加培训的文化馆(站)人员积极参与案例的分析与讨论,逐步培养他们发现问题、分析问题、解决问题的能力。案例教学法要求讲师因势利导,主导讨论的进程,鼓励不同的观点和多样化的解决方法。案例教学法目前在文化馆(站)人员培训中应用不够广泛,但案例教学法如果应用得法培训效果不错。

讨论法,是指文化馆(站)人员培训中讲师与参与培训人员进行双向互动,共同就文化馆(站)工作中的某些问题展开深入讨论,从中获得启发和收获的教学方法。讨论法的特点是教学主体的平等地位、培训过程中的高度互动。讲师和参与培训的人员都是文化信息的发布者和接受者,人人都有话语权。讨论法对于澄清文化馆(站)工作中的认识误区,深化对公共文化服务理念等方面的认识具有良好的效果。讨论法的讨论形式可以分为小组讨论大组交流型和对立交锋型、演讲提问型等。

文化考察，是组织参与培训的文化馆(站)人员，实地考察公共文化服务方面有特色、有亮点的文化馆(站)，听取当地文化馆(站)在公共文化服务中的典型经验和做法，获得有价值的文化信息，从中获得感悟，对文化工作服务创新、文化品牌建设等方面有自己的心得。

四、文化馆(站)人员的考评

(一)文化馆(站)人员考评的作用

1. 评估工作成绩

文化馆(站)根据年度的工作目标和文化专业人员及职工的岗位职责，设置绩效评估内容，通过评估和考核，衡量和评估每一个文化馆(站)人员的工作业绩。这既是对工作优秀的文化馆(站)人员的肯定，又给工作不够出色的文化馆(站)人员一个提醒。

2. 改进工作绩效

通过对文化馆(站)人员的考核评估，文化馆(站)的管理者可以从中发现影响文化工作绩效的原因，提出改进的措施；对于被考核的文化馆(站)人员来说，通过绩效的评估，对比优秀的同事发现自己工作中的不足之处，认真反思改进自己的文化工作。

3. 奖励提拔依据

文化馆(站)管理者根据考评情况，一方面，可以在物质方面进行奖励；另一方面，文化馆(站)人员考评结果会直接影响到个人的提拔。可以设想，优秀的文化馆(站)人员获得提升的机会可能更多些，且更让人信服。

4. 提高组织效率

文化馆(站)对每位文化专业人员与职工的考核评估是基于文化馆(站)总体工作目标出发，对每个部门、每个人员进行的评估，管理者能从中发现影响整体绩效的症结在哪里，被考评人员对自己履行岗位职责情况会有清晰的认识。无论是管理者还是文化馆(站)工作人员，可以通过考评改进工作绩效，提升文化馆(站)工作的整体绩效。

(二)文化馆(站)人员考评的程序

1. 建立工作小组

文化馆(站)要建立考评工作小组，由主要领导担任考评组长，落实工作责任人，具体做好考评工作。

2. 明确评价标准

要根据文化专业人员与职工岗位性质的不同，制定明确的工作绩效评估标准。在文化馆，文化专业人员要有统一的评估标准，行政后勤岗位设置一个统一的评估标准和评估办法。评估标准可以根据文化馆(站)年度工作目标和岗位要求对文化馆(站)人员从德、能、勤、绩四个方面进行考核评价。

3. 实施考核评估

根据考评的计划安排，文化馆(站)要按照公开、公平、公正的原则，认真组织年度的考核评估工作。在文化馆，将评估办法和要求传达到各个部门，由部门组织进行文化专业人员和行政后勤人员的工作考核评估，最后由文化馆评估小组确定评估的成绩和等次。文化馆人员的考核评估一般由当地乡镇(街道)政府进行考核评估。

4. 评估反馈改进

评估不是目的，而是促进文化馆(站)各项文化工作的手段。要及时将评估的情况反馈给文化馆(站)每个人员，听取他们的意见。管理者要进行绩效改进指导，帮助每个人员不断改进文化工作方式和方法，以创新的意识，积极的态度，履行自己的岗位职责，做好公共文化服务。

(三)文化馆(站)人员考评的方法

文化馆和文化站工作人员在文化工作绩效考评方面,会有区别。

文化馆人员考评主要是由文化馆组织实施,以年度考核评估为主。根据年度的个人工作目标,通过自我总结、部门评价、馆部审核等程序,从文化馆人员的德、能、勤、绩四个方面进行考评,作出定性与定量相结合的评价。

文化站人员的考评,目前主要由所在的乡镇(街道)政府,按文化站的工作职能和乡镇政府对文化站人员的其他要求,进行考核评估。

第三节　文化馆(站)计划管理

一、文化馆(站)计划管理的概念与类型

(一)文化馆(站)计划管理的概念

计划管理是文化馆(站)管理的首要职能。在文化馆(站)管理中,管理者要根据文化馆(站)的实际情况把握文化馆(站)工作的发展趋势,制定出一定时期内的工作目标、实现路径,以及具体可靠的实行方案。

(二)文化馆(站)计划的作用

文化馆(站)的计划是为实现既定的目标,对未来的文化工作进行规划和安排的活动。良好的计划是文化馆(站)工作取得成功的先决条件。文化馆(站)计划,在文化工作中具有几个方面的作用。

一是目标导向。文化馆(站)计划的制订,明确今后一段时期文化工作的主要内容及其实现途径。通过制订计划、实施计划,

使文化馆(站)的管理者和每一个文化业务干部、职工的文化工作有了方向，有了明确的工作目标，为了实现文化馆(站)的工作目标，大家心往一处想，劲往一处使。计划起到了目标导向的作用，就好像是路标，指引着前进的方向和路径。

二是掌握主动。计划的确定，能够使文化馆(站)管理者和文化专业人员、职工对文化馆(站)未来的工作思路有了清晰的认识，对即将进行的各项工作有明确的了解，从而能够未雨绸缪，预见文化馆(站)未来要从哪些方面着力，推进公共文化服务，打造文化品牌，做到心里有数早做准备。

三是提高效率。计划在制订阶段，管理者有相对充足的时间，从容地思考公共文化服务的发展趋势，思考当地文化馆(站)拥有的各种文化资源，确定未来要着重努力的工作目标，从多个实现目标的途径中，进行可行性分析和最优化选择。在实施计划的过程中，就可以选择最佳的方式，去提升文化工作的绩效，提高文化馆(站)公共文化服务的效率。

四是提供评价标准。有了明确的目标和可行的计划，文化馆(站)在实施计划的过程中，按计划有序地推进各项文化工作。各个部门及文化业务人员和职工，可以根据计划来协调、落实各项文化工作。计划完成以后，以计划的要求具体评估文化工作成效，评判各项文化服务是否达到目标，文艺创作是否实现了计划的预期要求。

正因为计划在文化馆(站)工作中具有积极的推进作用，文化馆(站)管理者要充分重视计划的制订，强化计划的实施和评估。

(三)文化馆(站)计划的类型

1. 根据管理职能分为业务计划、财务计划、人事计划

业务计划是文化馆(站)的主要计划，包括各项文化活动、文艺培训、文艺创作等方面的计划，它是文化馆(站)计划的重要组成部分。长期的业务计划涉及文化馆(站)的文化工作重点、文化品牌建设、文化工作创新等方面的规划；短期的业务计划主要是关于某项具体的文化活动安排、文艺创作培训的计划等。

财务计划、人事计划是为文化馆（站）的业务计划服务的。财务计划就是明确怎样从资金上保证各项文化业务活动的开展，保证各项文化业务工作的实施；人事计划则是根据文化馆（站）人员编制的规定和缺额情况，结合文化业务工作需要，提供人事方面的保障。

2. 按所涉及的时间分为长期计划、中期计划和短期计划

长期计划主要是方向性和长远性的计划，用以确定文化馆（站）发展的长远目标和发展方向。长期计划一般可以分为五年计划和三年计划，它是文化馆（站）在未来较长时间的文化工作目标，以及实现这些目标所应采取的措施和步骤。长期计划要从宏观上把握公共文化服务的发展趋势，根据文化馆（站）的自身优势，进行科学筹划。

中期计划是根据长期计划的目标和实现的路径所制订的，是对长期计划分阶段的实施方案，具有具体性、可操作性的特点，是充分考虑文化馆（站）内部与外部的条件制订的可执行计划，一般以年度为时间单位设置工作目标。

短期计划是文化馆（站）具体工作和活动的行动计划，内容比较具体、细致、准确，内容包括分解工作流程、安排任务人选、合理调度资源等，短期计划要求时间节点明确，人员职责明确，工作内容明确，目标要求明确。比起长期计划和中期计划，短期计划更注重操作性和可行性。

二、文化馆（站）计划的内容与编制程序

（一）文化馆（站）计划的内容

文化馆（站）计划的内容大同小异，长期计划内容相对要宏观一些，短期计划则要具体、细致，从工作目标、实施人员、工作

进程、经费预算等方面进一步细化，具有很强的操作性。

确立目标。文化馆(站)计划要明确某一时间阶段文化工作的具体任务和要求，明确每一个时间段的工作重点。

确定人员。文化馆(站)必须确定文化工作计划的每个阶段、每个环节分别由哪些部门、哪些人员负责实施，这在短期计划中显得格外重要。分工明确，职责到人，确保文化计划的顺利实施。

规定时间。计划中各项工作必须明确计划的开始和完成的时间，以便文化馆(站)的管理者进行有效的控制，让参与实施的文化业务人员和职工心中明白，也便于对文化工作计划的完成进度进行监控。

规定地点。规定计划的实施地点或者场所，可以让文化馆(站)的管理者和实施者了解计划实施的环境条件和限制，合理安排计划实施的空间布局。比如在组织开展文化广场活动时，规定了地点之后，管理者和实施者就要及时注意天气变化，做好文化活动的预案，灵活应对。

明确方法。制订实施计划的措施、方法，通过明确具体的措施和方法，传达到每个实施人员。实施者越是了解计划的实施措施和方法，越是能发挥自己的主动性和积极性，认真按方法去完成计划里的各项目标。

(二)文化馆(站)计划的编制程序

文化馆(站)计划编制程序要科学、合理，一般来说，计划的编制需要一个上下反复的过程，通过多次论证确定最优的计划。文化馆(站)计划编制的程序是：收集资料，确定目标，目标分解，综合平衡，论证选择。

收集资料。收集资料的过程，也是调查研究的过程。制订文化馆(站)科学的计划，事先就要做好资料收集的工作。一方面要收集和了解当地文化馆(站)的文化资源、文化优势；另一方面要收集省内外文化馆（站）建设的最新动态，特别是文化工作品牌建设、文化馆（站）工作创新等方面的做法和经验。只有在收集了大量有价值的文化信息基础上，借鉴和学习省内外文化馆（站）的工作经验，分析文化馆（站）面临的问题，为制订科学性、前瞻性的计划做好资料上的准备。

确定目标。在掌握大量有价值的文化信息基础上，根据文化馆（站）自身的特点和文化工作发展规律，把握公共文化服务的发展态势，同时要全面分析文化馆（站）文化工作的有利条件和不利因素，确定未来几年或者年度的文化工作目标，明确文化馆（站）的文化愿景。目标的设定要遵循公共文化服务的规律，充分体现文化馆（站）的社会责任。

目标分解。在总体目标确定之后要使其具体化，将总体目标分解、细化，确定每个目标实施、完成的时间，形成具有较强操作性和可行性的实施办法，层层落实，形成比较完整的目标体系。既要根据总体的目标制定出相应的目标，明确文化馆（站）每个时间段要达成的目标任务；又要将总体目标分解为部门目标与岗位目标，做到权力和责任进行分解，职责落实到人。

综合平衡。文化馆（站）计划制订过程中，要统筹兼顾，通盘考虑，既要兼顾文化馆（站）各个文化业务门类，兼顾每个文化业务人员与职工，又要考虑计划实施的整体成效。通过综合平衡、统筹兼顾，达到文化馆（站）整体文化工作的优化，实现计划的预期目标。

论证选择。这是计划编制过程的一个阶段，通过各种形式和渠道，召集文化馆（站）班子会议，或者组织群众座谈会，广泛听取各方面的意见，根据征集的意见进行认真修改和完善。论证阶段的征求意见过程，必要时可以反复几次，最终确定具有可行性、科学性的计划。

文化馆(站)的计划编制,主要通过上述几个程序进行,依靠群众集思广益,编制出科学合理又有前瞻性和操作性的计划。

三、文化馆(站)计划的执行与调整

(一)文化馆(站)计划的执行

计划就像是图纸,只有将计划付诸行动,才可能实现计划的目标。文化馆(站)的管理者既要重视计划的编制,更要重视计划的执行。文化馆(站)计划执行的步骤是:计划目标的分解;计划目标的实施与检查;计划目标的成果评价。

1. 计划目标的分解

这是计划执行的重要步骤,只有将文化馆(站)计划目标进行合理分解,确定几个不同层级要实现的文化工作目标,细化到具体的时间,具体的责任部门,以及具体的负责人,才能保证计划有效地执行。在计划目标的实施中,既要注意授予相关的具体负责人以相应的权力,也要承担计划目标执行的责任,做到责、权、利三者的有机统一;又要注意将细化的目标尽可能地量化,便于检查与考核。

2. 计划目标的实施与检查

计划目标的执行强调结果也十分重视计划目标的实施过程与检查环节。在计划目标实施中,强调按一定的时间进度创新公共文化服务的方式,建设文化馆(站)文化服务品牌等计划目标以达到预期目的。对计划目标的实施进行检查,目的是发现问题及时进行解决,有效推进计划的执行。

3. 计划目标的成果评价

当计划推进了一定时间进程,文化馆(站)管理者根据计划目标的各项要求进行评估,对完成计划中各项目标的进行肯定和奖励,对于未能完成计划目标的,要认真分析原因,总结教训。

(二)文化馆(站)计划的调整

有时文化馆(站)计划必须进行一定的调整,影响文化馆(站)计划调整的因素主要有两个方面。

一方面,计划本身对客观环境的预测不科学。文化馆(站)在编制计划的时候,也会存在着目标设定不够合理,必须进行一定的调整;或者对实现计划目标的困难和制约因素考虑得不够,过于乐观地编制计划,设定计划目标的完成时间。

另一方面,计划执行者的执行出现了偏差。文化馆(站)计划的编制和目标的设定没有问题,而是由于执行者在执行过程中出现不利于计划目标实现的一些问题,如果对计划不加以调整,就不能顺利地达成计划目标。

文化馆(站)计划的调整,是根据执行的实际情形对计划进行修正,目的是为了保证计划的最终完成。由于文化馆(站)计划是为未来所作的决策,因此难免在编制计划、执行计划的时候,出现一些问题。在这种时候,对计划作出一定的调整,也是势在必然。

第四节　文化馆(站)规章制度

没有规矩,不成方圆。文化馆(站)管理工作中,必须建立一整套科学、规范的规章制度,保证文化馆(站)各项工作的顺利开展。

一、文化馆(站)规章制度的概念与修订程序

(一)文化馆(站)规章制度的概念

规章制度是文化馆(站)制定的规范文化馆(站)人员所从事的文化工作、实施人员管理的规则与制度。规章制度主要包括:劳

动纪律、考勤制度、休假制度、考核制度、学习制度、财务管理制度、馆务或站务公开制度等。

(二)文化馆(站)规章制度修订的程序

修订规章制度一般分为三个程序:一是经职工代表大会或文化馆(站)全体人员讨论,提出规章制度的修订方案和意见;二是由文化馆(站)与工会或职工代表协商修改;三是由职工代表大会或者文化馆(站)全体人员表决通过,付诸实施。

(三)文化馆(站)规章制度制定与修订的要求

首先,规章制度的内容必须合乎法律、法规的规定,不允许出现规章制度与现行法律、法规相抵触的现象;其次,规章制度必须科学、合理,表述准确,不能出现歧义等令人误解的情况;再次,规章制度之间要有体系化,不能出现规章制度之间相互矛盾的现象。

二、文化馆(站)的考勤制度

(一)文化馆(站)考勤制度的意义

建立考勤制度是为维护文化馆(站)正常工作秩序,严肃劳动纪律,使文化馆(站)人员自觉遵守工作时间和劳动纪律。文化馆(站)的考勤制度,是根据国家相关政策法规,并结合本单位的实际情况而制定的。考勤制度是文化馆(站)维护日常工作秩序的基础,是支付工资、人员考核的重要依据。

(二)文化馆(站)考勤办法

文化馆(站)考勤办法分为两种。一种是实行部门考勤,由部门主任承担管理本部门人员考勤的职责;各部门每周一次向办公室递交考勤表工作安排内容,办公室负责对各部门出勤情况进行监督和不定期抽查。部门主任负责部(室)成员每天工作安排及出勤情况的检查，因工作需要外出，如下基层辅导、文艺培训、举办文化活动、参加会议等，应有人负责处理部门日常工作。确需全部门人员参加的工作（活动）应事先告知办公室。办公室负责每周每人工作日程表及上月的日程表汇总并张贴。另一种是由文化馆（站）办公室统一管理考勤事务，全体文化馆（站）人员均实行上班签到制度。

（三）文化馆（站）考勤制度有关事假、病假、旷工等规定

文化馆（站）考勤制度有关事假、病假、婚假、丧假、产假、哺乳假、探亲假、年休假、旷工等规定，一般均按照当地相关的政策执行或参照执行。

三、文化馆（站）的学习制度

（一）建立学习制度的目的

文化馆（站）建立学习制度，旨在激励文化馆（站）干部职工切实加强学习，认真钻研群众文化业务知识，提高开拓进取、实践"文化惠民"的自觉性和公共文化服务的创新能力，不断提升文化馆（站）人员的理论素质和文艺技能，形成良好的学习氛围，把文化馆（站）建成"学习型组织"。

（二）学习内容

文化馆（站）组织学习，学习内容必须结合公共文化服务的实际，学有所用，学以致用，提升文化馆（站）人员的综合素质和服务能力。学习的内容主要是政治思想学习和文艺业务学习。

政治思想学习。组织文化馆（站）人员认真学习马列主义、毛泽东思想、邓小平理论，学习"三个代表"重要思想和科学发展观理论，用正确的理论武装头脑，不断开阔视野，陶冶情操，提高思想境界，不断增强文化惠民的服务意识。

文化业务学习。组织学习群众文化工作知识、公共事业管理知识，学习群众文化专业知识，不断提高文化馆(站)人员的整体业务素质。

(三)学习方法

1. 集中学习和分散研究相结合

文化馆(站)组织集中学习讨论，主要解决综合性、全局性、指导性强的问题，特别是当前文化馆(站)开展公共文化服务、免费开放等方面存在的认识问题。分散学习研究主要解决系统性、专业性、实践性的问题，每个文化馆(站)人员根据自己的专业特点和文化工作需要，学习研究相关的文化专业知识和技能。

2. 专家讲座和个人自学相结合

对于工作中覆盖面广、具有前瞻性的系统工作，文化馆(站)可以聘请专家讲课、辅导，分享专家的智慧，提升文化馆(站)人员的文化服务意识和创新精神。同时，文化馆(站)人员的学习方法因人而异，鼓励个人专业学习，采取个人自学、研究的方式进行。

3. 理论学习和调查研究相结合

理论学习对于文化馆(站)人员科学地认识文化馆(站)特性、公共文化服务等方面有着重要的意义。在自觉运用科学理论为调查研究和文化馆(站)工作实践提供科学的世界观和方法论指导，同时调查研究要强化对文化馆(站)实践问题的理论思考。

4. 学习理论和提高自身素质相结合

文化馆(站)在组织学习中，要将学习内容紧密联系文化馆(站)工作实际，联系文化馆(站)人员的自身实际，着眼于提高文化馆(站)人员的政治素质、理论政策水平、分析决策能力，着眼于提高他们的文化专业知识和业务能力。

文化馆(站)建立学习制度，将这些学习方法有机结合，有的放矢，注重实效，使学习制度真正起到提升文化馆(站)人员的整体素质、提升文化馆(站)整体工作绩效的作用。

四、文化馆(站)事务公开制度

(一)文化馆(站)事务公开的目的

文化馆(站)事务公开，目的是进一步完善以职工大会为基本形式的民主决策、民主管理、民主监督的制度，调动文化馆(站)人员的积极性，加强文化馆(站)领导班子建设和党风廉政建设，实现决策的制度化、规范化、民主化和科学化，促进文化馆(站)事业发展，推动公共文化服务的深入开展。

(二)文化馆(站)事务公开的内容

首先，文化馆(站)业务工作、管理的重大决策包括文化馆(站)发展的目标和长远规划；改革事项和方案；基建项目立项及项目招、投标；财务预、决算；年度工作目标及完成情况；干部选拔任用；人员招考、录用的条件、程序、结果；社会服务承诺的公共文化服务项目及实施情况等。

其次，涉及文化馆(站)干部职工切身利益的重大事项，包括文化馆(站)人员的工资、资金、福利、保障等待遇；文化馆(站)人员的专业培训、进修计划；年度考核办法和考核结果；文化馆(站)重大政策和制度执行；其他与文化馆(站)人员利益相关的事项；领导干部的廉洁自律情况等。

(三)文化馆(站)事务公开的形式

文化馆(站)对外公开的公共文化服务项目，主要通过文化馆(站)网站、对外文化服务公示栏等形式向社会公开。

对内公开的文化馆(站)事务，主要通过内部公示栏、文件、会议通报、职工代表大会等形式公开。

五、文化馆(站)岗位工作考核制度

(一)文化馆(站)岗位工作考核的原则

坚持客观、公正的原则；民主公开、注重实绩原则。

(二)文化馆(站)岗位工作考核方法

文化馆(站)岗位工作考核方法，实行领导考核与群众考评相结合，考核工作实绩与考核工作态度相统一的办法，实行分级考核，文化馆领导班子、文化站人员的考核由文化主管部门或乡镇(街道)政府考核，文化馆人员的考核主要由各部门领导负责，由文化馆考核小组进行考核评定。

在岗位工作考核中，要根据不同岗位的工作要求，制定严格的考核细则，对干部和职工履行岗位职责情况、完成任务情况、遵守劳动纪律情况实行定性和定量相结合的考核办法，进行全面客观公正的评价。对专业技术岗位人员的考核要注重业务工作、科研成果和实际贡献；对行政管理与后勤保障岗位人员的考核要注重政策水平、管理水平、工作效率和服务质量、服务水平和服务态度。

(三)文化馆(站)岗位工作年度考核的基本程序

文化馆(站)岗位工作年度考核的基本程序是：被考核人撰写个人总结、述职，填写《事业单位工作人员年度考核登记表》；在一定范围内进行民主评议，一般是所在部门进行民主评议；部门负责人或者分管领导在民主评议的基础上，根据平时考核和个人总结情况写出评语，提出考核等次意见；文化馆(站)考核小组对考核意见进行审核；单位主要负责人最终确定考核等次；将考核结果以书面形式通知被考核人。

文化馆(站)人员对年度考核结果如有异议，可以在接到考核

结果通知之日起 10 日内向本单位考核小组提出申请复核,考核领导小组在 10 日内提出复核意见,经单位负责人批准后书面通知申请人。

(四)文化馆(站)岗位工作考核结果

文化馆(站)岗位工作年终考核结果分为优秀、称职、基本称职、不称职四个等级,年度考核结果存入本人档案。

【思考题】

1. 文化馆(站)管理的概念及内容是什么?

2. 文化馆(站)人员管理的主要内容有哪些?

3. 结合实际,谈谈如何做好文化馆(站)的计划管理?

第八章　文化馆(站)管理(下)

【目标与任务】

通过本章学习，了解文化馆(站)的财务管理制度，了解文化馆(站)的设备管理方法，熟悉文化馆(站)艺术档案的归档范围，掌握文化馆(站)安全管理的各项制度，掌握突发性安全事故的处置方法。

第一节　文化馆(站)财务管理

财务管理工作是文化馆(站)管理工作的重要组成部分。加强财务管理，对于提高文化馆(站)资金使用效益，具有重要意义。

一、文化馆(站)财务管理的主要任务

(一)文化馆(站)财务管理的概念

文化馆(站)财务管理，是指文化馆(站)的事业费和预算外收入，在预算、分配、调剂和使用的全过程所进行的管理和监督。

(二)文化馆(站)财务管理的主要任务

文化馆(站)财务管理的主要任务是合理编制单位预算，如实反映财务状况；依法增加收入，努力节约支出；建立、健全财务制度，加强经济核算，提高资金使用效益；加强国有资产管理；加强对单位经济活动进行财务控制和监督。

(三)文化馆(站)负责人的会计责任

根据《会计法》及《会计基础工作规范》的规定，文化馆(站)负

责人的会计责任主要是对本单位的会计工作和会计资料的真实性、完整性负责；依法设置会计机构和安排会计人员，支持会计工作，保证会计机构、会计人员的职权不受侵犯，对作出显著成绩的会计人员给予精神或物质的奖励，每年为会计人员提供一定的培训机会，对本单位的会计违法行为负法律责任。

二、文化馆(站)的预算管理

(一)文化馆(站)预算编制

1. 预算编制的依据

依据国家有关政策规定和文化馆(站)履行公共文化服务职能的需要，进行文化馆(站)的预算编制。文化馆(站)要重视经费预算的编制工作，根据公共文化服务的发展态势，确定文化馆(站)整体工作安排，做好预算编制工作。

2. 预算编制的程序

文化馆(站)预算编制的程序，由文化馆(站)编制，自下而上，逐级上报、审核、汇总，由财政部门审核批准。

3. 预算编制的范围

文化馆(站)预算编制的范围是包括基本文化服务经费和基本文化服务保障经费在内的各项收支的综合财政计划。

4. 预算编制的基本原则

(1)合法性原则。文化馆(站)预算的编制要符合《预算法》和国家的其他法律、法规，充分体现国家有关文化工作的方针、政策，在法律赋予文化馆(站)的职能范围内编制。一方面，文化馆(站)收入要合法合规，行政事业性收费要按价格管理部门规定的收费项目和标准测算，预算外资金上缴财政专户的比例及留用比例要符合财政部的规定等；另一方面，文化馆(站)支出预算要严格遵守现行的各项财务规章制度。

（2）真实性原则。文化馆(站)必须根据国家的相关文化政策和文化馆(站)履行工作职能的实际需要，对预算收支进行科学预测，力求各项收支预算的数据真实准确。

（3）重点性原则。文化馆(站)在编制预算中，要合理安排各项资金。既要兼顾一般又要根据文化馆(站)工作重点优先保证重点支出。根据重点性原则，文化馆(站)经费预算要优先保证基本支出，后安排项目支出；优先安排重点、急需项目支出，后安排一般项目支出。

（4）完整性原则。文化馆(站)在预算编制中，要将依法取得的所有财政性收入以及相应支出作为一个整体进行管理，对各项收入、支出预算的编制做到不重复、不漏报，不在文化馆(站)预算之外保留其他收支项目，即所有收入和支出全部纳入预算管理。

（5）平衡性原则。文化馆(站)编制预算中，收入预算要实事求是，支出预算量入为出、量力而行，既要考虑到文化馆(站)工作的实际需要，又要考虑财力可能，确保预算收支平衡。

（二）文化馆(站)编制预算的方法与程序

1. 文化馆(站)编制预算的方法

（1）收入预算。文化馆(站)的财政补助收入数额根据财政部门核定的定额和补助标准编列。事业收入根据上年完成情况及本年增收因素编列，其中从财政专户核拨的预算外资金和文化馆(站)经核准后上缴财政专户管理的预算外资金，可参照上年上缴数、核拨数和留用数编列。

（2）支出预算。文化馆(站)事业支出中的"人员支出"按有关标准和编制人数或在编的实有人数等计算编列。"公用支出"有定额的按定额计算编列，没有定额的根据实际情况测算编列。

2. 文化馆(站)收支预算编制的程序

文化馆(站)收支预算编制的程序实行"二上二下"的程序,即文化馆(站)提出建议数(一上),财政部门下达预算控制数(一下),文化馆(站)依据预算控制数编报正式预算(二上),财政部门正式批复预算(二下)。

(三)文化馆(站)预算管理的要求

1. 保证预算编制的科学性、全面性和准确性

文化馆(站)的预算编制不仅仅是财务部门的工作,同时要求各职能部门共同参与,在财务部门内部和财务、业务部门之间进行良好的协调。文化馆(站)内部的各部门要明确责任,做到分工合理、相互配合、环环相扣,保障本单位的预算编制工作顺利进行。

2. 建立、健全预算管理的控制机制

首先,对预算的编制和执行进行有效控制。首先,将预算控制端口前移至预算的编制,从源头上控制预算资金的使用;其次,改革预算控制的方法,文化馆(站)各部门必须按照下达的预算执行,杜绝无预算和超预算开支事业费;最后,要建立预算执行岗位责任制,在对预算层层分解执行过程中,明确责任中心,将由预算执行过程中出现的问题引发的责任落实到人。

3. 加强预算外资金管理,全面实行收支两条线管理

事业单位的预算外资金是一种财政性资金,全部纳入财政预算统一管理,保证资金收支活动的完整性,提高资金使用效益。

三、文化馆(站)的支出管理

(一)文化馆(站)支出管理的目的及相关概念

1. 文化馆(站)支出管理的目的

文化馆(站)加强支出管理,对项目支出不仅要控制总额,而且

还要细化控制到每一个费用明细，提高经费管理的透明度，使项目负责人和财务部门随时把握经费使用情况，做到心中有数，克服经费使用中的盲目性，有效控制各项费用相互挤占和超支现象。

2. 收支两条线

收支两条线，是指文化馆(站)取得的非税收入与发生的支出脱钩，收入上缴国库或财政专户，实行支出由财政部门根据各单位履行职能的需要按标准核定的资金管理模式。

3. 国库集中收付制度

国库集中收付制度一般也称为国库单一账户制度，包括国库集中支付制度和收入收缴管理制度，是指由财政部门代表政府设置国库单一账户体系，所有的财政性资金均纳入国库单一账户体系收缴、支付和管理的制度。

国库集中收付制度，即文化馆(站)的财政收入通过国库单一账户体系，直接缴入国库；文化馆(站)财政支出通过国库单一账户体系，以财政直接支付和财政授权支付的方式，将资金支付到商品和劳务供应者或用款单位，即文化馆(站)使用资金但见不到资金；未支用的资金均保留在国库单一账户，由财政部门代表政府进行管理运作。

(二)文化馆(站)支出的内容

文化馆(站)的支出，根据资金管理要求分为经常性支出和专项支出。经常性支出是文化馆(站)为维持正常运转和日常工作任务发生的支出，内容包括人员经费、日常公用经费两部分，日常公用经费支出，包括办公及印刷费、水电费、邮电费、交通费、差旅费、物业管理费等。

专项支出是为完成专项文化活动或特定文化工作任务发生的支出，包括文化馆(站)用于基本建设资金安排的项目，以及开展各项群众文化活动、馆（站）免费开放、文艺精品创作等专项开支的项目。

（三）财政直接支付与政府采购的关系

国库集中支付与政府采购都是规范预算执行的有效制度。文化馆（站）作为预算单位使用财政性资金采购依法制定的集中采购目录以内的或者采购限额标准以上的货物、工程和服务，在采购环节应当依法实行政府采购。若该项支出同时达到了财政直接支付的规定标准，则在支付资金时必须实行财政直接支付。

（四）文化馆（站）财政性资金的支付方式

1. 文化馆（站）财政性资金的支付方式

在文化馆（站）支出管理中，财政性资金的支付方式包括财政直接支付、财政授权支付和实拨资金三种方式。

财政直接支付，是指由财政部门向中国人民银行和代理银行签发支付指令，代理银行根据支付指令通过国库单一账户体系将资金直接支付到收款人（即商品或劳务的供应商等）或用款单位（即具体申请和使用财政性资金的预算单位）账户。

财政授权支付，是指预算单位按照财政部门的授权，自行向代理银行签发支付指令，代理银行根据支付指令，在财政部门批准的预算单位的用款额度内，通过国库单一账户体系将资金支付到收款人账户。

实拨资金，是指未实行国库集中支付改革的财政资金的拨付，由财政部门将财政资金拨付到预算单位基本存款账户或财政专户等。

2. 文化馆（站）可以使用现金的情形

文化馆（站）支出管理中凡不属于国家现金结算范围的支出一律不准使用现金结算，而必须通过银行办理转账结算。文化馆（站）现金的使用范围主要是以下几个方面：职工工资、各种工资性津贴；个人的劳务报酬；支付给个人的各种奖金，包括国家规定颁发给个人的各种文化艺术奖金;各种劳保、福利费用以及国家规定的个人的其他现金支出,如退休金、抚恤金、职工生活困难补助等;单位预借给出差人员必须随身携带的差旅费;结算起点以下的零星支出(按规定结算起点为 1000 元),超过结算起点的,应实行银行转账结算。

第二节 文化馆(站)设备管理

一、文化馆(站)设备的采购

(一)政府采购的概念

文化馆(站)设备的采购实行事业单位物品采购制度。

政府采购是指文化馆(站)使用财政性资金采购依法制定的集中采购目录以内的或者采购限额标准以上的货物、工程和服务的行为。

文化馆(站)大宗物品的采购,如演出用的灯光、音响设备,办公用的计算机等,宜采用公开招标形式,目的是增加物品采购的透明度,加强经济核算尽可能以最少的投入获得最大的社会效益及经济效益。

(二)政府采购的范围

文化馆(站)纳入政府采购范围的是财政性资金的采购项目,包括财政预算资金和预算外资金。对于既有财政性资金又有部门其他资金的配套采购项目,也要实施政府采购制度。

(三)政府采购的方式

文化馆(站)设备采购的方式,主要有公开招标采购、邀请招标采购、竞争性谈判采购、单一来源采购和询价。

公开招标采购,是指政府采购机关或其委托的政府采购业务代理机构以招标公开的方式，邀请不特定的供应商投标，根据事先确定并公布的标准，从所有竞标者中评选出中标商，并与之签订合同的一种采购方式。公开招标采购是政府采购中的主要采购方式。

邀请招标采购，是指政府采购机关或其委托的政府采购业务代理机构以投标邀请书的方式，邀请三家或三家以上特定的供应商投标，根据事先确定并公布的标准从所有竞标者中评选出中标商，与之签订合同的一种采购方式。采用邀请招标的法定情形有：该货物或者服务具有特殊性，只能从有限范围的供应商处采购的；采用公开招标方式的费用占政府采购项目总价值的比例过大。

竞争性谈判采购，是指政府采购机关直接邀请三家以上的供应商就采购事宜进行谈判的采购方式。竞争性谈判采购适用的情形是，招标后没有供应商或没有合格标的；采用招标方式所需时间不能满足文化馆（站）紧急需要的；技术复杂或性质特殊，不能确定详细规格或具体要求的；不能事先计划出价格总额的。

单一来源采购，是指达到了竞争性招标采购金额标准，政府采购机关所采购物品不具备竞争条件的，只能由一家供应商供货的采购方式。

询价，是指政府采购机关向三家以上供应商发出询价单，对各供应商一次性报出的价格进行比较，按照符合采购需求、质量和服务相等且报价最低的原则，确定供应商的采购方式。询价采购仅适用于采购现货，如价值较小的标准规格的设备等。

(四)政府采购的一般程序

根据《中华人民共和国政府采购法》的规定，政府采购的一般程序如下。

(1)编制采购预算和批准采购预算。文化馆（站）在编制下一财政年度部门预算时，应当将该财政年度政府采购的项目及资金预算列出，报本级财政部门汇总。部门预算的审批，按预算管理权限和程序进行。

(2)落实采购资金。文化馆(站)通过编制采购预算，落实设备采购的资金以便启动设备的采购。

(3)采购前的分析与预测。文化馆(站)对将要政府采购的设备事先进行调查了解，了解设备相关的性能、价格以及设备供应的情况，做到心中有数。

(4)择优确定采购模式和方式。文化馆(站)根据设备供应的市场情况，确定政府采购采用哪种方式，是采用公开招标采购、邀请招标采购、竞争性谈判采购、询价采购或者单一来源采购。

(5)发布政府采购信息。文化馆(站)设备实行招标方式采购的，要通过规定的公开方式发布设备政府采购的详细信息；招标信息发布自招标文件开始发出之日起至投标人提交投标文件截止之日止，不得少于20日。

(6)审查供应商资格。采取公开招标采购方式的，从三家以上符合相应资格条件的供应商中进行公开招投标；采取邀请招标方式采购的，从符合相应资格条件的供应商中通过随机方式选择三家以上的供应商，并向其发出投标邀请书；采取竞争性谈判采购方式的，从符合相应资格条件的供应商名单中确定不少于三家的供应商参加谈判，并向其提供谈判文件。

(7)确定采购供应商，签订合同实施采购。根据符合采购需求、质量和服务相等且报价最低的原则确定成交设备的供应商，签订政府采购的规范合同，实施设备采购。采购结果通知所有未成交的供应商。

(8)组织验收。文化馆(站)要安排专业人员对政府采购的设备进行检查验收，确定采购到的设备质量完好。

(9)资金结算。在设备验收合格后，进行资金结算，由财政部门按照采购合同的约定，将采购资金通过代理银行直接拨付给中标供应商。

(10)监督管理部门的效果评价。接受国有资产管理部门对政府采购的设备进行效果评价。

二、文化馆(站)设备的管理

(一)文化馆(站)设备管理的意义与特点

文化馆(站)的设备,是固定资产的重要组成部分。文化馆(站)设备主要有日常工作的办公设备和开展群众文化活动所需要的各种器材等。

1. 设备管理的意义

文化馆(站)设备管理的意义,在于发挥设备的作用,更好地履行文化馆(站)的公共文化服务职能,提高群众文化工作效率,营造良好的文化活动氛围,提升群众文化活动的质量,更好地为公众提供优质文化服务。

2. 设备管理的特点

文化馆(站)设备管理的特点,首先,设备使用的频率高,具有较强的技术性,如电脑、打印机等办公设备便是如此。其次,文化馆(站)设备种类多,除了办公设备,有各种音响、灯光设备,还有钢琴等不少乐器等,设备管理上有相应的要求。最后,文化馆(站)设备使用过程中流动性大,价值高,易损性强,尤其是组织开展各种群众性文化活动中必不可少的音响灯光等设备更是如此。

(二)设备管理的制度

1. 设备管理制度的概念

文化馆(站)设备使用和维护方面的规章制度,主要是指导使用设备的管理人员正确使用和维护设备的相关规定,内容包括设备安全操作规程,检查维护、保养规程,交接制度,以及岗位责任等。文化馆(站)要建立、健全设备使用和维护的规章制度。

2. 设备管理制度的要求

文化馆(站)设备管理,要从文化工作的需要出发,制定设备管理制度,对设备的管理建立岗位责任制,落实具体管理责任;要认真做好设备等固定资产登记管理工作。要做好经常性的检查、维修工作,使设备始终处于良好状态。

(三)文化馆(站)设备的使用与维护

1. 设备的有效管理

(1)专管专用。文化馆(站)的设备,都是由不同岗位业务人员掌握的使用对象,而每一件设备都是文化馆(站)的固定资产,必须做到造册登记,专管专用,不能归为己有,离岗位先移交,做到手续清楚。

(2)定期检查。文化馆(站)必须建立和完善设备保管使用的检查责任制度,实行定期检查,责任到人,维修、报损要有一定的手续,人为地造成设备的损失要落实经济赔偿责任。通过各种管理手段使设备保持完好状态,延长设备的使用寿命,物尽其用。

2. 设备维护的原则

文化馆(站)设备维护的原则是预防为主,维护保养与计划检修并重。

3. 设备维护的要求

文化馆(站)设备维护要采用科学的使用方法。不同的设备,其性能、结构、使用范围以及其他技术条件是各不相同的。安排专业人员进行操作使用和维护。在使用过程中,应按照技术条件,科学合理地使用,避免小功率大负荷,或闲置不用。

科学的使用方法建立在合格的操作人员基础之上,这是正确使用和维护设备的关键。

三、文化馆(站)设备的报废

(一)文化馆(站)设备的报废标准

办公设备、音响、灯光等设备，凡是满足下列条件之一的准予报废：电脑及其他办公设备使用时间超过规定年限，且丧失使用功能；空调使用时间超过规定年限；设备达到厂家规定的使用负荷量，超过安全使用期限，存在安全隐患。

(二)文化馆(站)设备报废申请报告的内容

文化馆(站)设备报废申请报告，须写明报废的固定资产名称、数量、原值、使用年限、残值、累计折旧、报废原因等要点，提出报废建议。报废工作完成后，该申请报告应有主管领导的签名并附在财务凭证之后入账。

(三)文化馆(站)设备报废的程序

(1)设备使用者撰写设备报废申请报告，交馆领导签字批准。

(2)将报废申请报告送交财政管理部门审批。

(3)在财政管理部门领取固定资产报废申请表。

(4)如实填写设备报废申请表，并加盖公章。

(5)携带申请表到财政管理部门办理报废手续。

(6)最后核算单位调整账务。

第三节　文化馆(站)艺术档案管理

一、文化馆(站)艺术档案的概念与归档

(一)文化馆(站)艺术档案的概念

文化馆(站)艺术档案是指文化馆(站)与文化艺术工作者在文

艺创作、文艺演出、文艺培训、理论研究、文化交流、社会文化指导等工作中形成的具有保存价值的各种文字、图表、声像、实物等不同形式的历史记录，是宝贵的文化遗产。

艺术档案工作是文化馆(站)工作的重要组成部分。文化馆(站)应重视艺术档案管理工作，对本单位的艺术档案实行集中统一管理，保证必要的经费，确保艺术档案的完整、安全和有效利用。

(二)文化馆(站)艺术档案的归档条件

艺术档案的归档，是指将本单位在文化工作中形成的具有保存价值的材料，交给艺术档案室保存的过程。

文化馆(站)艺术档案的归档条件主要有三个方面：首先，归档的内容应是各项文化工作已经完成、具有保存价值的材料；其次，归档内容必须充分体现文化馆(站)公共文化服务职能的文化工作和历史面貌；最后，归档内容应该具有一定的完整性和成套性。

(三)文化馆(站)艺术档案的归档范围

1. 馆(站)务类

这类材料是通常所称的文书类。归档材料主要有：上级机关颁发给本单位要贯彻执行的文件；参加上级领导机关召开的会议材料；党和国家领导人、上级机关视察检查本乡镇、本单位工作时形成的题词、讲话等重要材料；文化馆(站)的请示与上级机关的批复；上级考核文化馆(站)形成的材料；文化馆(站)的会议材料，包括通知、名单、日程表、报告、讲话、决定、纪要及重要的声像材料；文化馆(站)会议记录；文化馆(站)工作计划、总结和综合性统计报表；文化馆(站)机构设置、人员编制、规章制度等材料；文化馆(站)干部任免文件材料；文化馆(站)干部职务评聘、考核材料；文化馆(站)财产、物资、档案的交接凭证；文馆(站)与有关单位、个人签订的合同、协定、协议等文件材料；文化馆(站)大事记；业务上级单位的年度计划、总结和重要专题材料；其他。

2. 活动类

这类材料是在群众文化活动中形成的，是文化馆(站)档案材料的主体。这类材料的归档范围可按其活动类型来分。

(1)演出活动。包括演出活动的计划、请示报告、领导批复、通知、组织分工、日程安排、各代表队组成名单、节目单、说明书、宣传评介材料、开幕词、闭幕词、总结；评委名单、评委会记录、获奖名单和评分表；剧本、曲谱、歌谱、舞美设计图等；会场照片、演出照、开幕式和闭幕式照片、领导接见照片等。

(2)展览活动。包括展览活动的计划、请示报告、领导批复、通知、说明书、来宾签名和题词、展览前言和结束语稿、开幕式发言稿或记录、观众留言、记录、报刊评介、展览总结等；展品目录；展品作者情况；评委和评议材料；展品实物或复制品；展览活动照片、录音、录像材料。

(3)培训活动。包括培训计划、请示报告、领导批复、招生广告、报名单、通知、开学和结业典礼讲话、发言记录、办班总结等；教学计划、课程表、教学大纲、教材等；学员成绩和鉴定材料；照片、录音、录像材料。

(4)调研编辑。包括群文基础理论研究论文和专著；课题研究的调查报告和论文；民间艺术材料的调查、收集、整理和研究材料；调研活动中形成的照片、录音、录像材料；编辑出版的文化报刊样本和原稿。

3. 个人类

这类材料是文化馆(站)干部和部分当地民间艺人、活动骨干在个人创作表演、研究中形成的个人成果材料，包括个人业务档案登记表、职称呈报表、考评材料、个人年度小结等；作品的原件、出版物或复印件；评价奖励材料；照片、录音、录像材料等。

4. 财会类

包括会计报表、预决算；现金出纳账、银行存款账；日记账、总账、明细分类账、分户账或登记簿；原始凭证。

5. 基建设备类

包括基建项目建议书、批复等；设计文件；工程管理文件、征用土地批准文件及红线图、拆迁补偿协议书、承包合同、协议书等；施工文件；竣工文件、项目竣工验收报告、全部竣工图、项目质量评审材料、工程现场声像材料、竣工验收会议决议文件；重要设备图纸、说明书。

(四)文化馆(站)艺术档案的归档要求

(1)活动类的艺术档案归档，要求以某些文化活动内容为单位进行收集。

(2)每一卷艺术档案必须完整和成套。

(3)对收集的艺术档案材料，必须进行认真整理和科学分类。

(4)必须准确判断所搜集的艺术档案材料的价值，确定它的保管期限。

(5)归档的材料可以进行系统的立卷和编目。

(6)归档的材料便于保管与利用。

二、文化馆(站)艺术档案管理的方法与注意事项

(一)文化馆(站)艺术档案管理的方法

(1)收集：及时、完整、系统地收集能反映本地区、本单位群众文化工作的原始文字和声像材料，避免因事过境迁而造成艺术档案材料的散失和损毁。

（2）鉴定：鉴别每份(或每组)材料的现实和历史价值，并根据其不同的价值确定不同的保管期限。

（3）分类：将搜集到的众多档案材料按一定的规律进行归类，有条理地反映文化馆(站)工作的全貌，要注意档案分类的完整性和成套性。

（4）整理：按照文化档案的分类要求，将档案材料按一定顺序排列。一般均按一项工作或活动从开始到结束的自然顺序进行整理。

（5）装订：按照一定的技术要求，对整理后的档案材料用线装订为一体，给人以整洁、美观的感觉。

（6）著录：为各类档案材料编制检索卡片。编制检索卡片应按照一定的方法对档案材料的内容与形式特征进行细致的分析、选择和记录。著录可以提示其艺术档案的主要内容和利用价值，表明其来源和存放的地点，便于检索。著录的项目一般有：分类号、档号、题名与责任者、保管期限、形成时间、数量及单位、主题词、提要项等。

（7）保护：运用科学的方法来保护档案材料，包括档案室用房的选择或改造、温度与湿度的调控、档案材料的防尘、防虫、防光、防火等。要根据文化档案保护的特点，选择合适的档案柜、档案架与密集架、卷皮和卷盒等。

（8）利用：通过对各类档案信息资料的整理归档，熟悉文化馆(站)文化工作的规律，掌握当地历史文化积淀和文化资源，并掌握各类档案的检索方法，为文化馆(站)工作的开展以及创新和业务干部的查阅需求提供详尽的第一手资料。

（二）文化馆(站)艺术档案管理的注意事项

1. 档案分类方法

文化馆(站)艺术档案一般分五大类：站务类、活动类、个人类、财会类、基建设备类。但有些文化站的财务是由乡镇统一建账管理的，文化站的艺术档案可以不需设财会类。如有少量的这类材料可单独组成保管单位，归入站务类保存。

2. 保管单位形式

艺术档案可以采用"小卷"形式来组织保管单位，即以一项文化工作或文化活动材料组成一"小卷"，进行分类保管。

3. 档案保管存放

文化馆要建立艺术档案室，购置档案箱及相关的档案保管设施。乡镇文化站艺术档案的保管可以根据文化站自身条件适当灵活存放。如文化站没有专门箱、柜和档案室，或保管条件不好，可将档案存放在所在乡镇机关档案室。

4. 照片档案保管

处理照片档案要有利保持照片档案之间的有机联系，照片档案须由照片、底片和说明三部分组成，有利于保管和利用。由于数码相机的普遍应用，现在照片档案一般由照片、说明与电脑光盘组成。照片档案的底片或光盘应单独整理和存放，照片和说明一同整理存放。

三、文化馆(站)艺术档案的数字化管理

(一)文化馆(站)艺术档案数字化管理的概念

文化馆(站)艺术档案的数字化管理就是指将传统的以纸张、录音带、录像带为存贮介质的各种原始文化艺术档案资料，通过扫描、压缩、转化等手段，转换成图片文件、声音文件和录像文件，再运用存储管理技术将图片和索引存贮于光盘库、磁带库等各种大容量的存贮介质上，通过各种查询手段迅速地搜索出所需要的档案。

(二)文化馆(站)艺术档案数字化管理的原则

1. 先近后远的原则

艺术档案数字化工作这些年才起步，要将以往数十年的纸质档案材料和照片档案材料进行扫描、复制，录入到电脑里，工作量十分巨大。坚持先近后远的原则，就是指在将以往的各种艺术档案材料数字化过程中，从当前和近些年的艺术档案材料进行数字化着手，由近及远逐渐推进，最终完成文化馆(站)艺术档案数字化。

2. 重要程度的原则

在艺术档案数字化过程中，面临着工程浩大的艺术档案材料扫描、复制、整理、录入等一系列工作。文化馆(站)艺术档案数字化，必须坚持重要程度的原则，即根据艺术档案的重要性排序，优先对重要的艺术档案材料，如文化馆(站)的特色文化建设、文化品牌打造、文艺创作精品和有影响、有特色的文化活动，以及当地民族民间艺术资源等方面的档案材料实施艺术档案数字化。

3. 利用率高的原则

文化馆(站)艺术档案数字化要遵循利用率高的原则，是指要从公众对文化馆(站)文化资源的查阅和利用视角，对那些利用率高的文化馆(站)艺术档案材料放在突出的位置，优先进行扫描、复制、整理、录入，进行数字化处理，提高文化馆(站)艺术档案的利用效率。

4. 特色性的原则

文化馆(站)艺术档案数字化要遵循特色性的原则，根据当地文化馆(站)的文化工作特点，对于那些能够体现文化馆(站)工作特色和文化亮点的艺术档案材料，优先进行数字化。艺术档案干部同样要树立文化品牌意识，对文化馆(站)的文化品牌、特色文化，以及重要的文化成果及时进行数字化，为建立相关的文化数据库打下基础，同时体现该文化馆(站)艺术档案的个性特色。

(三)文化馆(站)艺术档案数字化的程序

1. 前期准备工作

文化馆(站)艺术档案数字化,前期要做好相应的准备工作。(1)制订文化馆(站)艺术档案数字化计划,根据艺术档案数字化的原则和文化馆(站)艺术档案的实际,确定艺术档案数字化的范围、实施进程。(2)做好艺术档案数字化采集前的登记与标注,做好对批量艺术档案材料的取存与复位。(3)做好艺术档案采集设备、场所等各项准备工作。

2. 采集处理工作

采集处理工作,是指将文化馆(站)艺术档案材料,通过扫描、数码相机拍摄等方式,将纸质的艺术档案材料或实物,进行信息采集。这是艺术档案从纸质、实物转化成数字化过程中不可缺少的程序。纸质艺术档案一般采用直接扫描法,将纸质艺术档案扫描后进行字符识别变成文本文件进行存储,或采用扫描后直接以图形文件进行存储。照片艺术档案与纸质档案的采集处理类似,主要采用扫描后直接以图形文件进行存储。

在艺术档案的采集处理中,要保证档案原件的原始性,同时要注意档案的利用效果。

3. 后期数据处理

文化馆(站)艺术档案的后期数据处理,主要是检查验收和分类排序。

检查验收,是对已经采集的文化馆(站)艺术档案内容,检查采集的艺术档案信息是否清晰,图片是否失真;检查验收采集的艺术档案信息是否具有完整性、成套性;检查标题与录入的主题名称是否相符。

分类排序,是对采集的艺术档案信息进行分类整理,按一定的排序方法进行存储，方便艺术档案的检索查阅，提高艺术档案的利用率。

第四节　文化馆(站)安全管理

一、文化馆(站)的安全管理制度

安全工作无小事。文化馆(站)面向公众开展公共文化服务，要切实将安全工作落到实处，做到常抓不懈，万无一失。

(一)安全管理制度的内容

文化馆(站)在免费开放等公共文化服务中，要建立、健全安全管理的有关制度，包括消防安全管理制度、突发事件紧急处置办法、大型群众文化活动安全管理制度以及文化馆(站)日常安全管理制度等。

(二)安全管理制度的落实

(1)要建立、健全安全管理制度，通过制度进行管理。

(2)文化馆要落实专职安全保卫干部，文化站要落实相应的安全责任人，明确安全工作职责。

(3)签订安全责任书。文化馆(站)在年初的时候，与各个部门按规定签订责任书，将安全责任落实到每个部门，形成安全工作人人有责的局面。

(4)组织安全常识的宣传与培训。文化馆(站)邀请消防官员前来进行消防安全等方面的知识讲座，进行专题的安全培训；在室内场地开展大型群众文化活动前，组织消防演习，进行灭火和人员疏散的培训等，让文化馆(站)人员进一步强化安全意识，掌握日常的安全知识。

(5)重大群众文化活动要制定安全管理的实施方案。

(6)严格执行奖惩规定,根据安全管理工作的优劣进行奖励或惩处。

(三)文化馆(站)日常安全管理

文化馆(站)要切实做好日常的安全管理工作,落实各项安全措施,消除各种安全隐患。文化馆(站)日常安全管理工作,主要有几个方面。

(1)安排日常安全值班工作,明确安全值班职责。

(2)建立访客登记制度,对访客进行问询、登记。

(3)专职安全人员进行日常的巡逻和检查,强化安全检查。

(4)发现文化馆(站)安全隐患,要及时整改,督促落实。

(5)节假日期间安排好人员值班工作,做好值班记录。

二、文化馆(站)的消防安全

(一)消防安全制度

1. 消防安全制度的内容

文化馆(站)作为公共文化场所,要建立完善消防安全制度。消防安全制度包括消防安全教育培训制度、防火巡查检查制度、安全疏散设施管理制度、消防设施器材维护管理制度、安全责任制度等。

2. 消防安全教育培训制度

(1)因地制宜,开辟消防知识宣传栏,运用宣传橱窗、黑板报等形式进行消防安全教育,普及消防安全知识。

(2)每年定期组织消防知识培训,请消防官兵到文化馆(站)讲授消防安全知识,讲解消防设施维护保养和使用的常识,结合讲解进行演示。

(3)组织文化馆(站)人员进行消防演习,提高文化馆(站)人员的消防安全意识和应对能力。

3. 安全疏散设施管理制度

(1)文化馆(站)应保持疏散通道、安全出口畅通,严禁堆放杂物、放置演出道具,严禁在安全出口或疏散通道上安装栅栏等影响疏散的障碍物。

(2)文化馆(站)应按规范设置符合国家规定的消防安全疏散指示标志和应急照明设施。

(3)文化馆(站)应保持防火门、消防安全疏散指示标志、应急照明、机械排烟送风、火灾事故广播等设施处于正常状态,定期组织检查、测试、维护和保养。

(4)严禁在文化馆(站)工作期间和对公众开放期间将安全出口上锁,或将安全疏散指示标志关闭、遮挡或覆盖。

(二)文化馆(站)的消防设施配备

1. 文化馆(站)的消防设备

(1)建筑防火分隔和安全疏散设施。这些消防设备包括防火门、防火卷帘、电动防火阀、应急照明、疏散指示标志等。

(2)消防给水设施:包括室内消火栓、消防卷盘等。

(3)自动喷水灭火系统:在新建的文化馆(站)设施里,安装有自动喷水灭火系统,包括水池、水箱和增压设施、消防水泵和消耗控制柜、报警阀组、控制信号阀等。

(4)常用灭火器等。

2. 消防设施、器材维护管理

文化馆(站)消防设施日常使用管理,若有安全专职人员,由安全专职人员负责每日检查消防设施的使用状况,保持设施整洁、卫生、完好。综合文化站则由兼职管理的人员负责消防设施、器材的日常检查管理。

文化馆(站)消防设施及消防设备的技术性能的维修保养和定

期技术检测，由专职安全人员或兼职安全人员具体负责，经常性检查了解消防设备运行情况，发现异常情况及时安排维修，使设备保持完好的技术状态。

文化馆(站)消防设施和消防设备要进行定期测试。每年在冬、夏期间两次定期对灭火器进行普查，保证消防设施和消防设备处于完好状态。

三、文化馆(站)大型群众文化活动的安全管理

大型群众文化活动，是指文化馆(站)组织面向社会公众举办的每场次预计参加人数达到1000人以上的活动，如演唱会、音乐会等文艺演出活动；展览、展销等活动；游园、灯会、庙会、花会、焰火晚会等活动。

由于大型群众性文化活动具有规模大、社会影响面广、聚集程度高等特点，往往存在各种突发性和偶然性因素，对安全管理工作提出了更高的要求。文化馆(站)要坚持以人为本，以对人民群众高度负责的精神，提高对大型群众性文化活动安全管理工作重要性的认识，牢固树立安全意识，提高对大型群众性文化活动安全和突发事件的管理水平和应急处置能力，消除安全隐患，保障人民群众生命财产安全，确保大型群众文化活动安全有序。

(一)大型群众文化活动安全管理的方针与原则

大型群众文化活动的安全管理应遵循"安全第一、预防为主"的方针，坚持承办者负责、政府监管的原则。大型群众文化活动的承办者对其承办活动的安全负责，承办者的主要负责人为大型群众文化活动安全责任人。文化馆(站)组织开展大型群众文化活动要自觉承担起安全管理的责任，把安全管理工作有条不紊落到实处。

(二)大型群众文化活动安全工作方案的内容

(1)活动的时间、地点、内容及组织方式。

(2)安全工作人员的数量、任务分配和识别标志。

(3)活动场所消防安全措施。

(4)活动场所可容纳的人员数量以及活动预计参加人数。

(5)治安缓冲区域的设定及其标识。

(6)入场人员的票证查验和安全检查措施。

(7)车辆停放、疏导措施。

(8)现场秩序维护、人员疏导措施。

(9)应急救援预案。

(三)大型群众文化活动安全许可申请材料

作为承办者,文化馆(站)应当在大型群众文化活动举办日的前20天,向当地公安部门提出安全许可申请。安全许可申请应当提交下列材料。

(1)承办者合法成立的证明以及安全责任人的身份证明。

(2)大型群众文化活动方案及其说明;2个或者2个以上承办者共同承办大型群众文化活动的,还应当提交联合承办的协议。

(3)大型群众文化活动安全工作方案。

(4)活动场所管理者同意提供活动场所的证明。

(四)大型群众文化活动承办者具体负责的安全事项

文化馆(站)在组织开展大型群众文化活动中,除了做好文化活动的组织、后勤保障、新闻宣传工作,还要把安全放在头等重要的位置,防患于未然,认真做好具体安全工作。

(1)落实大型群众性活动安全工作方案和安全责任制度,明确安全措施、安全工作人员岗位职责。根据大型群众文化活动的特点,组织开展安全宣传教育。

(2)大型群众文化活动往往要搭建临时舞台、灯光的架子等，要切实保障临时搭建的设施、建筑物的安全，消除安全隐患。搭建临时设施过程中，涉及电工、电焊工、架子工等特种作业人员有上岗资质要求的，必须实行持证上岗，禁止无证人员上岗操作。

(3)按照负责许可的公安机关要求，配备必要的安全检查设备，对参加大型群众文化活动的人员进行安全检查，对拒不接受安全检查的，承办者有权拒绝其进入。

(4)按照核准的活动场所容纳人员数量、划定的区域发放或者出售门票。

(5)落实医疗救护、灭火、应急疏散等应急救援措施并组织演练。

(6)对妨碍大型群众文化活动安全的行为及时予以制止，发现违法犯罪行为及时向公安部门报告。

(7)配备与大型群众文化活动安全工作需要相适应的专业保安人员以及其他安全工作人员。

(8)为大型群众文化活动的安全工作提供必要的保障。

只有把安全工作放在重要的议事日程，做好安全预案，才能从根本上杜绝安全事故的发生，保障大型群众文化活动的顺利开展和圆满成功。

四、文化馆(站)免费开放中突发事件的应急处置

文化馆(站)作为公共文化设施向公众免费开放的过程中，必须落实各项安全措施，对于危及人们生命、财产安全的突发事件，积极应对，妥善处置。

(一)突发事件应急处置的原则

文化馆(站)在免费开放中，要积极主动地应对突发事件的发生。文化馆(站)的突发事件应急处置工作，要坚持"以人为本、生

命至上，预防为主、有效应对，统一领导、分级管理，分工负责、协调一致"的原则。

"以人为本、生命至上"，是指在突发事件处置中要把保障人民群众的生命安全和身体健康作为应急工作的出发点，人的生命是最宝贵的，要最大限度地保障人民群众的生命和财产安全。

"预防为主、有效应对"，是指文化馆（站）在免费开放中，要提高安全意识，认真落实各项预防措施，发现安全隐患及时进行解决，将一切可能出现突发事故解决在萌芽状态。如果出现突发安全问题要高效、有序地应对，处置得法，保障人民群众的生命安全，保障文化馆（站）的财产安全。

"统一领导、分级管理"，是指根据文化馆（站）平时要重视安全工作，建立文化馆（站）安全工作领导小组；在处置突发事件中要进行统一管理和部署，实行分级管理。

"分工负责、协调一致"，指在突发事件应对中既要职责到人，进行一定的分工，同时要在统一指挥和协调中形成合力，对文化馆（站）免费开放中出现的安全问题进行迅速有效的处置。

（二）现场火灾的报警与处置

1. 现场火灾的报警与处置

文化馆（站）在免费开放中出现突发的火灾时，要及时采取科学的处置方法。

（1）遇到火灾时，要立即向文化馆长（站长）报告起火部位、着火的物质以及火灾的情况，还有现场人数等；同时在第一时间组织文化馆（站）人员，采取有效扑救措施，切断电源，防止火势蔓延。扑救越及时，方法越科学，就能最大程度地减少火灾引起的损失。

（2）要迅速组织群众从最近的安全通道疏散。文化馆（站）人员熟悉馆（站）设施及其安全通道，引导群众快速有序地离开发生火灾的部位，保障群众的生命安全。

(3)如果火势较大，短时间内不能扑灭，危及文化馆(站)财产设备和人员安全，要立即向"119"报警求援。报警时要讲清起火的单位、详细地点、着火物质、有无人员被困火场以及报警人姓名、联系电话，并派专人到交叉路口或指定位置引领消防车迅速赶到火灾现场。

(4)如果发生人员受伤情况，要及时组织对受伤人员进行救治；如果伤势较严重，要立即拨打"120"电话，或者组织车辆送伤者去医院。

(5)排查事故原因，及时处理并上报。一般在火灾被扑灭后，要配合消防部门分析和排查火灾事故的起因，落实整改措施，做好上报工作。

2. 应急疏散的组织程序和措施

发生重大火灾事故时，文化馆(站)要坚持"以人为本，安全第一"，迅速疏散在文化馆(站)内的人员，避免发生生命危险。应急疏散的组织程序和措施按下列要求进行。

(1)发生火灾时，结合火场实际，可采取先救人后灭火或者灭火救人同步进行。

(2)发生火灾时，当火势很旺，有可能危及现场人员的安全，要立即指定疏散引导的人员(不得少于2人一组)，迅速组织可能受火势威胁的人员，沿消防安全通道疏散到安全地带。

(3)人员被困在浓烟和火焰的屋子里一时无法向外疏散时，应将被困人员转移至避难间或无烟、火的较为安全地带，迅速发出求救信号等待救援。如果有墙壁消防火栓和其他灭火器材时，要尽快利用水枪和其他灭火器材，开辟出一条疏散通道，将被困人员疏散出去。

(4)火场条件允许，要对疏散部位认真清理、检查，防止有人遗留在现场发生意外。

3. 火灾事故扑救注意事项

(1)火灾事故发生后，首要的任务是保护文化馆(站)内的人员安全，扑救要在确保人员不受伤害的前提下进行。

(2)火灾第一发现人应快速查明原因，如是电源引起的火灾，应立即切断电源，避免火势进一步蔓延，给扑救工作带来困难。

(3)火灾后的扑救工作，掌握的原则是边救火，边报警。

(三)盗窃案件的应急处置

文化馆(站)免费开放中，进出文化馆(站)的人员数量众多，要做好各项安全防范措施，文化馆(站)人员离开办公室要注意锁门，来文化馆(站)参加文艺演出、接受文艺培训等文化服务的公众，要随身保管好自己的贵重物品，防止盗窃现象的发生。

文化馆(站)出现盗窃案件后，应急处置方法如下：

(1)安全干部应迅速赶到现场，同时向文化馆长(站长)报告。

(2)安排人员保护现场，以便于公安人员从现场中发现有价值的线索；同时向当事人了解被盗物品的名称和数量，并做好登记。

(3)根据被盗物品的数量和价值，经请示后向公安机关报案。

(4)积极协助公安人员勘察现场，配合公安人员对勘察所获得的材料、物证等进行具体分析、研究，查找线索，为侦破案件提供条件。

【思考题】

1. 文化馆(站)财务管理制度主要有哪些内容？

2. 文化馆(站)艺术档案的归档范围有哪些？

3. 在文化馆(站)公共文化服务中遇到突发性安全事故应该怎样处置？

第九章 文化馆(站)的评估定级

【目标与任务】

通过本章学习，了解文化馆(站)评估工作的意义，熟悉文化馆(站)评估定级的标准和要求，掌握文化馆(站)评估定级的程序。

第一节 文化馆(站)评估定级概述

文化部 2003 年开始的全国范围的文化馆评估定级工作，对于进一步加强公共文化服务体系建设，规范文化馆管理，促进文化馆事业繁荣发展，起到了积极的推动作用。

全国范围的乡镇综合文化站评估定级也呼之欲出。

一、文化馆(站)评估定级的意义与作用

文化馆(站)评估定级是衡量文化馆(站)建设和管理水平的一项重要工作机制；是整体推进文化馆(站)建设和管理水平的一个有效举措；是规范文化馆(站)建设、服务与管理的手段；是促进文化馆(站)公共文化服务职能充分发挥的动力，必将有力地推动我国文化馆(站)事业的发展。

具体来说，文化馆(站)建设与管理水平如何衡量？评估定级提供了科学的衡量标准。对照评估定级的标准，对文化馆(站)工作进行定量的评估，比较准确地展现了文化馆(站)建设情况与管理水平。通过评估定级，文化馆(站)在肯定自己工作成绩的同时，对照准确寻找差距与不足，发现文化馆管理与服务方面存在的问题，对症下药，

不断改进各项工作，推进文化馆(站)管理与服务水平。文化馆(站)评估定级的具体标准与要求，对文化馆(站)当前和今后的工作，起到了明确的规范作用和指引作用。通过几次文化馆评估定级，对于全国各地文化馆建设发展的促进作用，显著体现在以下几个方面。

首先，各级政府进一步加大了对文化馆事业的经费投入，增强了文化馆发展的活力。从评估期间各地上报的数据来看，文化馆事业经费拨款逐年增长。

其次，文化馆的办馆条件特别是硬件设施条件得到了根本改善。为了文化馆上等级，或者争创一级文化馆，各地新建文化馆，拓展公共文化服务空间，增添现代化的文化设备，文化馆的硬件建设和公共文化服务的软实力得到了明显增强。

再次，拓展了文化馆公共服务空间，增强了文化馆公共服务能力。许多文化馆控制文化馆办公用房面积，增加公用文化服务面积，增设公共文化服务项目，面向社会公众免费开放，进一步发挥了文化馆的公益性文化阵地的服务作用。

最后，文化馆评估定级工作，对于各地文化馆的制度建设、队伍建设和公共文化服务创新，同样具有明确的指引作用和积极的推动作用。

文化馆(站)的评估定级只是一种手段，其目的是以评估促进建设、以评估促进管理，评估与建设相结合。通过文化馆(站)评估定级，有效地促进了文化馆(站)的公共文化服务，推动文化馆(站)建设不断向前发展。

二、文化馆(站)评估定级的历史

(一)文化馆评估定级的历史

全国范围的文化馆评估定级工作，每四年一次，至 2011 年已经完成三次。

　　第一次全国文化馆评估定级于 2003 年至 2004 年进行，这是新中国成立以来第一次对群众艺术馆、文化馆进行评估。全国共有 2195 个群众艺术馆、文化馆参加了首次评估定级工作。经评估，共确定国家一级馆 209 个；二级馆 275 个；三级馆 405 个。这次评估定级工作得到了文化部及各地的高度重视，通过评估，促进了群艺馆、文化馆事业全面发展，使两馆的工作向规范化发展迈出了重要一步，评估定级达到了预期的效果。

　　第二次全国文化馆(群众艺术馆)评估定级工作于 2007 年进行，全国共有 1126 个文化馆达到三级馆以上标准，其中 377 个文化馆被评为"一级文化馆"；316 个文化馆被评为"二级文化馆"；433 个文化馆被评为"三级文化馆"。

　　第三次全国文化馆评估定级工作于 2011 年进行。文化部办公厅下发了《关于开展全国第三次文化馆评估定级工作的通知》，这次评估是在国家"十二五"规划开局之年进行的，是在公益性文化场馆免费开放的形势下进行的。评估标准和评估细则经过充分的酝酿、修订更加科学，体现了国家对文化馆事业发展的要求和方向。依据文化馆定级标准，文化部确定全国 2028 个文化馆达到三级馆以上标准，其中 740 个文化馆被评为"一级文化馆"；583 个文化馆被评为"二级文化馆"；705 个文化馆被评为"三级文化馆"。

　　三次全国文化馆评估定级工作，既具有工作上的连续性，又根据文化馆事业的发展要求，与时俱进，调整与完善文化馆评估定级的标准与要求，指导全国文化馆事业健康发展。通过全国范围的文化馆评估定级，促进地方政府加大对文化馆建设的经费投入，推进了文化馆设施建设，取得了显著的成效。从第三次文化馆评估定级的结果来看，无论是上等级文化馆的数量，还是一级文化馆的数量，远远超过前两次评估定级时的数量，显著反映了我国文化馆建设的长足进步。

(二)综合文化站评估定级的历史

目前全国统一的文化站评估定级没有开始，但在一部分省、市，文化站评估工作已经开始。

浙江省1989年实施文化站评估定级，是全国率先进行文化站评估定级的省份。云南省文化厅1995年作出决定，在全省文化(群艺)馆、文化站中开展规范化建设的评估定级活动，以后每两年进行一次评估定级工作。广东省文化厅2003年组织全省文化站评估定级，新疆维吾尔自治区文化厅2008年开展全区乡镇(街道)文化站评估定级工作。青岛市文化局2009年组织开展了首次综合文化站评估定级工作。成都市文化部门于2011年初开展乡镇(街道)综合文化站(活动中心)评估定级工作。文化站评估定级作为基层文化建设的有效抓手，在上述各省、市取得阶段性成效。全国综合文化站评估定级标准和评估方案正在酝酿中，将在不久后择时出台。

第二节　文化馆(站)评估定级标准

文化馆(站)评估定级作为一项促进文化馆(站)事业发展的有效措施，必须制定科学规范的评估定级标准，对文化馆(站)建设进行科学的评估，准确、全面地反映文化馆(站)各项工作的情况。

目前文化站评估定级标准和评估方案尚未出台，就文化馆评估工作来看，第三次全国文化馆评估定级标准既体现了文化馆建设的时代性，又较好地体现了科学性与操作性的要求。

一、文化馆评估定级标准的特点

(一)文化馆评估定级标准的科学性

文化馆评估标准的科学性直接关系到文化馆评估工作的成败。因此，根据文化馆的性质和职能，制定科学、合理和规范的评估标准，是文化馆事业发展的必然要求。文化部组织的第三次全国文化馆评估定级标准与等级必备条件，是对前两次文化馆评估定级标准与等级必备条件的完善与发展，充分体现了评估定级标准科学性的要求。

1. 科学性体现在文化馆软硬件建设并重

文化馆公共文化服务必须依托一定的公共文化设施，必须有与文化馆履行职能相对应的文化经费投入，同时文化馆必须加强制度建设，积极有为地开展公共文化服务，强化对文化专业人员与群众业余文艺团队的指导与服务，面向公众开展丰富多彩的文化活动，满足公众多样化的文化需求。

文化馆评估定级标准的设定，充分体现了软硬件建设并重的原则，将文化馆的文化服务与设施设备要求，放在十分重要的位置。以第三次文化馆评估定级的标准为例，四大部分的评估标准总分为1000分，文化馆业务工作的评估分值为630分，"办馆条件"的分值为370分，"办馆条件"的分值占总分的37％，其中"设施建设"为170分，"设备"为60分，"经费拨款"为90分。"办馆条件"的分值，突出文化馆开展公共文化服务中硬件设施的重要性。除了评估标准的设定，文化馆评估中设定了"等级必备条件"，有对文化馆开设免费服务项目及其活动时间、举办文化站人员培训班及培训率、文化馆业务人员业务素质等方面提出具体要求，其中对文化馆硬件建设中，分别从"馆舍建筑面积"、"财政拨款"、"馆内必备的专用设备总值"等方面，提出一、二、三级文化馆的硬性要求。

文化馆评估定级中，既突出文化馆的公共文化服务职能，又充分重视文化馆的硬件建设，科学地体现在评估定级的具体标准与要求中，有助于促进文化馆从硬件条件和业务建设方面两翼齐飞，健康发展。

2. 科学性体现在全面衡量又突出重点

全国文化馆评估定级的评估标准的设计，必须充分体现文化馆的性质与工作职能，必须充分体现评估标准对于文化馆建设的指引作用。从第一次文化馆评估定级到第三次文化馆评估定级，根据公共文化服务发展的趋势，评估标准不断完善，准确地反映了文化馆建设与发展的内在规律。

第三次文化馆评估定级的评估标准与等级必备条件的制定，具有全面衡量与突出重点相结合的特点，体现了文化馆评估定级标准与要求设计的科学性。

全面衡量。文化馆评估标准的评估项目设定涵盖了文化馆建设的各个方面，既衡量文化馆的办馆条件，比如财政拨款、馆舍面积、文化设备等，又对业务工作设置了许多评估的项目，分别从队伍建设、公共服务等方面提出十分具体的评估标准。在"馆办活动"评估项目中，细分为"组织大型文化活动"、"组织大型展览"、"组织开展理论研讨活动和对外交流活动"、"课题研究及成果"、"组织群众业余文艺创作和群众业余文艺作品推广活动"、"馆办文艺团队"、"组织文艺下基层演出"等方面；同样在"辅导和培训"评估项目中，又细分为"组织基层文化活动基地"、"举办文化馆站人员培训班"、"深入基层培训、辅导、调研人均时间"、"培养辅导的作者、演员获奖情况"、"馆办老年学校"等；其中"组织基层文化活动基地"评估项目下，再细分为"文化活动基地（或示范点）"、"未成年人文化活动基地"、"外来务工人员文化活动点"等。评估标准的四大部分及其各子项评估内容，覆盖了文化馆建设与服务的各个方面，全方位衡量文化馆办馆条件与业务水平。

突出重点。文化馆评估标准中，突出重点体现在两个方面，一方面，体现在评估标准中，关系到文化馆建设的重要项目，设置较大的评估分值；另一方面，在评估标准之前，设置"等级必备条件"，将"馆舍建筑面积"、"财政拨款"、"免费开放服务项目"、"免费开放服务项目活动时间"、"举办文化站人员培训班及培训率"、"馆内必备的专用设备总值"、"业务人员比例及学历"、"无违法违纪情况发生"列入必备条件。8个必备条件均达到相关等级标准的，方具备该等级馆的评定资格，突出这些内容对于文化馆建设的重要性。

文化馆评估定级中，等级必备条件与评估标准相结合，既抓住文化馆的主要建设与服务内容，又要求各项工作全面推进，体现了评估办法的科学性。

3. 根据文化馆行政级别、服务人口设定相应的评估定级标准

文化馆评估定级的标准设定不能一刀切，要根据文化馆不同行政层级、不同的服务人口，设定相对应的评估标准，体现文化馆评估标准的科学性。

(1)根据行政级别设定相应的评估定级标准。在第三次文化馆评估定级中，根据行政级别分别设定了省级、副省级、地(市)级、县级四个层次文化馆等级必备条件、评估标准以及评估细则，设置了不同的量化要求，进行科学的评估定级。

在等级必备条件的"馆舍建筑面积"一项，县级文化馆一级馆的馆舍建筑面积标准是2500平方米，地(市)级文化馆一级馆的馆舍建筑面积标准是4500平方米，副省级和省级文化馆一级馆的馆舍建筑面积标准是6500平方米。这是根据各级文化馆建设的不同要求与财力保障等因素，在评估标准上实行差异化。与此类似，"馆内必备的专用设备总值"，县级文化馆与地(市)级、副省级、省级文化馆有着显著的差异，县级文化馆一级馆的该项设备总值要求达到60万元，地(市)级文化馆一级馆要求达到105万元，副省级、省级文化馆一级馆的必备设备总值达到150万元。

在评估标准中，除了"馆舍建筑面积"、"经费投入"、"必备设备总值"外，在"辅导和培训"项目里，县级文化馆要求组织举办面向文化站、室业务人员以及业余文艺骨干业务培训班，而市(地)级以上的文化馆必须面向基层文化馆和文化站业务人员举办各类业务培训班，即在培训对象上，各个文化馆的对象有明显的区别，各级文化馆必须加强对文化站业务人员的专业培训，上一级的文化馆要加强对下级文化馆业务干部的业务培训。其他如组织馆办文艺团队每年下基层演出的场次等方面在评估标准的数量设定上，根据各自的工作特点有所区分。

（2）根据服务人口设定相应的评估定级标准。为了体现评估标准设定的科学性，第三次文化馆等级必备条件和评估标准里，除了按文化馆的不同层级设定评估标准，同时还充分考虑到文化馆服务人口的多少设定相应的评估数值。在"等级必备条件"中，对"财政拨款"一项，不是采用拨款的总数，而是采用财政拨款的人均多少元进行衡量；在采用人均拨款的统计数字时，按服务人口少于60万、60万至80万、80万以上三个类型，分别设定财政拨款的人均标准。按服务人口设定评估标准，符合文化馆建设的现实差异，努力体现评估标准设置上的科学性。

（二）文化馆评估定级标准的时代性

在前两次文化馆评估定级的基础上，文化部主管部门对第三次文化馆评估等级必备条件和评估标准进行了重新修订，修订后的评估标准体现了公共文化服务体系下文化馆建设的新要求。在第三次文化馆评估定级中，将"免费开放"和"数字化服务"列入文化馆正式评估项目，体现文化馆评估定级标准的与时俱进。

关于"免费开放"。2011年1月26日，文化部、财政部联合下发《关于推进全国美术馆、公共图书馆、文化馆（站）免费开放工作的意见》，就各级文化行政部门归口管理的美术馆、公共图书馆、文化馆（站）进一步向社会免费开放提出要求，目的是充分发挥美术馆、公共图书馆、文化馆（站）保障公民基本文化权益、提高公民鉴赏能力的重要作用。这一精神很快就体现在文化部组织的第三次全国文化馆评估定级的等级必备条件和评估标准中，文化馆的免费开馆、免费文化服务项目及开放时间，作为"等级必备条件"列入评估内容；在文化馆评估标准里，"免费开放"作为文化馆公共文化服务的重要组成部分，提出了具体的评估要求，评估分值达到了80分。

通过评估定级，进一步强化各级文化馆对免费开放重要性的认识。

关于"数字化服务"。文化馆数字化服务是互联网时代提出的新要求，从第二次文化馆评估中的提高指标转为常规化的评估项目，反映了信息化、网络化的时代背景下文化馆发展的走势，体现了互联网时代文化馆工作的新特点，也是文化部对文化馆公共文化服务的新要求。从第二次评估到第三次评估设定标准的提高，旨在引导文化馆适应互联网时代的要求，不断提升数字化服务的能力。

(三)文化馆评估定级标准的操作性

文化馆评估定级标准的操作性很强。无论是"等级必备条件"部分，还是"评估标准"部分，对列入评估的项目、标准作了明确的规定，此外，在许多评估项目后，配以"说明"和"评估细则"，对评估项目及其标准，进行更为具体细致的说明。如所有的评估数据，以哪一年数据作为评估的依据；比如在免费开放、馆内常设免费服务项目评估中，县级一级文化馆必须达到 5 项，下面有具体说明。文化馆评估标准的具体化，使评估人员准确掌握评估标准，同时各地文化馆清晰地了解文化馆各项评估标准，用以指导文化馆今后的各项具体工作。

二、文化馆评估定级的等级必备条件与评估标准

文化馆评估定级中，分别设定了各个等级的必备条件与评估标准。这些等级条件与评估标准，也是文化部制定的文化馆行业标准。通过设置必备条件与评估标准，对文化馆办馆条件、服务水平等方面进行综合评估，科学准确地衡量和评定文化馆建设与管理水平。

(一)文化馆评估定级的等级必备条件

1. 文化馆评估定级等级必备条件的概念

在文化馆评估定级中，按文化馆的不同层级，设置相关等级标准。第三次全国文化馆评估定级的等级必备条件设定为 8 项，8

项条件均达到相关等级标准的，方具备该等级馆的评定资格。

文化馆等级必备条件，就是文化馆评估定级中各个等级的最低要求。如果没有达到相应的等级必备条件，该文化馆就不具备相应的等级评定资格，不能获得相应的等级。

2. 文化馆评估定级等级必备条件的项目

以第三次全国文化馆评估标准为例。等级文化馆必备条件主要从文化馆馆舍建筑面积、财政拨款总数与当地人口人均值、馆内常设免费服务项目活动时间、举办文化馆(站)人员培训班、文化馆(站)业务干部培训率、馆内必备的专用设备总值、业务人员不低于全馆人员总数的比例、本科以上学历人数占业务人员总数比例以及执行党的方针政策，无违法、违纪情况发生八个方面。对省级、副省级、市(地)级和县级文化馆的评估定级中，分别设置了相应的必备条件。

3. 等级必备条件的具体内容

(1)馆舍建筑面积。

表 8-1　馆舍建筑面积

(单位：平方米)

	省级	副省级	地(市)级	县级
一级文化馆	6500	6500	4500	2500
二级文化馆	5500	5500	3500	2000
三级文化馆	4500	4500	2500	1500

(2)财政拨款总数与当地人口人均值。

此项要求政府财政经费拨款必须达到相应的标准。人口：指评估定级指定的某一年常住人口数(含户籍人口和居住半年以上的暂住人口)。财政拨款：评估定级指定的某一年财务报表中财政拨款和上级补助收入之和。

表 8-2　县级文化馆等级必备条件

评估项目	标准	等级	说　明
财政拨款总数不低于全县(市、区)人均(元)	1.00	1	服务人口≤60万人。
	0.80	2	
	0.60	3	
	0.90	1	服务人口在 60 万~80 万元(最低拨款总数不得低于上档 60 万人口总数的下限)。
	0.70	2	
	0.50	3	
	0.80	1	服务人口>80 万元(最低拨款总数不得低于上档 80 万人口总数的下限)。
	0.60	2	
	0.30	3	

表 8-3　地(市)级文化馆等级必备条件

评估项目	标准	等级	说　明
财政拨款总数不低于全市(区)人均(元)	1.20	1	服务人口≤200万人。
	1.00	2	
	0.80	3	
	0.80	1	服务人口在 200 万人~500 万人(最低拨款总数不得低于上档 200 万人口总数的下限)。
	0.65	2	
	0.50	3	
	0.50	1	服务人口>500 万人(最低拨款总数不得低于上档 500 万人口总数的下限)。
	0.40	2	
	0.30	3	

表 8-4　副省级文化馆等级必备条件

评估项目	标准	等级	说　明
财政拨款总数不低于全市人均(元)	0.80	1	服务人口≤500 万人。
	0.70	2	
	0.60	3	
	0.70	1	服务人口在 500 万人～700 万人(最低拨款总数不得低于上档 500 万人口总数的下限)。
	0.60	2	
	0.50	3	
	0.60	1	服务人口＞700 万人(最低拨款总数不得低于上档 700 万人口总数的下限)。
	0.50	2	
	0.40	3	

表 8-5　省级文化馆等级必备条件

评估项目	标准	等级	说　明
财政拨款总数不低于全省(自治区、直辖市)人均(元)	0.35	1	服务人口≤2000 万人。
	0.25	2	
	0.15	3	
	0.18	1	服务人口在 2000 万人～5000 万人(最低拨款总数不得低于上档 2000 万人口总数的下限)。
	0.14	2	
	0.10	3	
	0.15	1	服务人口＞5000 万人(最低拨款总数不得低于上档 5000 万人口总数的下限)。
	0.10	2	
	0.05	3	

（3）实现免费开馆，馆内常设免费服务项目。

免费开放是文化馆公共文化设施的基本属性，各级文化馆必须做好免费开放工作。在文化馆等级必备条件的说明中，对文化馆免费开放的常设免费服务项目，作了明确的解释，是指利用馆舍和室外活动场地开展的每周活动（或全年达 40 次以上的季节性专项活动)并予以公示的免费服务项目。"项"是指免费的演出、电影、视听、展览、阅览、培训、讲座、游艺、体育以及免费为群众业余文艺团队提供活动场地、免费发放资料、设置读报栏等不同类别的服务项目,以及在不同地点同时开放的同一类项目。

文化馆等级必备条件中对于馆内常设免费服务项目的具体要求是,县级文化馆的一、二、三级馆,馆内常设免费服务项目必须分别达到5项、4项、3项;地(市)级、副省级、省级文化馆的一、二、三级馆,馆内常设免费服务项目必须分别达到6项、5项、4项。

(4)馆内常设免费服务项目活动时间。

等级必备条件中,馆内常设免费服务项目活动时间的要求,县级、地(市)级、副省级和省级文化馆的具体要求相同,一级文化馆必须达到每天5小时;二级文化馆达到每天4小时;三级文化馆达到每天3小时。以全年正常开馆日计算。这里评估的馆内常设免费服务项目活动,包括文化馆管辖的室外活动场地举办的免费活动,但不含收费项目的活动时间。

(5)举办文化馆(站)人员培训班、文化馆(站)业务干部培训率。

在对各级文化馆的评估定级中,这项等级必备条件中,培训的主要对象与培训班的数量有一定的差异。县级文化馆必须每年举办文化站人员培训班,一、二、三级馆必须分别达到3期、2期和1期,文化站业务干部培训率不低于25%。县级文化馆开展培训重点是乡(镇)文化站和社区(村)文化干部,要求对文化站(室)人员每四年轮训一遍,考核年度的培训率不低于25%。

地(市)级文化馆必须每年举办文化馆(站)人员培训班,一、二、三级馆必须分别达到4期、3期和2期,基层文化馆、站业务干部培训率不低于25%。要求地(市)级文化馆以基层文化业务干部为重点开展文化馆、站等业务干部培训,基层文化干部每四年轮训一遍,考核年度的培训率不低于25%。

副省级文化馆必须每年举办文化馆(站)人员培训班,一、二、三级馆必须分别达到 5 期、4 期和 3 期,区县文化馆业务干部培训率不低于 25%。要求副省级文化馆以区县文化馆和文化站业务干部为重点开展文化馆、站人员培训,区县文化馆业务干部每四年轮训一遍,考核年度的培训率不低于 25%。

省级文化馆必须每年举办文化馆(站)人员培训班,一、二、三级馆必须分别达到 7 期、5 期和 3 期,地(市)级文化馆业务干部培训率不低于 25%。要求副省级文化馆以地(市)文化馆和文化站业务干部为重点开展文化馆、站人员培训,地(市)级文化馆业务干部每四年轮训一遍,考核年度的培训率不低于 25%。

在评估要求中,培训班以期(班)次为计算单位,明确要求培训班每期人数不低于 20 人,每期不低于 16 学时。

(6)馆内必备的专用设备总值。

表 8-6　各级文化馆馆内必备的专用设备总值

（单位：万元）

	县级文化馆	地(市)级文化馆	副省级文化馆	省级文化馆
一级	60	105	150	150
二级	45	80	135	135
三级	35	55	105	105

文化馆内必备的专用设备,主要指根据文化馆功能需求必备的专用设备,如流动演出、展览设备和教育培训、数字化加工和服务设备等,不包括建筑设备。以评估定级指定年度财务账目所认定的数据或其他可以提供的可供查阅的档案资料为依据。

(7)业务人员指具体从事群众文化业务工作的人员。在文化馆评估定级的等级必备条件中,县级文化馆的业务人员不低于全馆人员总数的 65%,且本科以上学历人数占业务人员总数:一级馆要求 30%;二级馆要求 25%;三级馆要求 20%。

地(市)级文化馆的业务人员不低于全馆人员总数的60％，且本科以上学历人数占业务人员总数：一级馆要求35％，二级馆要求30％，三级馆要求25％。

副省级与省级文化馆要求相同，即业务人员不低于全馆人员总数的60％，且本科以上学历人数占业务人员总数：一级馆要求45％，二级馆要求40％，三级馆要求35％。

此项必备条件中，以"业务人员占全馆人员总数的65％(或60％)"为基础条件，达到此标准的，再参照一、二、三级馆的指标进行评定。

(8)要求文化馆应认真贯彻执行党的方针政策，遵守国家法律、法规。在评估定级规定的年份里，没有发生违法、违纪情况。若文化馆因违法、违纪行为受到通报批评以上处罚；文化馆领导班子主要成员因违法、违纪行为，受过党纪、政纪处分或追究刑事责任，均取消定级资格。

(二)文化馆评估定级的评估标准

文化馆评估定级标准主要以文化部制定的省级、副省级、地(市)级、县级文化馆等级必备条件、评估标准以及评估细则为依据，进行科学的评估定级。

除了必要条件，设定了具体的评估标准。以第三次全国文化馆评估标准为例，评估标准共分设施建设、公共服务、队伍建设、科学管理四个部分，设有三级指标体系。文化馆评估标准分为四大部分，共1000分。其中办馆条件：370分；队伍建设：100分；公共服务：430分；行政管理：100分；另设提高指标：50分。

1. 办馆条件(370分)

办馆条件是文化馆公共文化服务的基础，在文化馆评估定级中具有十分重要的位置。第三次全国文化馆评估定级标准中，办馆条件具体细分为7个方面进行考察与衡量。

（1）设施建设（170 分）。

①馆舍建筑面积，县级及以上各级文化馆的建筑面积标准有些差异。

县级文化馆馆舍建筑面积，起评标准为 1500 平方米得 40 分，每增加 500 平方米加 10 分，最高标准是 3500 平方米得 80 分。

地（市）级文化馆馆舍建筑面积，起评标准为 2500 平方米得 40 分，每增加 1000 平方米加 10 分，最高标准是 6500 平方米得 80 分。

副省级和省级文化馆馆舍建筑面积，起评标准为 3500 平方米得 40 分，每增加 1000 平方米加 10 分，最高标准是 7500 平方米得 80 分。

在文化馆评估定级中，各级文化馆舍建筑面积超出最高标准的，每增加 500 平方米加 10 分，加分最多不得超过 50 分。建筑面积低于最低标准的不得分。馆舍出租面积为零的，加 10 分。出租房屋用于非文化类项目的不计为馆舍面积，应在总建筑面积中减去，并另行扣除 25 分。出租房屋用于文化类项目（指纳入文化市场管理范围的文化经营项目）的，超过总建筑面积 1/3 的扣 25 分。设有无障碍设施的加 2 分。

②室外活动场地使用面积。

表 8-7　室外活动场地使用面积及分值

（单位：平方米）

县级文化馆	地（市）级文化馆	副省级文化馆	省级文化馆	分值（分）
800	1000	1200	1200	20
600	800	1000	1000	15
500	600	800	800	10
400	400	600	600	5

③群众文化活动用房使用面积比例。县级、地（市）级文化馆的群众文化活动用房使用面积达到总使用面积的 70%，得 20 分；群众文化活动用房的使用面积低于 70% 不得分；低于 60% 的扣 10 分。测算

使用面积的系数为 0.65。以馆内群众文化活动用房的实际使用面积为标准,评估时需提供《群众文化活动用房使用面积一览表》。

副省级、省级文化馆的群众文化活动用房使用面积达到总使用面积的 65%,得 20 分;群众文化活动用房的使用面积低于 65% 不得分;低于 55% 的扣 10 分。

④文化活动厅(室)数量。文化活动厅(室)指用于辅导、排练、展出等各类群众文化活动的用房。在此项评估统计中,文化活动厅(室)按平均面积打分,即用全部活动厅(室)的总面积除以活动厅(室)个数所得的平均面积。专门用于演出的剧场面积不计在内。

表 8-8　设有文化活动厅(室)(平均每个不少于 30 平方米)

(单位:个)

县级文化馆	地(市)级文化馆	副省级文化馆	省级文化馆	分值(分)
8	10	12	14	15
6	8	10	12	10
4	6	8	10	5

⑤是否设有多功能厅。根据设有多功能厅(含剧场、"非遗"展示厅)的面积计算分值,以建筑面积为依据。如无剧场的可按多功能厅的面积计算;既有剧场又有多功能厅的,可将多功能厅的面积计入"文化活动厅(室)"一项的总面积中。

表 8-9　多功能厅面积及分值

(单位:平方米)

县级文化馆	地(市)级文化馆	副省级文化馆	省级文化馆	分值(分)
400	500	800	1000	15
300	400	600	800	10
200	300	400	600	8

注:不足最低评分标准的,得 5 分。

⑥宣传橱窗(栏)。文化馆宣传橱窗(栏)的米数为馆内、馆外

米数之和。宣传栏内容要充分体现文化馆职能，每月至少更换一次。需提供每期专栏的资料，不能完整提供资料的减2分。设有LED宣传屏的加3分。

表 8-10　宣传橱窗(栏)米数及分值

(单位：米)

县级文化馆	地(市)级文化馆	副省级文化馆	省级文化馆	分值(分)
25	30	35	40	10
20	25	30	35	8
15	20	25	30	5

⑦内外部环境氛围，总分为10分。评估的内容主要是：文化氛围浓厚、无商业气息、馆牌醒目、群众能从正门进出；设有固定公示栏、提示牌、各类厅(室)有统一标识；内外环境和谐统一、整洁优美、厕所无异味。每一项不合格减1分。文化馆舍位于城区文化中心或人口集中、交通便利地区的加5分。

(2)设备方面(60分)。

文化馆设备方面的评估项目，有馆内设备总值、馆内设备总值增长比例、信息网络传输和数字化设备、艺术教育培训和资源加工设备、艺术展览和演出设备几个项目。

①馆内设备总值(不包括房产的价值)，以文化馆评估指定年度财务账目所认定的数据为依据。

表 8-11　各级文化馆的馆内设备总值与分值

(单位：万元)

县级文化馆	地(市)级文化馆	副省级文化馆	省级文化馆	分　值(分)
70	130	150	170	20
60	105	130	150	15
45	80	105	130	10
35	55	80	105	5

②馆内设备总值增长比例,按评估年度的设备总值数与上一评估年度的设备总值数的比值为依据。各级文化馆的具体标准与分值相同,具体是:增长比例20%,分值为10分;增长比例15%,分值为8分;增长比例10%,分值为6分;增长比例5%,分值为4分。

③信息网络传输和数字化服务,按达标、齐备、基本具备设定分值。

县级文化馆达到共享工程《村级基层服务点配置标准》的得10分;服务器等主控硬件、计算机、视听设备三项齐备的得8分;基本具备计算机和视听设备的得5分。达到《乡镇基层服务点配置标准》的加5分。有数字化服务室(或电子阅览室)加5分。

地(市)级文化馆达到共享工程《乡镇基层服务点配置标准》的得10分;服务器等主控硬件、计算机、视听设备三项齐备的得8分;基本具备计算机和视听设备的得5分。达到《县级支中心系统配置标准》的加5分。有数字化服务室(或电子阅览室)加5分。

副省级、省级文化馆达到共享工程《县级支中心系统配置标准》的得10分;服务器等主控硬件、计算机、视听设备三项齐备的得8分;基本具备计算机和视听设备的得5分。达到《地级支中心系统配置标准》的加5分。有数字化服务室(或电子阅览室)加5分。

④艺术教育、培训和资源加工设备,文化馆必须配置三类十种设备,每缺少一种扣1分。十种设备具体是:多媒体投影演示设备(含电脑或笔记本电脑、投影仪、电视机),视听播放及电教设备(DVD机),资源加工设备(数码照相机、数码摄像机、录像机、录音机、刻录机、扫描仪等)。有专门录音棚的加5分。

(3)经费拨款(90分)。

文化馆的日常运行和公共文化服务,离不开国家财政拨款。

经费拨款是文化馆履行工作职能的重要保证。文化馆评估标准中对经费拨款项目具体细分为免费开放经费补偿、人员经费情况、公用经费情况、业务（含项目）经费拨款比例、年事业收入达到年收入总额比例几个方面。经费拨款的评估标准总分为90分。

①免费开放经费补偿，指国家财政给予馆内设置免费开放服务项目所需经费的补偿。可以评估规定年度国家财政拨付的经费数额与当年免费开放项目经费实际支出数额的比值为依据，按照所得的百分比进行评分。此项评估，各级文化馆评分标准相同，即达到100%，分值为15分；达到80%，分值为10分；低于80%的，减10分。

②人员经费，指在国家财政经费中列支的，用于支付馆内人员基本工资、补贴和福利的费用。此项评估标准，以评估规定年度国家财政拨付的经费数额与当年馆内人员经费实际支出数额的比值为依据，按照所得的百分比进行评分（要求提供相应的财政拨款文件、年度财务报表和决算表）。各级文化馆评估标准相同，即比例达到100%的，分值为25分；达到80%的，分值为20分；低于80%的，减20分。

③公用经费，指在国家财政经费中列支的用于馆内各项公用支出的费用。以2010年度国家财政拨付的数额与当年本馆公用经费实际支出数额的比值为依据，按照所得的百分比进行评分。各级文化馆此项评估标准相同，即达到100%，分值为25分；达到90%，分值为20分；达到80%，分值为15分。

④业务经费拨款，指由国家财政经费提供的，专门用于馆内各项业务活动支出的年度业务经费或用于专项业务活动的经费。以评估指定年度国家财政拨付的业务经费（含专项业务活动经费）与当年本馆业务经费实际支出数额的比值为依据，按照所得的百分比进行评分。各级文化馆评估标准相同，即达到100%，分值

为 25 分;达到 90%,分值为 20 分;达到 80%,分值为 15 分;达到 70%,分值为 10 分。建立基本文化服务经费保障机制的,加 10 分。

⑤年事业收入,以评估指定年度本馆财务报表中事业收入(含经营收入及其他各项收入之和)与当年年收入总额的比值为依据,按所得的百分比进行评分。县级、地(市)级文化馆年事业收入达到年收入总额的 20%、25%、30%,分值分别为 30 分、40 分、50 分。之后每增加 5%加 10 分,加分最高不超过 30 分。副省级、省级文化馆年事业收入达到年收入总额的 25%、30%、35%,分别得 30 分、40 分、50 分。之后每增加 5%加 10 分,加分最高不超过 30 分。

2. 队伍建设(100 分)

(1)文化水平(30 分)。

①本科以上学历人数占业务人员的比例,指国家承认的正式大学本科或研究生学历(含获得毕业证书未获学位的,但不含相当学历)。业务人员总数包括从事业务工作的在职正式职工,也包括签约一年以上并在岗工作的聘用人员。县级文化馆此项比例达到 35%、30%、25%,分值分别是 10 分、8 分、5 分。地(市)级文化馆此项比例达到 45%、40%、35%,分值分别是 10 分、8 分、5 分。副省级文化馆此项比例达到 50%、45%、40%,省级文化馆此项比例达到 55%、50%、45%,分值为 10 分、8 分、5 分。

②职工教育及岗位培训达到 48 学时的人数占职工总数的比例,指全馆人员参加学历学习、各类培训(进修)以及继续教育学习的情况。以馆内人员年度参加职工教育和岗位培训达到 48 学时的人数与评估指定年底前全馆人员人数的比值为依据评分。县级、地(市)级文化馆此项比例达到 90%、80%、70%、60%,分值分别是 10 分、8 分、6 分、4 分。副省级、省级文化馆此项比例达

到80％、70％、60％、50％，分值分别是10分、8分、6分、4分。各级文化馆此项比例达到100％的加10分。

③业务人员岗位培训、继续教育达到72学时的人数占业务人员总数的比例，各级文化馆此项比例达到100％、90％、80％、70％，分值分别是10分、8分、6分、4分。

（2）专业职称（30分）。

县级文化馆有专业技术职称人员与业务人员总数的比例达到70％、65％、60％，分值分别是15分、10分、5分。中级（含中级）以上职称占业务人员总数的比例达到40％、35％、30％，分值分别是15分、10分、5分。地（市）级文化馆中级（含中级）以上职称占业务人员总数的比例达到55％、50％、45％，分值分别是15分、10分、5分。高级职称占业务人员总数比例达到10％、7％、4％，分值分别是15分、10分、5分。副省级、省级文化馆中级（含中级）以上职称占业务人员总数的比例达到60％、55％、50％，分值分别是15分、10分、5分。高级职称占业务人员总数比例达到20％、15％、10％，分值分别是15分、10分、5分。正高职称人数占高级职称人数比例达到20％的另加3分。

（3）业务人员（40分）。

①业务人员占职工总数的比例，县级文化馆此项比例达到75％、65％、55％，分值分别是15分、10分、5分；地（市）级、副省级、省级文化馆此项比例达到70％、60％、50％，分值分别是15分、10分、5分。

②各门类人员配备齐全，各级文化馆必须配备文学、音乐、舞蹈、戏剧（戏曲）、美术、摄影、"非遗"（或民族民间文化）、群文理论以及演出设备管理、数字化设备管理等专门人员。配备齐全得10分，缺一个门类减1分。

③业务人员获奖情况，县级文化馆业务人员获县级以上表演

奖、创作奖、辅导奖、科研成果奖、组织奖,达到10、8、6、4件(次、篇),分值分别是15分、10分、5分、3分。评估指定年份在文化部"群星奖"比赛中获群星奖加10分。地(市)级文化馆业务人员获地(市)级以上表演奖、创作奖、辅导奖、科研成果奖、组织奖,达到20、15、10、5件(次、篇),分值分别是15分、10分、5分、3分。评估指定年份在文化部"群星奖"比赛中获群星奖加10分。副省级文化馆业务人员获省级以上表演奖、创作奖、辅导奖、科研成果奖、组织奖,达到25、20、15、10件(次、篇),分值分别是15分、10分、5分、3分。评估指定年份在文化部"群星奖"比赛中获群星奖加10分。省级文化馆业务人员获省级以上表演奖、创作奖、辅导奖、科研成果奖、组织奖,达到30、25、20、15件(次、篇),分值分别是15分、10分、5分、3分。评估指定年份在文化部"群星奖"比赛中获群星奖加10分。

3. 公共文化服务(430分)

公共文化服务是文化馆的主要工作职能。在评估标准中,公共服务总分为430分,具体分为免费开放、馆办活动、辅导和培训、刊物资料、非物质文化遗产保护、档案管理、数字化服务。

(1)免费开放(80分)。

①每周对公众提供服务的开馆时间,以文化馆一周开馆的小时数为依据评分,开馆时间内必须有群众能参与的活动项目。各级文化馆的评估标准相同,即每周开馆时间56小时、49小时、42小时,分值分别为25分、20分、15分,开馆时间低于35小时减10分。

②馆内常设免费服务项目,指利用馆舍开展的每周活动并予以公示的免费服务项目,包括免费的演出、电影、视听、展览、阅览、培训、讲座、游艺、体育,以及免费为群众业余文艺团队提供活动场地等服务项目。各级文化馆的评估标准相同,即免费

服务项目 6 项、5 项、4 项，分值分别是 25 分、20 分、15 分。免费服务项目超过 6 项，每多一项加 2 分，最多不超过 10 分。

③馆内常设免费活动时间，县级文化馆馆内常设免费活动时间达到 6 小时、5 小时、4 小时，分值分别是 20 分、15 分、10 分。平均每天活动时间超过 6 小时加 5 分。地(市)级、副省级、省级文化馆馆内常设免费活动时间达到 5 小时、4 小时、3 小时，分值分别是 20 分、15 分、10 分。平均每天活动时间超过 6 小时加 5 分。

④公示服务内容，文化馆开馆时间的各种活动应有公示，且公示内容应定期更换。设有公示牌得 2 分；公示内容完整得 8 分。公示牌未设在公众易于看到的位置，减 1 分；公示的内容包括各项活动的时间、地点、活动内容及服务方式(是否免费)等，每缺少一项内容减 2 分。此项评估标准各级文化馆相同。

(2)馆办活动(105 分)。

①组织大型文化活动，要求参与人数不低于 200 人。面向弱势群体，指老年、少儿、农民工、残疾人等。县级文化馆组织大型文化活动达 6 次、5 次、4 次，分值分别为 25 分、20 分、15 分。承办地级以上范围的大型活动加 3 分。地(市)级、副省级文化馆组织大型文化活动达 7 次、6 次、5 次，分值分别为 25 分、20 分、15 分。承办全国范围的大型活动加 3 分。省级文化馆组织大型文化活动达 8 次、7 次、6 次，分值分别为 25 分、20 分、15 分。承办全国范围的大型活动加 3 分。各级文化馆组织广场、乡镇和面向弱势群体开展的活动各不少于 1 次，未举办的各减 3 分。

②组织大型展览，大型展览指展线长度不低于 40 米的展览。县级文化馆举办 5 次、4 次、3 次，分值分别是 15 分、10 分、5 分。地(市)级、副省级、省级文化馆的评估标准相同，即举办 6 次、5 次、4 次，分值分别是 15 分、10 分、5 分。

③组织各类理论研讨会和对外交流活动,县级、地(市)级文化馆此项评估标准相同,即组织本级理论研讨会、对外交流活动或承办上一级区域理论研讨会和对外交流活动4次、3次、2次,分值分别是10分、8分、6分。副省级、省级文化馆此项评估标准相同,即组织本级理论研讨会、对外交流活动或承办上一级区域理论研讨会和对外交流活动5次、4次、3次,分值分别是10分、8分、6分。

④课题研究并取得成果,课题研究应是对文化馆理论和实践研究具有重要意义的内容。所有课题(包括接受文化部、省、地市一级的课题以及本县自定课题)均需立项,有立项书、课题研究计划、课题研究成果。评估标准为各级文化馆课题研究并取得成果2项、1项,分值分别是5分、3分;承担文化部研究课题并取得成果的加3分,承担省研究课题并取得成果的加2分,承担地市研究课题并取得成果的加1分;省级文化馆承担地市级研究课题不加分。

⑤组织群众业余文艺创作和群众业余文艺作品推广活动,县级、地(市)级文化馆组织开展此类文化活动3次、2次、1次,分值分别为10分、8分、6分。副省级、省级文化馆组织开展此类文化活动4次、3次、2次,分值分别为10分、8分、6分。

⑥馆办文艺团队指本馆创办、辅导并根据需要经常参加本馆组织活动的群众文化团队(挂靠性质的社会文化团队除外)。县级、地(市)级、省级文化馆的馆办文艺团队5支、4支、3支、2支,分值分别是20分、15分、10分、5分。副省级文化馆此项评估标准略高,要求有馆办文艺团队6支、5支、4支、3支,获得相应的分值。以农民为主的团队加2分。

⑦县级文化馆的馆办文艺团队下基层演出70场次、60场次、50场次、40场次,分值分别20分、15分、10分、5分。40场以

下不得分，到农村演出场次低于 50％的得分减半。地（市）级文化馆的馆办文艺团队下基层演出 60 场次、50 场次、40 场次、30 场次，分值分别 20 分、15 分、10 分、5 分。30 场以下不得分，到农村演出场次低于 30％的得分减半。副省级、省级文化馆的馆办文艺团队下基层演出 50 场次、40 场次、30 场次、20 场次，分值分别 20 分、15 分、10 分、5 分。20 场以下不得分，到农村演出场次低于 30％的得分减半。

（3）辅导和培训（115 分）。

①文化活动基地（示范点），指本馆在本区域内设立、由本馆人员有计划辅导，并具有一定示范性和影响力的，每个季度均组织活动的综合的或单项的基层群众文化活动点。县级文化馆建立 5 个、4 个、3 个示范点，分值分别是 8 分、6 分、4 分；基地在社区或农村的数量低于 50％的，得分减半。地（市）级、副省级文化馆建立 15 个、10 个、8 个、6 个示范点，分值分别是 8 分、6 分、4 分、2 分；基地在社区或农村的数量低于 30％的，得分减半。省级文化馆建立 20 个、16 个、12 个、8 个示范点，分值分别是 8 分、6 分、4 分、2 分；基地在社区或农村的数量低于 30％的，得分减半。

②未成年人文化活动基地（示范点），县级文化馆建有未成年人文化活动基地 5 个、4 个、3 个，分值分别是 8 分、6 分、4 分；基地在社区或农村的数量低于 50％的，得分减半。

地（市）级文化馆建有未成年人文化活动基地 6 个、5 个、4 个、3 个，分值分别是 8 分、6 分、4 分、2 分；基地在社区或农村的数量低于 30％的，得分减半。副省级、省级文化馆建有未成年人文化活动基地 8 个、6 个、4 个、2 个，分值分别是 8 分、6 分、4 分、2 分；基地在社区或农村的数量低于 30％的，得分减半。

③外来务工人员文化活动点，各级文化馆此项评估标准相同，

即建立外来务工人员文化活动点 5 个、4 个、3 个、2 个,分值分别是 4 分、3 分、2 分、1 分。

④举办文化馆(站)人员培训班,以举办培训班的数量为依据评分,属于常年性培训的以 48 学时为一期。

表 8-12 各级文化馆举办此项培训班的期数与相应的分值

县级文化馆	地(市)级文化馆	副省级文化馆	省级文化馆	分值
4 期	5 期	6 期	8 期	20 分
3 期	4 期	5 期	6 期	15 分
2 期	3 期	4 期	4 期	10 分

⑤举办社会文化艺术培训班,指举办文化艺术门类的培训班(含有偿性培训班)。不含未成年人培训班。以举办培训班的数量为依据评分,属于常年性培训的以每三个月为一期。

按评估标准,县级文化馆举办培训班 12 期、10 期、8 期,分值分别是 10 分、8 分、6 分。地(市)级、副省级文化馆举办培训班 20 期、15 期、10 期,分值分别是 10 分、8 分、6 分。省级文化馆举办培训班 30 期、25 期、10 期,分值分别是 10 分、8 分、6 分。

其中专为农民举办的培训班,每举办一期加 1 分,最高加 5 分。

⑥举办未成年人文化艺术培训班,县级文化馆举办此类培训班 12 期、10 期、8 期,分值分别是 10 分、8 分、6 分。地(市)级、副省级文化馆举办此类培训班 25 期、20 期、15 期,分值分别是 10 分、8 分、6 分。省级文化馆举办此类培训班 35 期、30 期、25 期、20 期,分值分别是 10 分、8 分、6 分、4 分。未成年人含外来务工人员子女。专为农民和外来务工人员子女举办的培训班,每举办一期加 1 分,最高加 5 分。

⑦举办外来务工人员文化艺术培训班,县级文化馆举办此类

培训班4期、3期、2期、1期，分值分别是5分、4分、3分、2分。其他各级文化馆举办此类培训班5期、4期、3期、2期，分值分别是5分、4分、3分、2分。

⑧深入基层培训、辅导、调研人均时间，县级文化馆深入基层人均60天、48天、36天，分值分别是15分、12分、8分；地（市）级、副省级文化馆深入基层人均48天、36天、24天，分值分别是15分、12分、8分；省级文化馆深入基层人均36天、24天、18天，分值分别是15分、12分、8分。

⑨本馆业务人员培养、辅导的作者、演员获奖，以获得的同级以上的群众文化类的表演奖、创作奖、科研成果奖、组织奖等奖项的数量进行评分。获得"群星奖"的可以按规定标准加分。如在233项目中已获得"群星奖"加分的作品不能重复计算，按评估指定年度进行统计。

表8-13　获奖数量及分值

（单位：项）

县级文化馆	地（市）级文化馆	副省级文化馆	省级文化馆	分值（分）
10	15	20	20	15
8	12	15	15	12
6	9	10	10	8
4	6	5	5	5

⑩馆办老年学校全年办班，指本馆创办的承担老年教育培训并正式挂牌的机构。要求年度举办培训班不少于6期。

评估标准具体是县级文化馆办班10期、8期、6期，分值分别是20分、15分、10分。地（市）级、副省级文化馆办班15期、12期、8期，分值分别是20分、15分、10分。省级文化馆办班20期、15期、10期，分值分别是20分、15分、10分。

低于6期的不得分。没有挂牌的，年度举办老年培训班达到上述标准可按一半分值得分。

(4)刊物资料(20分)。

①群众文艺辅导资料，馆办刊物指馆办或为主参加创办的公开发行和内部交流的文艺(文学)类、工作交流类刊物。副省级、省级文化馆的馆办刊物，要有正式刊号或内部刊号。各级文化馆编印馆办刊物或文艺辅导资料，分值为10分。

②信息资料，专指本馆编辑的群众文化的简报、信息、通讯，不定期发行的交流材料以及在网站(页)上发布的信息资料等。县级文化馆编印12期、6期，分值分别是10分、7分；在网站发布信息资料的，信息栏目2个60条，7分；4个120条，10分。被政府采用的信息每项加1分，最多不超过5分。地(市)级文化馆编印15期、10期，分值分别是10分、7分；在网站发布信息资料的，信息栏目2个70条，7分；4个150条，10分。被政府采用的信息每项加1分，最多不超过5分。副省级文化馆编印15期、10期，分值分别是10分、7分；在网站发布信息资料的，信息栏目2个90条，7分；4个200条，10分。被政府采用的信息每项加1分，最多不超过5分。省级文化馆编印18期、12期，分值分别是10分、7分；在网站发布信息资料的，信息栏目2个90条，7分；4个200条，10分。被政府采用的信息每项加1分，最多不超过5分。

(5)非物质文化遗产保护(50分)。

①收集整理"非遗"项目，县级文化馆直接收集整理的"非遗"项目10项、8项、5项，分值分别是10分、8分、5分。地(市)级、副省级文化馆直接收集整理的"非遗"项目15项、12项、8项，分值分别是10分、8分、5分。省级文化馆直接收集整理的"非遗"项目20项、15项、10项，分值分别是10分、8分、5分。

未承担"非遗"保护工作的，其收集整理或保留的民族民间文化遗产项目按指标的50%（即10、7、5项）计算。分数不变。

②资料数字化，建立"非遗"数据库或将"非遗"资料数字化，做到资料基本齐全，储存于主服务器，能够提供查询。此项评估指标为纳入数据库（或进行数字化）的"非遗"项目占收集整理全部项目的百分比。各级文化馆的"非遗"项目资料数字化比例达到100%、85%、70%，分值分别是10分、8分、5分。

③组建专门机构，各级文化馆成立专设机构从事"非遗"保护工作，分值为5分。

④建立保护传承机制，指名录项目完成了确定传承人、建立传承基地（传习所或传承人工作室）、并有计划地开展传习活动。此项评估项目以各级文化馆建立传承机制的项目与同级以上名录项目总数的比值为依据进行评分。各级文化馆评估标准相同，即此项比例达到90%、70%、50%，分值分别是15分、10分、5分。

⑤开展"非遗"宣传展示活动，县级文化馆开展"非遗"宣传展示活动4次、3次、2次，分值分别是10分、8分、5分。地（市）级、副省级文化馆开展"非遗"宣传展示活动5次、4次、3次，分值分别是10分、8分、5分。省级文化馆开展"非遗"宣传展示活动6次、5次、4次，分值分别是10分、8分、5分。各级文化馆建立主题博物馆（或展示馆、展室）的加2分。

（6）档案管理（25分）。

经当地档案主管部门评估定级的，一级馆25分；二级馆20分；三级馆15分。没有参加评估的依照本办法评定。

①建档时间，各级文化馆建档时间30年、20年、10年；分值分别是10分、7分、4分。建馆在10年以内的，从建馆开始就有档案的，得4分。

②完成档案整理，县级、地(市)级文化馆完成档案整理 80 卷、70 卷、60 卷、50 卷，分值分别是 10 分、8 分、6 分、3 分。副省级、省级文化馆完成档案整理 100 卷、90 卷、80 卷、70 卷；分值分别是 10 分、8 分、6 分、3 分。

③档案室配备，各级文化馆根据是否设立档案室、是否配备专、兼职档案管理员为依据进行评分。未设立档案室或未配备专兼职档案管理员各减 2 分。无专门设备的扣 1 分。其中副省级、省级文化馆按是否设立独立档案室进行评估。

(7)数字化服务(40 分)。

①网站或网页，县级文化馆建立网站的，分值为 10 分；仅在其他网站上设置网页的，分值为 5 分。其他各级文化馆建立网站的，分值为 10 分；仅在其他网站上设置网页的，不得分。

②网站原创信息更新量，县级文化馆网站原创信息更新量平均每月 5 条、4 条、3 条，分值分别是 6 分、4 分、2 分；地(市)级文化馆网站原创信息更新量平均每月 15 条、10 条、5 条，分值分别是 6 分、4 分、2 分；副省级、省级文化馆网站原创信息更新量平均每月 30 条、20 条、10 条，分值分别是 6 分、4 分、2 分。

③宽带接入，县级、地(市)级文化馆宽带接入 5 兆、2 兆、1 兆，分值分别是 8 分、5 分、3 分。副省级、省级文化馆宽带接入 10 兆、5 兆、2 兆，分值分别是 8 分、5 分、3 分。

④群众文化文献资源的数字化，指将群众文化的各种文献资源进行数字化处理，如制成光盘提供查询、进行磁盘列阵处理提供网上使用、提供给文化信息共享工程等。按照群众文化文献资源进行数字化处理的资源总量确定得分。县级文化馆群众文献资源的数字化达到 5G、3G、1G，分值分别是 8 分、5 分、3 分。地(市)级文化馆群众文献资源的数字化达到 8G、5G、3G，分值分

别是 8 分、5 分、3 分。副省级、省级文化馆群众文献资源的数字化达到 10G、8G、5G，分值分别是 8 分、5 分、3 分。

4. 行政管理(100 分)

行政管理具体分为党政领导班子、馆长、规章制度、群众对文化馆工作满意率几个方面。

(1)党政领导班子(20 分)。

党支部建设方面。在评估指定年度里，被评为本系统优秀党支部、单位被评为精神文明建设先进单位、书记被评为本系统以上优秀党务工作者或党员被评为本系统以上优秀党员的，得 10 分；支部工作无上述表彰奖励的，得 5 分；支部(或党员)出现违纪现象得 0 分。中层领导建设方面。在评估指定年度，全体中层领导年终考评的"称职"比率达到 100%、90%、80%，分值分别是 10 分、8 分、5 分。

(2)馆长(20 分)。

馆长的基本素质。包括政治素质、文化素质等方面。政治素质要求符合干部"四化"标准，事业心强，作风民主，关心群众等；文化素质要求大本以上学历或馆员以上职称等。学历或职称均不符合上述要求的减 2 分。

馆长综合评价。以评估年度年终馆长个人的考评成绩或群众测评成绩为依据进行评分。获得"优秀"的得 10 分，"称职"的得 8 分，"基本称职"的得 2 分；"不称职"及出现违法、违纪行为受到处分或通报批评的得 0 分。在指定年度被评为本系统以上先进个人或获得个人专项表彰(不含业务成果类表彰)的，加 5 分。

(3)规章制度(40 分)。

建立、健全各种管理制度，满分 15 分，评估指定年度新建或重新修订规章制度达 3 个以上的，加 3 分。执行制度情况，满分

15分。制度落实情况好且上述资料齐全的,可得满分。资料不全的,酌情扣除5~10分。建立安全保卫制度和执行情况,满分10分。要求安全保卫制度完善,设有安全通道、安全标识、防火器材,并备有应急方案、值班制度的,可得满分。上述具体检查项目缺项的,每项减2分。存在安全隐患的,扣除此项得分。

(4)群众对文化馆工作的满意率。

评估组向文化馆周边群众发放问卷调查表,调查到馆率、参与活动率、满意率。以抽样调查的满意度为依据进行评分。满意率80%、70%、60%,分值分别是20分、15分、10分。群众满意率在80%以上,每提高5个百分点,加5分,最高可加10分。低于60%不得分。

5. 提高指标(80分)

(1)指定年度以来受过文化部命名、表彰,分值为10分。(不含"群星奖"获奖项目)

(2)指定年度以来被上级党委政府授予称号,包括集体和个人,分值为10分。

(3)根据文化馆的建设和发展情况,在运行机制和服务方式方面,开发拓展创新项目(包括文化志愿者工作等),并取得相应的成果,分值为10分。

(4)进行内部劳动人事、收入分配等改革,取得成果;包括文化馆岗位设置及制度建设等方面进行的探索性改革,并取得相应的成果,分值为10分。

(5)至少有3个以上品牌活动或项目,品牌活动或特色项目是指连续开展三年以上,覆盖全辖区的、产生较广泛影响、群众喜爱、参与面广的活动或项目,分值为10分。

三、文化站评估定级标准

目前全国统一的文化站评估定级工作尚未进行，但各地文化站评估定级标准大多设置了相关等级的必备标准。以浙江省为例，站舍面积、文化站工作人员、藏书、年人均文化活动经费、年度组织开展公益性活动、开放时间、站内设备总值等 8 项条件均达到相关等级标准的，方具备该等级文化站的评定标准，8 项条件达到等级标准各不相同的，按最低等级标准套评。除了必备条件，评估标准大多从办站条件、公共服务、业务建设、管理水平四个部分进行考核评估。文化站评估总分为 1000 分，超出标准部分可按一定比例加分。另设奖励指标 100 分。特级站、一级站、二级站、三级站均设置相应的等级分数线。达到某等级必备条件，但未达该等级分数线的，降一个级别定级。

文化馆（站）评估标准与必备条件的设置，对推进当前文化馆（站）的免费开放、文化服务，科学评价文化馆（站）的建设、管理与服务水平，规范文化馆站各项建设、管理和服务工作，起到重要的指导作用。

第三节　文化馆评估定级程序

根据文化部要求，各级文化馆（群艺馆）无特殊原因一律参加评估定级工作。因馆舍改造或搬迁等原因闭馆的文化馆（群艺馆）须经上一级文化行政主管部门批准，方可不参加评估。

一、文化馆评估定级程序

现行的全国文化馆评估定级程序，主要由四个部分组成：文化馆评估定级的自查自评；文化馆评估定级的材料申报；文化馆评估定级的评估验收；文化馆评估定级的结果公布。

文化馆评估定级的程序，是一个有机的整体。文化部组织全国性的文化馆评估定级时，对这些程序的推进，有明确的时间要求。各级文化馆必须了解评估定级的具体程序及时间进度，合理安排迎接评估定级的各项准备工作。

二、文化馆评估定级的自评工作

各级文化馆(按行政层级相应称为省级馆、副省级馆、地市级馆、县级馆)按照文化部关于各级文化馆的评估定级标准，落实文化馆评估工作小组，以指定年份的文化馆各类数据指标为准，进行自查自评。

(一)组织自评工作小组

文化馆成立自评工作小组，成员主要由艺术档案人员、办公室的文秘人员与其他各个业务门类人员组成，馆长或者分管的副馆长具体负责。自评工作小组成立后，要做好几方面的评估准备工作。

1. 明确工作分工

文化馆自评工作小组要明确各自的职责。一般而言，馆里的文秘人员重点做好文化馆评估定级的申报材料撰写工作；以艺术档案人员为主，收集整理评估定级用的各项材料；一般由办公室主任具体安排自评工作小组的日常工作。工作职责越是明确，越能发挥每个人员的工作积极性和主动性，完成自己的工作任务。

2. 学习评估标准

文化馆自评工作小组成员在馆部的安排下，组织开展文化馆评估标准的学习活动，逐条学习文化部出台的文化馆评估文件，或者请熟悉评估工作的专家对评估标准与必备条件进行详细的解读，使评估工作人员熟悉文化馆等级必备条件、评估标准，对文化馆评估的每一项评估内容与标准有深刻的认识。只有这样，文化馆自评工作才能符合评估要求，各项准备工作才有针对性。

3. 确定工作进度

各级文化馆必须按照文化部和当地文化行政主管部门的评估工作安排，制定相对应的文化馆自评工作进度，根据先紧后松的原则，确定自评工作的主要内容及其时间安排，明确评估准备工作的各个阶段性任务。通过定期或不定期召开专题会议推进文化馆评估的各项准备工作，发现问题及时解决，保质、按时完成评估定级的各项准备。

(二)收集整理申报材料

文化馆评估定级的材料，要按文化部相关文件的要求，在规定时间里逐级向上申报。对于文化馆来说，评估定级的申报材料主要有：文化馆等级必备条件评估标准评估细则及打分表；评估标准细则要求的附件资料（即支撑、佐证材料，包括相关档案文本、影像资料等）。

1. 文化馆等级必备条件、评估标准评估细则及打分表

等级必备条件、评估标准评估细则及打分表，是文化馆评估定级中，十分重要的申报材料。通过这两张打分表，评估定级工作组成员可以在最短时间内，掌握该文化馆是否达到某个评估等级，以及每项评估项目的具体情况及其得分，准确评估文化馆是国家一级文化馆，还是二级、三级文化馆。

（1）文化馆等级必备条件及打分表。如果八项等级必备条件中，有一项没有达到，就势必影响到某个文化馆的等级评定，不可粗心大意，敷衍了事。在填报文化馆等级必备条件的打分表时，首先要清晰地把握评估项目、每个等级的相应标准。"馆舍建筑面积"等评估项目比较简单，"财政拨款"、"免费开放项目"等评估项

目比较复杂,如"财政拨款"的说明中,按所在行政区域的服务人口制定相应的等级标准;该项评估项目的评估细则中,"此项要求政府财政经费拨款必须达到相应的标准。人口:指2009年常住人口数(含户籍人口和居住半年以上的暂住人口)。财政拨款:2010年财务报表中财政拨款和上级补助收入之和。"因此必须认真学习掌握等级必备条件中的"说明"和"评估细则",心中有数,避免不必要的差错。在文化馆自评中,一般可以在"等级必备条件"中"等级"右侧增加一列,将文化馆相应的数据填入到新增的列中,尽可能做到一目了然。

(2)文化馆评估标准及打分表,是文化馆评估定级另一份十分重要的申报材料。评估项目众多而且繁杂,这项工作必须要细心、耐心。这项工作同样需要文化馆人员对评估标准的"说明"、"评估细则"逐字逐句深刻理解,准确地把握各项评估项目及其标准要求。如"设施建设"部分的"馆舍建筑面积"评估项目,其评估"说明"中详细介绍的具体的评分标准及计算方法,在理解了这些评估标准及其说明后,然后对照评估项目、评估标准,文化馆实事求是地填写打分表,做到各项评估数据准确无误。

2. 评估标准细则要求的附件资料

与文化馆评估标准及打分表相对应的是参与评估定级的文化馆要有详细的附件资料。这些附件资料用来支撑、证明评估项目相对应的评估内容,包括相关档案文本、影像资料等。这些文本和影像资料,平时应该收集在文化馆的艺术档案里。在收集整理相关的附件资料中,要注意以下几点。

首先,在收集与等级必备要求、评估标准相关的附件资料时,必须根据文化部出台的评估说明和评估细则有的放矢,定向进行材料收集整理工作。比如在"馆舍建筑面积"这一评估项目,评估标准里有具体的"评估细则",其附件资料必须要求"提供相关的房产证明和建筑图纸,无法提供房产证明和建筑图纸的,须由当地政府房屋管理部门提供测绘证明"。了解这个评估细则,"馆舍建筑面积"评估项目的材料收集整理目标就十分明确了。如文化馆队伍建设中的"文化水平"项目下,有"本科以上学历人数占业务人员总数的百分比",其评估细则中规定:"以全馆人员中取得本科以上学历的人数与指定年底全馆业务人员总数的比值为依据评分。需提供指定年底全馆职工的花名册(列明基本情况)以及获得学历人员的学历证书。""课题研究"评估项目的评估细则中,要求"所有课题(包括接受文化部、省、地市一级的课题以及本县自定课题)均需立项,有立项书、课题研究计划、课题研究成果(调查报告、研究报告或其他视频资料)",这些细则为附件资料收集起到了明确的指引作用。掌握了这些细则中的要求,评估的附件资料收集整理就十分明确了。

其次,在着手进行评估定级的各项准备工作时,要求根据评估项目的前后顺序,将大量的附件资料进行排序,然后装订成册;在每册前面设置卷内目录,同时在每卷封面上,标注相应的评估内容,如"办馆条件",或者"队伍建设",便于评估时进行查阅。要根据附件资料的多少,进行组卷装订成册,如"创作成果"的内容比较丰富,复印装订时,在卷宗的扉页附上全馆创作获奖作品一览表。

(三)拟定评估定级自评报告

文化馆评估定级报告的写法,应该与文化馆年度工作总结有显著的差异。评估定级报告的写法主要是根据评估标准的顺序有条不紊地进行总结。撰写文化馆评估定级报告,应该在自评工作的评估打分和附件资料的台账都基本完成的情况下撰写,所有的评估内容和具体数据都已经出来，写起来比较顺利。撰写文化馆评估定级报告，要注意以下几个方面。

(1)按评估标准的顺序进行写作。评估定级报告的撰写，要抛开年度工作总结的框架，按照文化部下发的文化馆评估标准，进行有序地总结。整个评估总结报告可以根据评估的内容分成几大部分：办馆条件、队伍建设、公共服务、行政管理和提高指标。

办馆条件部分。主要由文化馆设施建设、设备、经费拨款的内容组成。撰写中既要根据评估项目的内容逐条撰写，同时对相关的评估内容进行说明，如馆舍建筑面积的评估项目中，可以适当介绍目前文化馆馆舍建造的具体时间、地点；在信息网络传输和数字化服务设备这一评估项目中，介绍主控设备、数字化服务的设备等具体内容。

队伍建设部分。主要由文化馆人员的文化水平、专业技术职称、业务人员的配备和创作获奖情况等构成。评估总结时逐条撰写，有些内容适当介绍，如文化馆业务人员创作研究获奖情况，可以把获得文化部"群星奖"的作品进行简介，其他都用数据说明。

公共服务部分。主要由免费开放、馆办活动、辅导培训、刊物资料、非物质文化遗产保护、档案管理、数字化服务等构成。这部分内容构成了文化馆公共文化服务的主要内容，是文化馆工作的核心。逐条总结，根据评估细则适当做些说明。如"课题研究"评估项目中，既有加分说明，规定县级文化馆"承担文化部研究课题并取得成果的加3分，承担省研究课题并取得成果的加2分，承担市级研究课题并取得成果的加1分"，同时评估细则又规定："立项课题应是对文化馆理论和实践研究具有重要意义的内容。"因此在撰写这部分内容时，有必要进行适当的简介。

文化馆管理。主要由党政领导班子建设、馆长素质能力、规章制度建设、群众满意率几个部分组成。若有支部、单位及馆长、书记获得上级单位的表彰（不含业务成果类表彰）的，可以在总结中作适当的简介。

提高指标。主要由评估规定年度受过文化部命名表彰、被上级党委政府授予称号（包括集体与个人）、服务创新、品牌活动（或特色项目）几个部分组成，相关内容应作简要说明。

（2）要用具体的数据说话。在自评阶段，除了打分表上用数据说话，在撰写评估定级总结报告中要实事求是，针对每项评估项目及其评估说明、评估细则的要求，用数据来准确地反映文化馆建设的情况。无论是办馆条件中的财政拨款，还是业务人员创作研究成果，必须用数据进行概括说明。创作研究成果、辅导成果这两项评估项目，可以按全国级、省级、地市级等几个级别，对创作研究或辅导成果进行统计，获文化部"群星奖"的数量单独统计说明。

（3）自评报告的开头与结尾。自评报告的开头，可以对本文化馆作概括性的介绍，同时简述本文化馆对评估定级工作的重视及准备工作情况；在自评报告的结尾，介绍文化部的评估定级工作，对本文化馆建设的积极促进作用。

三、文化馆评估定级的材料申报

文化馆评估定级自评报告撰写完成，各项评估资料收集整理后，要按各级文化行政管理部门的统一安排，及时将申报材料送到文化行政主管部门。在评估定级的材料申报中，要注意三个方面。

首先，申报材料必须真实准确。开展文化馆评估工作，目的不仅仅在于评估定级本身，而是为了对照评估标准，发现不足，着力整改。通过评估，进一步加强文化馆思想建设、设施建设、业务建设和人才队伍建设，提升公共文化服务水平和科学管理水平，更好地促进文化馆事业的发展。因此，文化馆评估定级中所有申报的材料必须真实，要充分理解评估标准与评估细则，不应产生理解上的偏差导致评分不准确；对建筑面积、经费核算、活动项目、获奖数量和提高指标等数据必须核实准确；绝不能弄虚作假。

其次，申报材料必须资料完整。向上级文化行政主管部门申报评估定级的材料，要注意申报材料的完整性。必须严格按照评估标准与评估细则的要求，收集整理相关的档案资料与证明材料，分门别类进行立卷与装订，提供评估定级评分的依据。申报材料做到资料完整，避免出现有的评估项目相关的档案资料和证明材料不齐备的情况。

最后，规定时间内上交申报材料。文化馆评估定级工作，文化部制定了具体的评估时间进程表，各省、市文化行政主管部门以此为依据，确定各地的评估定级时间安排。文化馆在申报评估定级的材料时，要严格按照各级文化行政部门的评估定级要求，按时完成自评工作，在规定时间内上交申报材料，确保文化馆评估定级的顺利进行。

四、文化馆评估定级的评估验收

文化馆评估定级的评估验收，虽然是由文化行政管理部门具体组织实施，文化馆人员也应该对评估验收的程序有所了解，做到心中有数。

(一)文化馆评估定级的评估验收程序

1. 组建各级文化馆评估工作小组

组建各级文化馆评估工作小组,开展评估定级工作。评估工作人员要熟悉文化馆各项工作,具有一定的评估工作经验,为人公道、正派。评估工作小组一般由文化部门的领导与专家组成,具有一定的权威性、公正性。

2. 对文化馆进行实地评估

文化部组织评估工作小组负责对省级馆和副省级馆的评估,并抽查部分地(市)级馆和县级馆;各省、自治区、直辖市文化厅(局)组织评估工作小组,负责对本省(区、市)地(市)级馆、县级馆的评估;副省级城市和地级市所辖文化馆评估工作由各省、自治区、直辖市文化厅(局)统一部署。

(二)对文化馆实地评估的方式

文化馆评估定级采取实地评估的方式,真实了解和评估文化馆建设现状与公共文化服务情况。实地评估方式由听取汇报、实地查看、评比打分、总结反馈几个环节组成。

1. 听取汇报

由参评文化馆上级主管部门主持,文化馆领导班子成员参加,文化馆长向评估工作组汇报工作,简要介绍本馆基本情况,就文化馆自评报告及自评结果进行具体真实的汇报。在汇报中,就评估工作组提出的问题进行回答和必要的解释。

2. 实地查看

评估工作组在听取工作汇报的基础上,实地考察,审核评估。内容包括:查看文化馆的设施设备、环境卫生、消防安保等;查阅各种档案资料和证明材料等;核实文化馆设施、设备、经费投入，了解文化馆常设免费文化服务项目等。

3. 评比打分

评估工作组根据对文化馆实地考核情况，参照被评文化馆自测自评数据，按照评估标准的规定对文化馆等级必备条件和评估标准逐项打分，最后计算出总分，同时审看参评文化馆是否具有等级必备条件。

4. 总结反馈

评估工作组对参评文化馆作出总体评价，肯定文化馆建设和公共文化服务取得的成绩，指出文化馆建设与管理中存在的不足之处，提出改进文化馆工作的建议。总结反馈会由参评文化馆馆长主持，参评文化馆上级主管部门领导参加，文化馆中层干部列席。

对文化馆实地评估的方式主要有以上四个环节；必要的时候，评估工作组向周边群众发放问卷调查表，调查到馆率、参与活动率、满意率，了解社会公众对参评文化馆公共文化服务的满意度，以此为依据进行评分。

五、文化馆评估定级的结果公布

在各省、自治区、直辖市文化厅(局)组织评估工作小组，对本省(区、市)地市级馆、县级馆评估的基础上，文化部组织评估工作专家组负责对省级馆和副省级馆的评估，并抽查部分地(市)级馆和县级馆，对各地文化馆评估结果进行审核。评估定级结果的公布，分为两个程序：在网上公示评估定级拟上等级文化馆名单；确定并命名一、二、三级文化馆。

(一)在网上公示评估定级拟上等级文化馆名单

1. 省级、副省级文化馆拟上等级文化馆公示

文化部办公厅在网站发布关于公示全国文化馆评估定级省级、

副省级文化馆拟上等级名单的公告，公示名单，公示期为 7 天（自公示之日计）。同时公布异议受理部门及通讯地址、邮政编码、联系电话、传真及电子邮箱。省级、副省级文化馆评估的异议受理部门为文化部公共文化司文化馆处。

2. 地（市）级、县级文化馆拟上等级文化馆公示

由各省、自治区、直辖市文化厅（局）在网站发布关于公示全国文化馆评估定级所在省（自治区、市）地市级、县级文化馆拟上等级名单的公告，公示期为 7 天（自公示之日计）。同时公布异议受理部门及其通讯地址、邮政编码、联系电话、传真及电子邮箱。如有不同意见，可以在公示期间以来函、来电和网站留言等方式提出异议。

（二）确定并命名一、二、三级文化馆

公示期结束后，对个别有异议的及时核实，最后以文件形式公布全国各省、自治区、直辖市参评文化馆的评估定级结果。至此，文化馆评估定级工作各项程序已经完成。

第四节　文化馆评估定级的原则与要求

一、文化馆评估定级工作的原则

（一）实事求是的原则

文化馆评估定级工作中，坚持实事求是原则，就是要本着认真负责的态度，以良好的职业道德和对文化馆事业发展高度负责的敬业精神，真实地反映文化馆工作的实际，反对和制止文化馆评估定级中的弄虚作假、虚报浮夸现象。无论是文化馆工作人员，还是评估组成员，坚持实事求是的原则都是应该严格坚持的原则。只有坚持实事求是的原则，大公无私，求真务实，才能圆满完成文化馆评估定级工作，才能真正促进文化馆事业向前发展。

(二)公开公正的原则

公开公正的原则，就是在文化馆评估定级工作中，做到评估定级的程序公开，评估标准及其细则公开透明，文化馆评估等级必备条件公开；在评估定级相关信息透明公开的前提下，根据文化部关于文化馆评估定级的具体要求，参加评估定级的文化馆要提供真实可靠的自评申报数据和资料，公平地参与文化馆评估定级。参评文化馆根据自身的办馆条件和公共文化服务、队伍建设、行政管理等情况，参照文化部评估定级的具体标准做好自评和申报工作。

二、文化馆评估定级工作的要求

(一)充分重视，认真准备

文化馆评估定级是促进公共文化服务体系建设的重要手段，是衡量文化馆建设和管理水平的一项重要工作机制，是对各级文化馆公共文化服务能力的一次全面检验，对文化馆规范管理、提升服务具有积极的促进作用。各级文化馆必须充分重视评估定级工作，把评估工作列入重要的工作日程，成立评估工作小组，明确专人负责，对照定级必备条件、评估标准和评估细则，收集整理评估定级需要的各类档案资料，如各类文件、视频录像等评估证明材料，及早认真做好文化馆的自评工作，迎接评估定级验收。

(二)把握标准，据实评分

各级文化馆评估工作小组成员在自评中，必须认真学习文化馆评估定级的等级必备条件和评估标准，仔细研究，把握各项评估标准与要求，参照评估标准与评估细则，做好文化馆的自评工作。要根据文化馆办馆条件、队伍建设、公共文化服务、行政管理等方面的评估标准，对文化馆进行实事求是的评分。自评工作总结必须客观反映文化馆服务与管理的实际情况，坚决杜绝和防止弄虚作假。

（三）查漏补缺，正视问题

各级文化馆要以评估定级工作为契机，在做好文化馆自评工作的过程中对照评估标准，既要肯定文化馆建设的成绩，又要正视文化馆建设、服务与管理方面的不足，正视文化馆建设中存在的问题，针对性地制定整改措施。对于在短时期可以整改的要及时整改，改善文化馆的公共文化服务，推动文化馆事业发展。

（四）无一例外，参加评估

文化馆评估定级是衡量文化馆建设和管理水平的一项重要工作机制。为充分发挥文化馆在公共文化服务体系建设中的职责作用，促进文化馆事业的发展，文化部要求各级文化馆如无特殊原因一律参加本次评估工作。如有特殊原因确实无法参加本次评估工作的，请各省辖市文化行政管理部门将不参评文化馆名单和原因报送至省文化厅。本次评估工作结束后至下一次评估工作开始，省文化厅将不单独受理未参评馆的评估定级工作。

（五）评估导向，推动建设

文化馆评估工作既是衡量文化馆建设工作的重要举措，更是推动我国文化馆事业发展的有效措施。各级文化馆要通过参与文化馆评估定级工作，把评估标准作为文化馆建设的指南，改进文化馆的各项工作。对于涉及文化馆的设施建设、经费投入、设备增添、人员配备等方面存在的问题，积极争取当地政府部门的重视和财政支持，以评估工作为契机，推动文化馆事业的发展。

【思考题】

1. 文化馆(站)评估定级的目的是什么?

2. 文化馆(站)评估定级的程序有哪些?

3. 如何做好文化馆(站)评估定级的各项准备工作?

【参考书目】

1. 彭泽明. 中国文化馆(站)发展之路. 重庆:重庆出版社,2012.

2. 王全吉、周航主编. 浙江改革开放 30 年群众文化实践研究. 杭州:杭州出版社,2010.

3. 中国民族民间文化保护工程国家中心. 中国民族民间文化保护工程普查工作手册. 北京:文化艺术出版社,2005.

4. 陈红红、史红军. 网站管理与维护. 北京:北京航空航天大学出版社,2010.

5. 赵江、董欣编. 网站管理与维护完全手册. 北京:人民邮电出版社,2007.

6. 李萍主编. 管理学. 北京:电子科技大学出版社,2008.

7. 余敬、刁凤琴、孙理军主编. 管理学. 北京:中国地质大学出版社,2011.

8. 李兴山主编. 现代管理学. 北京:中共中央党校出版社,2010.

9. 卢福财主编. 人力资源管理. 长沙:湖南大学出版社,2009.

10. 桂昭明主编. 人力资源管理. 武汉:华中科技大学出版社,2008.

11. 李成彦主编. 人力资源管理. 北京：北京大学出版社，2011.

12. 陈秉群主编. 行政事业单位国有资产管理实用手册. 上海：立信会计出版社，2010.

13. 贾明春主编. 政府与事业单位会计. 北京：经济科学出版社，2010.

14. 浙江省财政厅编. 浙江省 2013 年省级部门预算编制指南，2012.

15. 李莉主编. 行政事业单位会计实战真功夫. 上海：立信会计出版社，2011.

16. 国家安全生产监督管理总局财务司编. 行政事业单位领导干部理财须知. 北京：中国财政经济出版社，2007.

17. 中华人民共和国文化部办公厅编. 艺术档案管理读本. 北京：文化艺术出版社，2008.

18. 冷秀云、孙孝诗主编. 农村(社区)图书室服务与管理. 北京：中国海洋大学出版社，2008.

19. 湖南省群众艺术馆编. 农村文化活动手册. 长沙：湖南人民出版社，1983.

20. 上海市教育局编. 怎样开展校外教育. 上海：上海教育出版社．1983.

21. 浙江省科学技术协会. 浙江省城市科普工作材料选编(五)．2005.